Angelika Jung-Hüttl ist Diplomgeologin, promovierte Wissenschaftshistorikerin und Publizistin. Seit über zwanzig Jahren reist sie rund um die Welt, um Naturphänomene, und darunter vor allem Vulkane, in allen Facetten zu dokumentieren. Sie arbeitet für namhafte Zeitschriften und Magazine wie die Süddeutsche Zeitung und PM-History. Zusammen mit ihrem Lebenspartner, dem Fotografen Bernhard Edmaier, veröffentlichte sie zahlreiche, preisgekrönte Bildbände.

Das Zitat auf Seite 35f. stammt aus »Georg Wilhelm Stellers Beschreibung von dem Lande Kamtschatka«, in *Klassiker der deutschsprachigen Ethnographie*, Band 2, Neudruck der Ausgabe von 1773, Bonn, 1996, S. 36.

Bibliografische Information Der Deutschen Bibliothek

Die Deutsche Bibliothek verzeichnet diese Publikation in der Deutschen Nationalbibliografie; detaillierte bibliografische Daten sind im Internet über http://dnb.ddb.de abrufbar.

NATIONAL GEOGRAPHIC ADVENTURE PRESS
Reisen · Menschen · Abenteuer
Die Taschenbuch-Reihe von
National Geographic und Frederking & Thaler

1. Auflage Dezember 2006, erstmals im Taschenbuch

Text: Angelika Jung-Hüttl, München
Fotos: Angelika Jung-Hüttl, Bildteil S. 5 u.; alle weiteren Bilder von Bernhard Edmaier
Lektorat: Irene Rumler, München
Karten: Eckehard Radehose, Schliersee
Umschlaggestaltung: Dorkenwald Grafik-Design, München
Herstellung: Büro Sieveking, München
Druck und Bindung: Clausen & Bosse, Leck
Printed in Germany

ISBN 10: 3-89405-290-2
ISBN 13: 978-3-89405-290-4
www.frederking-thaler.de

Das Papier wurde aus chlorfrei gebleichtem Zellstoff hergestellt.

ANGELIKA JUNG-HÜTTL

FEUER GEFANGEN

Meine Reisen zu den Vulkanen der Erde

NATIONAL GEOGRAPHIC
FREDERKING & THALER

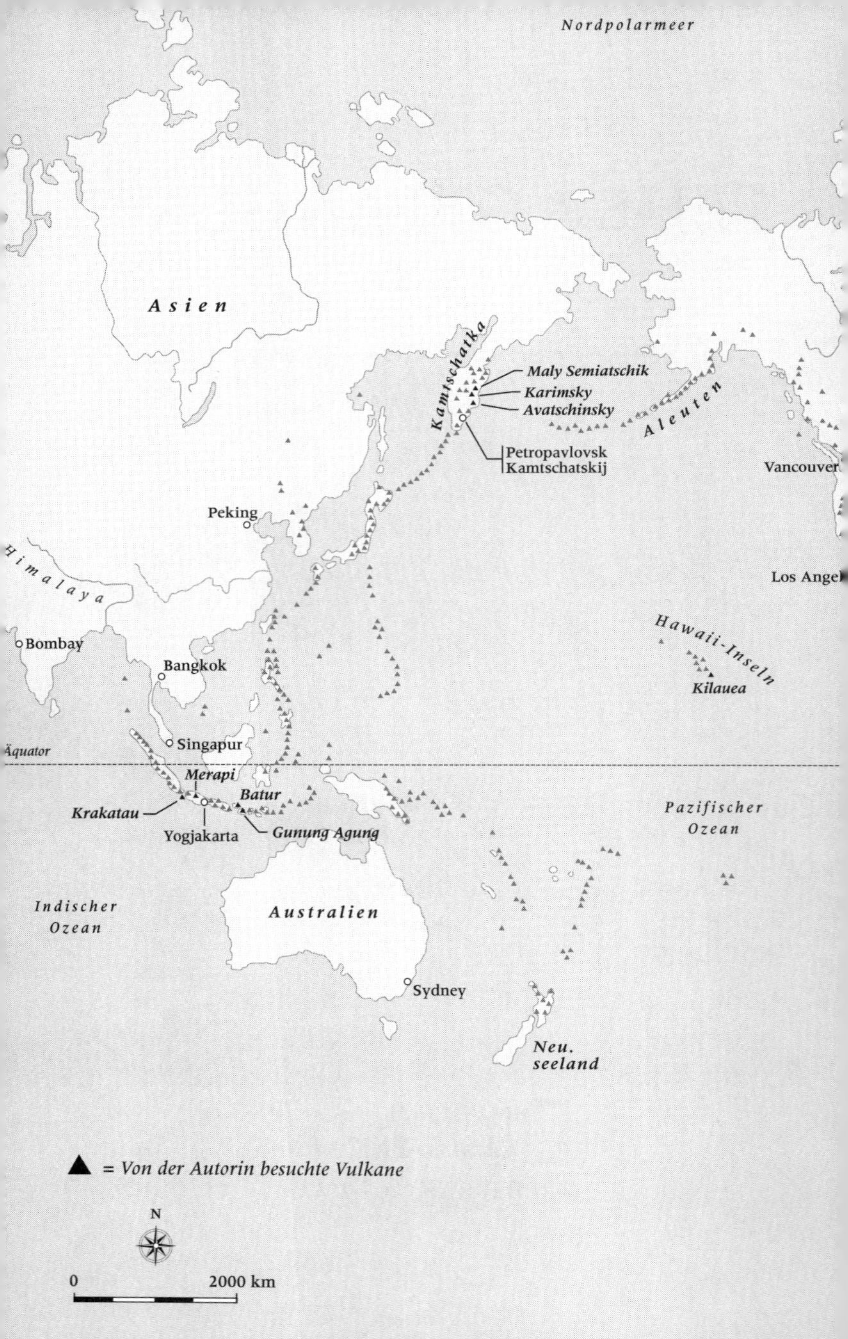
Nordpolarmeer
Asien
Kamtschatka
Maly Semiatschik
Karimsky
Avatschinsky
Petropavlovsk
Kamtschatskij
Aleuten
Vancouver
Peking
Himalaya
Los Angel
Hawaii-Inseln
Kilauea
Bombay
Bangkok
Singapur
Äquator
Merapi
Batur
Krakatau
Yogjakarta
Gunung Agung
Pazifischer Ozean
Indischer Ozean
Australien
Sydney
Neu. seeland
= Von der Autorin besuchte Vulkane
N
0
2000 km

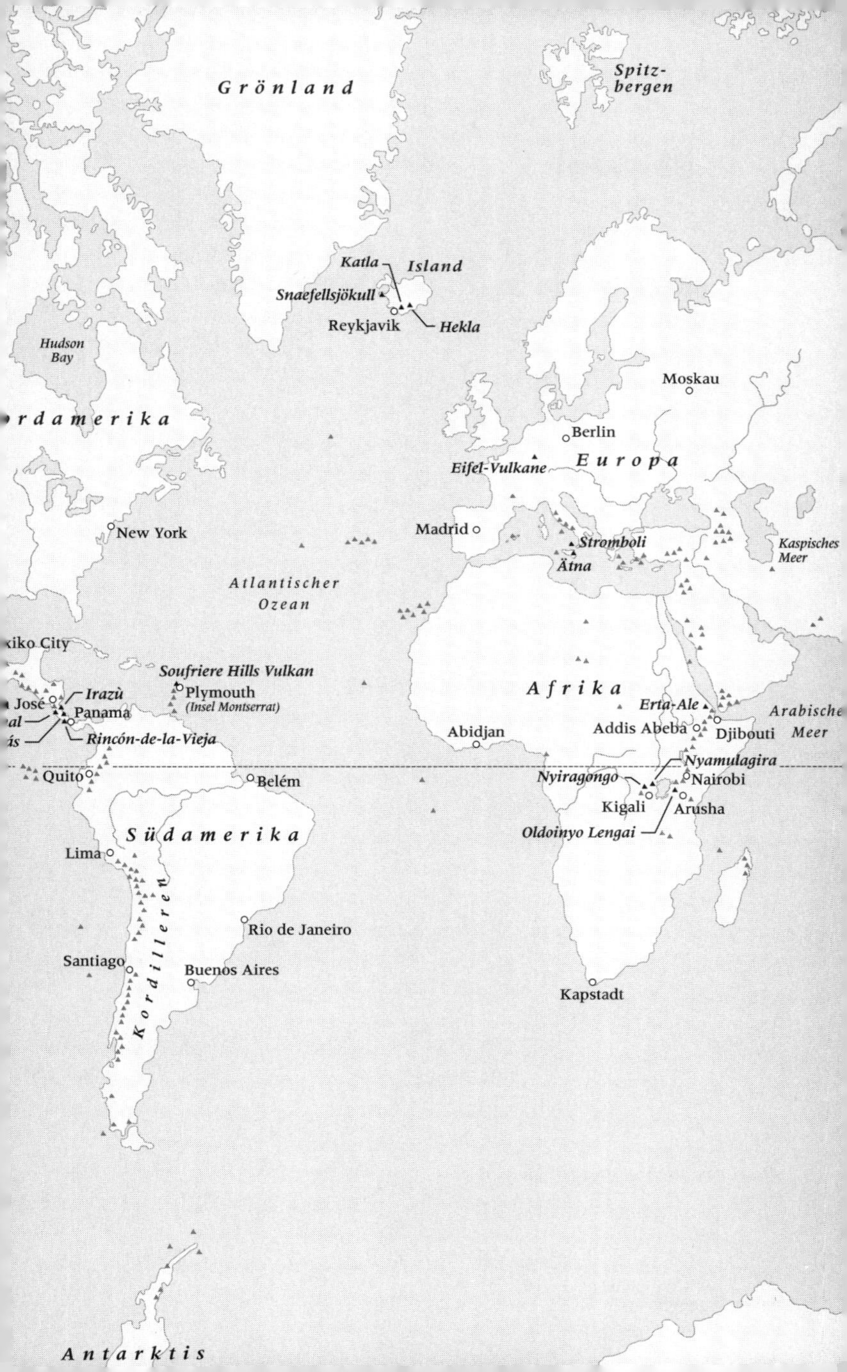

Grönland
Spitz-
bergen
Katla
Island
Snaefellsjökull
Reykjavik
Hekla
Hudson
Bay
rdamerika
Moskau
Berlin
Eifel-Vulkane
Europa
New York
Madrid
Stromboli
Ätna
Kaspisches
Meer
Atlantischer
Ozean
xiko City
Soufriere Hills Vulkan
Plymouth
(Insel Montserrat)
Irazù
Panama
Rincón-de-la-Vieja
Afrika
Erta-Ale
Arabische
Meer
Addis Abeba
Djibouti
Abidjan
Nyamulagira
Nyiragongo
Nairobi
Quito
Belém
Kigali
Arusha
Oldoinyo Lengai
Südamerika
Lima
Kordilleren
Rio de Janeiro
Santiago
Buenos Aires
Kapstadt
Antarktis

Inhalt

Wie alles begann

Warum tust du dir das eigentlich an, fragt mich Pina, als ich wieder einmal schmutzig, hungrig und müde mitten in der Nacht vom Gipfel des feuerspuckenden Ätna zurückkomme. Pina ist Sizilianerin. Sie betreibt zusammen mit ihrem Mann Dieter, einem Deutschen, eine Pension im Städtchen Zafferana an der Ostflanke des Vulkans, den sie fürchtet wie nichts anderes in ihrem Leben. Trotzdem würde sie Zafferana nicht verlassen. Hier wohnen ihre Familie und eines ihrer beiden erwachsenen Kinder. Hier hat sie ihre Freunde. Und sie verdient Geld mit dem Ätna. Schließlich kommen die meisten Gäste wegen dieses Feuerbergs in ihr Haus, egal, ob er Lava ausstößt, wie gerade jetzt, oder ob er nur raucht.

Ich weiß nicht, wie oft ich mich schon in Pinas Pension eingemietet habe. Jedenfalls haben wir uns im Lauf der Jahre angefreundet. Pina umsorgt mich wie eine Mutter. Und wie eine Mutter stellt sie manchmal ganz entscheidende Fragen.

Ja, warum tue ich mir das an? Wie bin ich überhaupt auf die Idee gekommen, auf Vulkane zu steigen – noch dazu, wenn sie gerade glühende Schmelze speien und es daher nicht ungefährlich ist, auf ihnen herumzuspazieren?

Einerseits mache ich es sicher aus demselben Grund wie Pina: Ich bin von Beruf Wissenschaftsautorin, und Vulkanthemen bilden einen Schwerpunkt der Arbeit, mit der ich meinen Lebensunterhalt verdiene. Andererseits mag mein Hang zu Vulkanen auch schlicht psychologische Gründe haben. Die Seelenforscher gehen davon aus, dass der Mensch im Wesentlichen zwei Dinge im Leben braucht: zum einen sind es Geborgenheit und Sicherheit, zum anderen Herausforderung und Abenteuer. Ich suche die Portion Abenteuer, die ich nötig habe, offenbar auf Vulkanen.

Dazu kommt, dass ich seit mehr als zehn Jahren mit einem Fotografen zusammenarbeite und lebe, der sich beruflich nicht für Mensch und Tier interessiert, sondern sich ganz auf die Erdkruste konzentriert. Ein wichtiger Teil davon ist das erschreckend schöne Naturphänomen der Vulkane, dieser Ventile unseres Planeten, durch die das glutflüssige Innere der Erde nach außen dringt, die mit ihren Auswürfen zunächst alles Leben vernichten, letztendlich jedoch neues Land und fruchtbaren Boden schaffen.

Das Reisen in Vulkangebiete, das sich beruflich zunächst eher zufällig ergab, ist mit den Jahren zur Passion geworden. Je öfter ich mit dieser Naturgewalt konfrontiert wurde, je mehr ich davon sah, desto mehr lernte ich über sie, und mein Interesse wuchs.

Vulkane, das bedeutet nicht nur Feuer und glühende Lava, sondern auch brodelnde Schlammtöpfe, knallgelbe Schwefelteppiche, Böden bunt gefärbt von seltenen Mineralien, heiße Quellen und dampfende Geysire; es sind nicht nur spitz zulaufende, rauchende Kegel, die aus der Landschaft ragen, sondern mächtige, archaisch anmutende Bergmassive, tief ins Erdinnere reichende Schlünde oder mit Säureseen gefüllte Krater.

Es ist auch gar nicht so einfach, auf glühende Lava zu treffen, denn die meisten der etwa 1500 aktiven Vulkane auf der Erde brechen nur in bestimmten Zeitabständen aus. Oft liegen viele Jahre zwischen den einzelnen Eruptionsphasen, in denen der Feuerberg nur durch ätzende Gasschleier, die aus seinen Öffnungen strömen, und durch heiße Quellen kundtut, dass er zwar ruht, aber noch nicht erloschen ist. Ich war zum Beispiel dreimal auf dem Ätna, bevor ich ihn einmal Lava speiend erlebte.

Alle diese vulkanischen Phänomene sind faszinierend. Doch noch viel interessanter und für mich immer wieder lehrreich ist es zu sehen, wie sich die Menschen, die in der Umgebung von aktiven Vulkanen leben – das sind immerhin etwa 500 Millionen, knapp 10 Prozent der Weltbevölkerung –, mit dieser Naturgewalt arrangieren. Denn keine Technik der Welt vermag Vulkanausbrüche und die damit verbundenen Erdbeben, die alles versengenden und erstickenden Ascheregen, Glutwolken und Lavaströme aufzuhalten oder gar zu verhindern. Wer einen aktiven Vulkan als Nachbarn hat, geht das Risiko ein, bei einer Eruption plötzlich sein Hab und Gut oder vielleicht sogar sein Leben zu verlieren. Die einen ergeben sich gleichmütig in ihr Schicksal, als hätten sie einen geheimen Pakt mit dieser Naturgewalt geschlossen. Andere begegnen den Feuerbergen mit Respekt und Achtung, mit Furcht, Demut und Verehrung. Das geht so weit, dass sogar moderne, aufgeklärte Menschen die Existenz von Göttern oder Geistern in der Natur nicht ausschließen. Wieder andere reagieren mit Wut und Aktionismus. Wissenschaftler, die aktive Feuerberge beobachten, um die Menschen vor Ausbrüchen wenigstens rechtzeitig zu warnen und ihnen die Flucht zu ermöglichen, begeben sich bei ihrer Arbeit oft sogar bewusst in Lebensgefahr.

Mit jeder Reise, die ich in den vergangenen zwölf Jahren zu Vulkanen unternommen habe, bin ich dem Feuer aus dem Innern der Erde ein Stück näher gerückt. Den ersten Lavastrom in meinem Leben sah ich auf Hawaii – aus einem Hubschrauber, der über der Küste schwebte. In der Danakilwüste in Äthiopien stand ich am Rand eines brodelnden Lavasees. Auf der Karibikinsel Montserrat konnte ich von sicherer Warte aus die gefährlichste Form von Vulkanausbruch beobachten – Glutlawinen, die sich mit hoher Geschwindigkeit die Hänge des Soufrière-Hills-Vulkans hinunterwälzten. Zu den Höhepunkten in einer langen Reihe von Begegnungen mit den Vulkanen der Erde zählen die Dezembertage 2002 auf dem Ätna, der damals Unmengen Asche kilometerhoch spie und in seiner Umgebung dadurch den Tag zur Nacht machte, ebenso wie die Reise zum Ausbruch des Nyamulagira-Vulkans in der Demokratischen Republik Kongo, aus dessen Flanke über 100 Meter hoch die Lava sprudelte.

Erstmals »Feuer gefangen« habe ich jedoch, wie viele andere vulkanbegeisterte Menschen auch, auf dem daueraktiven Nachbarn des Ätna, dem Stromboli. Das war vor über 25 Jahren.

1 Auf Stromboli, der Insel aus Feuer und Wind

Es ist März 1978. Ich habe gerade die Vordiplomsprüfungen in Geologie hinter mich gebracht und möchte nach der langen Zeit am Schreibtisch endlich wieder eine Reise machen. Möglichst billig soll sie sein. Und es sollte Richtung Süden gehen, wo im März die Natur schon zu grünen beginnt und die Sonne ein wenig wärmer vom Himmel scheint als zu Hause.

In einer der letzten Vorlesungsstunden vor Semesterende hatte der Professor etwas über Vulkane erzählt, auch über die rhythmische Ausbruchstätigkeit des Stromboli. Alle zwanzig Minuten etwa schleudert dieser Feuerberg, der im Süden Italiens aus dem Tyrrhenischen Meer ragt, glühende Lavabrocken aus seinem Krater. Er tut dies, so der Professor, seit Jahrhunderten ununterbrochen. Er sei der einzige Vulkan in Europa, der ununterbrochen Feuer spuckt.

Somit kommt Stromboli bei den möglichen Reisezielen in die engere Wahl – schon auch deshalb, weil man, wenn man Geologie studiert, zumindest einmal einen Vulkan in Aktion gesehen haben sollte. Damals hätte ich mir nicht träumen lassen, dass dies nur die erste von mehreren Reisen nach Stromboli ist und dass Vulkane zehn Jahre später eine wesentliche Rolle in meinem Leben spielen würden.

Ich frage meine Freundin Ingrid, ob sie nicht mitkommen will. Sie ist sofort dabei, als ich ihr vorschlage, einen aktiven Vulkan zu besteigen. Also kratze ich mein ganzes Geld zusammen, das ich mir im Lauf des Semesters als Wurstverkäuferin und mit Nachhilfeunterricht erarbeitet habe. Wir kopieren Wegbeschreibungen und Karten aus einem geologischen Führer zu den Vulkanen Süditaliens, packen unsere Rucksäcke samt Isomatten und Schlafsäcken, denn wir wollen auf dem Gipfel des Vulkans übernachten. Damals durfte man das noch, heute ist es strengstens verboten, zum einen, weil viel mehr Menschen den Stromboli besteigen als vor 25 Jahren, zum anderen, weil es nicht ungefährlich ist. Dass diese Tour riskanter sein könnte als eine Bergwanderung in den Alpen – auf diese Idee bin ich bei der Vorbereitung meiner ersten Reise nach Stromboli gar nicht gekommen.

Mit der Bahn geht es über Rom nach Neapel und von dort aus während der Nacht mit einem großen Fährschiff über das Tyrrhenische Meer nach Stromboli. Etwa um zehn Uhr vormittags schiebt sich die Fähre langsam auf die Insel zu. Ich stehe mit Ingrid an der Reling und kann es kaum erwarten, dass das Schiff endlich anlegt.

Stromboli präsentiert sich als eine Vulkaninsel wie aus dem Bilderbuch – ein dunkler, kahler, mächtiger Felskegel, der gut 900 Meter aus dem Meer ragt. Über dem Gipfel steigt eine kleine Wolke in den strahlend blauen Aprilhimmel. Sie ist grau vom Staub, den der Vulkan bei jeder Eruption in die Luft pustet. Grün ist nur ein schmaler Streifen an der Küste. Dort liegen auch aufgereiht die weiß getünchten, würfelförmigen Häuser der beiden Inseldörfer, Stromboli im Osten und Ginostra im Westen.

Die Fähre legt an der kleinen Mole vor dem Ort Stromboli an. Noch müde von der fast schlaflosen Nacht an Deck steigen wir aus. Neben uns verlassen nur noch ein paar Einheimische das Schiff.

An der Mole liegen bunte Fischerboote auf dem Strand, der hier auf der Vulkaninsel nicht fein und hell, sondern grob und schwarz ist. Wir füllen unsere Flaschen mit dem Trinkwasser aus einem Hahn am Ortsrand, schultern unsere Rucksäcke und ziehen los.

Die Gassen sind eng und meistens begrenzt von hohen, weiß getünchten Mauern, über die sich die Zweige rot und lila blühender Bougainvillea-Sträucher in üppigen Kaskaden ergießen. Wir suchen gar nicht erst nach einem Quartier, denn das Wetter ist schön, und wir sind fest entschlossen, auf dem Vulkan zu übernachten.

Kaum haben wir die letzten Häuser hinter uns gelassen, wird uns ein wenig mulmig. Es ist plötzlich einsam. Kein Mensch mehr zu sehen. Die geteerte Straße geht in die Mulattiera über, einen alten gepflasterten Saumpfad, der sich in weiten Serpentinen das erste Stück der Vulkanflanke hinaufzieht. Links und rechts sind noch die Terrassenstufen zu erkennen, auf denen die Inselbewohner früher Wein und Gemüse anbauten. Bis in eine Höhe von 400 Metern zogen sich die bewirtschafteten Felder hinauf. Das zumindest steht in dem geologischen Führer, mit dem wir uns vorbereitet haben.

Bis Anfang des 20. Jahrhunderts war Stromboli eine wirtschaftlich blühende Insel, auf der Olivenbäume, Kapernsträucher, Wein und Gemüse wuchsen. Sie hatte damals etwa 3000 Einwohner, zehnmal mehr als heute. Diese betrieben nicht nur Landwirtschaft, sondern auch eine eigene Handelsflotte von etwa 60 Schiffen.

Der technische Fortschritt in der Welt machte den Transport per Segelboot und den mühsamen Anbau an den steilen Hängen der kleinen Insel jedoch allmählich unrentabel. Dazu kam 1930 ein großer Ausbruch des Vulkans. Heiße Asche versengte die Felder, Lavabomben zerstörten die Dörfer, fünf Tote waren zu beklagen. Die Blütezeit der Insel ging damit zu Ende. Die meisten Menschen verließen Stromboli für immer.

Die ehemaligen Terrassenfelder sind heute von einem dichten Wald aus mannshohem, trockenem Schilfgras überwuchert. Es leuchtet goldgelb in der Sonne und raschelt laut, wenn der Wind durch die Halme streift. Hin und wieder überschattet ein alter knorriger Olivenbaum unseren Weg.

Ingrid bleibt plötzlich stehen und lauscht. War da nicht ein Rumpeln und Rumoren, wie ein Donner in der Ferne? Wir warten einige Minuten ab, doch es ist nichts mehr zu hören.

Langsam steigen wir weiter. Dann wieder dieses eigenartige Donnern in der Luft. Wir blicken den Berg hinauf und sehen weit oben schwarze Steine fliegen. Ein Prasseln ist zu hören und ein Klimpern, wie wenn Felsbrocken zusammen mit Keramikscherben irgendwo aufschlagen und dann noch ein Stück weiterspringen und rollen. Wir halten den Atem an. Das ist der Vulkan.

Zum ersten Mal erlebe ich einen Feuerberg in Aktion. Überrascht von der Gewalt der Geräusche, die tief aus dem Bauch des Berges zu kommen scheinen, halten wir noch einmal kurz inne. Wollen wir wirklich da hinauf? Die anfängliche Euphorie ist wie weggeblasen. Wie weit fliegen die Steine? Was ist, wenn die Eruptionen plötzlich stärker werden? Wolken ziehen am Himmel auf. Der Rucksack drückt.

Doch wir setzen unseren Weg fort. Der gepflasterte Saumpfad wird zu einem schmalen, steilen ausgetretenen Steig. Längst hat Macchia das Schilfgras abgelöst. Je höher wir kommen, desto mehr lichtet sich das Gestrüpp. Die Landschaft wird felsig, kahl und öde.

Langsam, im immer gleichen Rhythmus, steigen wir bergan. Etwa alle 20 Minuten donnert der Berg. Doch die Sicht auf den Gipfel ist durch einen vorgelagerten Felsrücken versperrt. Zwischendurch wird der Weg so steil, dass wir beim Steigen die Hände zu Hilfe nehmen müssen.

Allmählich legt sich der leichte Wind, der uns begleitet hat. Der Karte nach sind wir nur noch etwa 300 Meter unterhalb des Gipfels, ein Stück östlich von den aktiven Kratern, als plötzlich Nebel aufkommt. Das Meer tief unter uns ist nicht mehr zu sehen. Auch meine Freundin 20 Meter vor mir ist nur noch schemenhaft zu erkennen. Der Weg ist flacher geworden und verläuft nun durch schwarzen, lockeren Vulkansand, in dem wir nur mühsam vorankommen.

Der Nebel wird dichter. Wir halten uns streng an die Fußspuren, die im Vulkansand nach oben führen. Die Luft fängt an, in der Nase zu stechen. Vom Studium her weiß ich, dass aus den Kratern von aktiven Vulkanen Schwaden ätzender Schwefelgase austreten. Das muss es wohl sein.

Wir setzen die schweren Rucksäcke ab, packen Kopftücher aus und binden sie uns um Mund und Nase. Unsere Kleidung wird feucht. Feine Tröpfchen hängen in unseren Haaren. Damit haben wir nicht gerechnet. Was tun? Wir waren noch nie auf einem aktiven Vulkan, wissen nicht, wie es am Gipfel aussieht, hören nur das Donnern und Prasseln und drücken uns die Tücher vors Gesicht. Der Feuerberg erscheint uns plötzlich wie ein unsichtbares Ungeheuer, das uns auflauert und nur darauf wartet, uns zu verschlingen. So haben wir uns das nicht vorgestellt. Trotzdem wollen wir jetzt, so kurz vor dem Ziel, nicht umkehren.

Also beschließen wir zu warten. Und wir hoffen. Vielleicht reißt der Nebel wieder auf. Oder vielleicht kommt ja zufällig noch jemand hier herauf. Auch außerhalb der Feriensaison klettern Bergsteiger vor allem gegen Abend auf den Stromboli, um die Auswürfe des Vulkans am dämmrigen Himmel leuchten zu sehen, steht in dem geologischen Führer. Doch niemand erscheint. Auch die Sicht wird nicht besser. Im Gegenteil. Der Nebel wird sogar noch dichter, es wird dunkler, und wir beginnen zu frieren. Schließlich siegt die Vernunft. Schweren Herzens machen wir uns auf den Rückweg.

Wie hat er uns gelockt, der Vulkan. Zuerst mit seiner dunklen, geheimnisvollen Silhouette, dann mit seinem tiefen Grollen – und kurz vor dem Ziel, dem Blick in seine Feuerschlünde, verhüllt er sein Haupt hinter grauen Wolken- und Nebelschleiern.

Mitten in der Nacht kommen wir unten im Ort an. Zum Glück ist in dem einzigen kleinen Hotel, das um diese Jahreszeit geöffnet hat, noch jemand wach. Wir mieten ein Zimmer und versuchen, unseren Frust wegzuschlafen.

Die nächsten Tage warten wir noch, verbringen die Zeit am kalten Strand und in der einzigen offenen Bar im Ort. Die Einheimischen schauen uns zuerst verwundert an. Zwei junge Frauen, die auf den Vulkan hinaufwollen, allein um diese Jahreszeit, sind ihnen ein wenig suspekt. Aber sie sind freundlich und geben uns Tipps für den Fall, dass wir es nochmals versuchen sollten.

Doch das Wetter bessert sich nicht. So fahren wir enttäuscht, aber dennoch sehr beeindruckt von dem mächtigen, grollenden Berg wieder ab, mit dem großen Fährschiff zurück nach Neapel – ohne auch nur eine einzige Fontäne aus glühenden Lavafetzen gesehen zu haben, für die der Stromboli so berühmt ist.

23 Jahre später, im März 2001. Zweck meines jüngsten Besuchs auf Stromboli sind Recherchen für einen Bildband über Vulkane, an dem ich mit meinem Kollegen und Lebensgefährten Bernhard Edmaier gerade arbeite. Wir setzen nicht von Neapel mit der Fähre, sondern mit dem viel schnelleren Tragflügelboot von der sizilianischen Hafenstadt Milazzo auf die Insel über.

Auf keiner meiner früheren Reisen nach Stromboli wurde mir so deutlich bewusst, dass die Insel – so heißt es in der griechischen Sage – nicht nur eine Heimstatt des Feuergottes Hephaistos ist, sondern dass auch Äolus, der griechische Windgott, hier seine Kräfte walten lässt und seine Winde an dem Vulkanberg angekettet hat.

Der März ist die Zeit der Frühjahrsstürme. Der Mann am Ticketschalter baut schon vor. »Kann sein«, meint er, »dass Sie heute nicht mehr hinüberkommen.« – »Aha. Und warum nicht?« – »Im Radio haben sie kräftigen Wind angekündigt. Und wenn der Schirokko kommt, der Wüstenwind aus der Sahara, können die Tragflügelboote nicht mehr fahren.«

Als wir an Bord gehen, schaukelt das Boot ein wenig auf den Wellen, aber von Sturm noch keine Spur. In ruhiger Fahrt verlässt das

Tragflügelboot, das uns zunächst bis zur Insel Lipari bringen soll, den Hafen. Um diese Jahreszeit sind immer noch, wie schon 23 Jahre zuvor, fast nur Einheimische zwischen den Inseln im Tyrrhenischen Meer unterwegs. Die Gänge zwischen den Stuhlreihen im Passagierraum sind zugestellt mit Säcken, riesigen Schachteln und Unmengen Tüten. Viele haben wohl größere Einkäufe in Milazzo erledigt. Wir haben Mühe, unsere dicken Reisetaschen und Bernhards voluminöse Fotokoffer unterzubringen.

Das Boot beschleunigt, und langsam hebt sich sein Bug aus dem Wasser. Wie im Flug gleiten wir auf den Kufen über das Meer.

Zwischenstopp an der Hafenmole der Insel Vulcano. Das kleine Eiland ist namengebend für alle Vulkane der Erde. Hier hat der antike Feuergott, der bei den Griechen Hephaistos heißt, sozusagen seinen Hauptwohnsitz. Bei der Einfahrt in die Hafenbucht erhaschen wir durch das Salonfenster einen Blick auf die Fossa, den aktiven Feuerberg der Insel. Er sieht mit seinen nur gut 400 Meter Höhe und seiner gedrungenen Form recht harmlos aus. Dabei gehört er zu den unberechenbarsten Vulkanen Italiens. Die Wissenschaftler vom italienischen Nationalinstitut für Vulkanologie haben immer ein Auge auf die heißen Gase, die aus seinem Krater quellen und an dessen Rand eine leuchtend gelbe Schwefelkruste hinterlassen. Wenn die Temperatur der Gase zunimmt, steigt die Alarmbereitschaft. Der letzte Ausbruch der Fossa, der verheerende Schäden anrichtete, liegt allerdings schon über 100 Jahre zurück.

Deutlich sind vom Boot aus die dichten weißen Gaswolken und der gelbe Schwefelkranz des Vulkans zu sehen. Doch der Dampf steigt nicht senkrecht zum Himmel auf, sondern treibt waagrecht in großer Geschwindigkeit über die Insel hinweg. Sind das nun die ersten Anzeichen des Sturms?

Das Meer ist auf der nächsten Reiseetappe zwar etwas bewegter, doch wir legen ohne Probleme im Hafen von Lipari an. Jetzt heißt es umsteigen. Alle Schachteln, Tüten, Säcke, Taschen und Koffer raus. Ein Großteil der Passagiere ist hier zu Hause und zieht schwer bepackt ab. Nur ein kleiner Rest, darunter auch wir, wartet.

Eine halbe Stunde später kommt ein anderes Tragflügelboot, das uns nach Stromboli bringen soll. Das Schiffspersonal drängt. »Bitte rasch einsteigen«, dröhnt es aus dem Lautsprecher. Und dann die Begründung zur Eile. Der prognostizierte Sturm setzt ein. Womöglich können wir nicht auf Stromboli anlegen. Doch der Kapitän will es zumindest versuchen.

Kaum hat das Boot die Bucht verlassen und Kurs auf die Insel genommen, kämpft es gegen die Wellen an, die sich jetzt aufbäumen. Der Kapitän drosselt das Tempo. Dennoch werden wir kräftig durchgeschüttelt. Salzwasser spritzt an die Scheiben und trübt die Sicht.

Stromboli hat keine geschützte Bucht und keinen Hafen. Nur eine alte Mole zieht sich an der Ostseite der Insel ein Stück ins Wasser hinaus. Der Wind, der vom Berg herab aufs Meer hinausstürmt, drückt das Wasser platt. Es gibt keine hohen Wellen, die beim Anlegen Schwierigkeiten machen könnten. Probleme bereiten jedoch die kräftigen Böen, mit denen der Wind vom Himmel herabfährt.

Etwa eine Viertelstunde lang tuckert das Tragflügelboot mit laufendem Motor ein Stück von der Mole entfernt vor sich hin. Immer wieder dreht es ab. Allmählich werden die Passagiere nervös. »Die Böen sind extrem stark und unberechenbar«, sagt einer der Matrosen. Sie könnten das Boot so heftig an die Kaimauer drücken, dass es beschädigt wird. Deshalb wolle der Kapitän die Lage noch ein wenig beobachten und dann noch mal versuchen anzulegen. Sollte er es nicht schaffen, müssen wir zurück nach Lipari. Die Passagiere stöhnen. Und auch ich verspüre wenig Lust, so kurz vor dem Ziel umkehren zu müssen.

Am blassblauen Himmel keine Wolke. Doch immer wieder peitschen Böen übers Wasser. Wo sie auftreffen, schießt feinste Gischt empor wie Sprühnebel, der vom Wind gleich wieder fortgerissen wird, und das Meer kräuselt sich.

Der Kapitän wagt es. Zwischen einzelnen Windstößen manövriert er das Boot an die Mole. Die Mannschaft treibt die Passagiere zur Eile an. Nichts wie raus – lang kann das Boot da nicht liegen.

Schon die ersten Schritte auf der Mole verlangen Stehvermögen. Man muss sich gegen die Windböen stemmen, um nicht umgeweht zu werden. Langsam streben die Menschen auf die weißen Häuser des Ortes zu.

Diesmal müssen wir nicht zu Fuß bis zu unserem Quartier marschieren. Ein Mann namens Italo erwartet uns schon mit einem knallroten Kabinenroller. Er hievt unser Gepäck auf die Ladefläche. Wir klettern hinterher. Diese lustigen Gefährte sind neben Vespas die einzigen Motorfahrzeuge auf der Insel. Autos sind nicht zugelassen.

Gemächlich rattern wir durch die engen Gassen, vorbei an den beiden Kirchen und am Haus der Filmdiva Ingrid Bergmann, das sofort auffällt, weil es nicht weiß ist wie alle anderen Häuser, sondern dunkelrot. Dort verbrachte die Schauspielerin im Jahr 1949 eine wohl sehr aufregende Zeit. Stromboli war damals, knapp zwanzig Jahre nach dem großen Ausbruch 1930, der die meisten Bewohner von der Insel vertrieben hatte, ein halb verfallener, ziemlich trauriger Ort, in dem nur wenige Menschen lebten.

Ingrid Bergmann, damals bereits weltbekannt, hatte Mann und Tochter in den USA verlassen, um mit dem noch unbekannten, exaltierten italienischen Regisseur Roberto Rossellini, ihrem neuen Geliebten, auf der Insel den dramatischen Film *Stromboli* zu drehen.

In dem Schwarzweißstreifen spielt sie eine baltische Kriegsgefangene, die einem Soldaten in dessen Heimat Stromboli folgt. Auf der Flucht vor den feindseligen Einwohnern, die ihr das Leben schwer machen, steigt sie auf den Vulkan, der sie schließlich mit ihrem neuen Leben auf der Insel versöhnt. »Mein Gott, wie ist das schön«, seufzt sie. Dazu donnern die Eruptionen aus den Kraterlöchern.

In der Realität konnte sie dem Vulkan offenbar nicht viel abgewinnen. »Der Kegel des Stromboli beherrschte alle Lebensbereiche«, schreibt sie in ihrer Biografie. »Manchmal ließ er sogar die Sonne verschwinden. Nachts war er ein zerstörerisches Stück Dunkelheit vor den funkelnden Sternen.«

Italo bringt uns mit seinem Kabinenroller bis ans andere Ende des Ortes, nach San Bartolo. Dort haben wir, nicht weit vom Beginn des Saumpfads zum Vulkankrater entfernt, ein kleines, altes Haus gemietet. Es ist würfelförmig, weiß getüncht, mit blauen Fensterläden, Terrasse und – zwar nicht ganz stilecht, bei dem Wind aber nützlich – einer verglasten Veranda.

Am nächsten Nachmittag steigen wir auf zum Vulkan. Es ist derselbe Weg, den ich 23 Jahre zuvor erstmals gegangen bin. Alles ist immer noch so wie damals, bis auf das neue große Lokal, das etwa 50 Meter über der Küste an Stelle der ehemaligen Ruine eines alten Leuchtturms steht, des Semaforo Labronzo. Von dort aus kann man die Eruptionen am Gipfel sehen. Wir hätten dort gern noch einen Kaffee getrunken, aber das Lokal ist geschlossen. Der Betrieb lohnt sich wohl nur während der Sommermonate, wenn Touristen zu Hunderten auf die Insel strömen.

Bernhard hat den schweren Fotorucksack auf dem Rücken, ich schleppe den Rest, Wasser, warme Kleidung, Sitzmatten und Proviant. Wir haben alles dabei, um notfalls auch am Gipfel übernachten zu können. Eigentlich wollen wir nur die Dämmerung auf dem Vulkan verbringen, wenn die Lavabrocken, die der Stromboli in die Luft schleudert, zu leuchten beginnen, und dann wieder absteigen. Aber man weiß ja nie.

Der Schirokko ist zwar schwächer geworden, hat sich aber noch nicht gelegt. Einerseits ist er sehr angenehm, weil er für ungewöhnlich warme Temperaturen sorgt – 30 Grad im März zur Mittagszeit. Da lässt es sich gut aushalten. Doch jetzt, als wir die Wälder aus übermannshohem, trockenem Schilfgras verlassen und durch die niedrige Macchia aufsteigen, packen uns die Böen mit voller Wucht. Trotzdem kämpfen wir uns langsam nach oben und hören aufmerksam auf das Rumpeln des Vulkans, das mir im Lauf der Jahre vertraut geworden ist.

Nach zwei Stunden Aufstieg erreichen wir die Biwaklöcher etwa 200 Meter unterhalb des Gipfels – Mulden im sandigen schwarzen Boden, die von niedrigen, halbrunden Mauern aus übereinander gestapelten Lavabrocken umgeben sind. Sie bieten einigermaßen Schutz vor dem Wind. Und wir haben von hier aus einen guten Blick auf den größten der drei aktiven Krater des Stromboli.

Im Sommer, wenn an klaren Abenden Menschenmassen im Licht ihrer Taschenlampen den Vulkan hinaufziehen, um in dessen glühende Schlünde zu schauen, gleichen die Biwaklöcher Müllhalden. Doch jetzt sind sie sauber. Der Wind hat sie ausgeblasen.

Der Stromboli ist an diesem Abend erstaunlich ruhig. Normalerweise spuckt er zwei- bis dreimal pro Stunde Lavafetzen und kleine Aschewolken aus. Doch in jüngster Zeit, sagte man uns heute Morgen schon im Dorf, rührt er sich nur jede knappe Stunde, dann aber heftig.

Wir machen es uns, so gut es geht, in einer der ummauerten Mulden bequem und warten. Nach etwa einer halben Stunde ist es endlich so weit. Als wollte der Vulkan noch einmal kurz Luft holen vor dem nächsten Auswurf, ertönt ein Zischen und Fauchen. Dann ein tiefes Grollen. Dann schießen unter lautem Donnern Kaskaden glühender Steine 100 bis 200 Meter hoch in den dämmrigen Abendhimmel. Ein Teil fällt zurück in den Schlot. Doch die meisten

Brocken regnen auf den Kraterrand herab. Laut klirrend wie zerberstende Klinkersteine schlagen die noch brennend roten Lavafetzen auf der Flanke auf. Große Trümmer rollen und poltern die Sciara del Fuoco hinunter, die Straße des Feuers, eine Schutthalde aus jungem Vulkangestein. Sie zieht sich als breite Schneise vom Kraterrand hinab bis zum Meer.

Windböen wehen die Wolke aus feiner grauer Asche fort, die mit den Lavafetzen herausgeschleudert wurde. Doch nur noch einmal können wir das feurige Schauspiel in Ruhe beobachten. Dann frischt der Wind auf. Die Böen werden so stark, dass sogar das schwere Fotostativ vibriert. Die aufgewirbelten Körner aus schwarzem Lavasand und Staub stechen wie Nadeln ins Gesicht. Wir verschanzen uns hinter dem Mäuerchen des Biwaklochs, unter der Plastikplane, die wir mitgebracht haben. Vielleicht legt sich der Sturm ja wieder.

Allmählich wird es Nacht. Der Wind nimmt nicht ab, sondern wird noch stärker. In der Dunkelheit kreisen die Gedanken. Was ist, wenn der Stromboli plötzlich so kräftig schießt, dass es uns erwischt? Laut Statistik sind die Eruptionen ein- bis zweimal im Jahr so heftig, dass die ausgeschleuderten heißen Brocken den Aufstiegspfad und sogar die Biwaklöcher erreichen. Der letzte tödliche Unfall dieser Art ereignete sich im Oktober 2001, also einige Monate nach unserer Nacht auf dem Stromboli. Eine Frau wurde am Gipfel von einem Lavabrocken erschlagen.

Der Wind heult und zerrt an unserem provisorischen Unterschlupf. Dazu in regelmäßigen Abständen das Donnern der Eruptionen, gefolgt vom Prasseln der Steine. Dann wieder Ruhe. Unheimlich.

Nach einer langen, harten Nacht kriechen wir im ersten Morgengrauen wieder unter unserer Plane hervor. Der Wind ist schwächer geworden. Das Licht der Morgendämmerung ist für Bernhard ideal, um noch ein paar Aufnahmen von den Eruptionen zu machen. Dann brechen wir auf. Die Luft wird glasklar. Dunkelblau glänzt das Meer in der Morgensonne, als wir bis zum höchsten Punkt über den Kratern aufsteigen.

Gern würden wir dem Vulkan noch ein paar Stunden zuschauen. Doch der Proviant ist aufgebraucht. Der Hunger treibt uns hinunter in unser kleines Haus. Wir nehmen die Route über die weiten, weichen Aschefelder an der Ostflanke des Stromboli, die nach der stürmischen Nacht glatt, ohne menschliche Trittspuren, vor uns liegen. Wie durch frischen Schnee können wir mit unseren Bergstiefeln in großen Schritten fast die Hälfte der Vulkanflanke abfahren. Noch gut eine Stunde laufen wir durch die Macchia auf den unteren Hängen des Vulkans und durch das Dorf. Dort kaufen wir frisches Brot. Im Haus angekommen, stürmen wir in die Küche und frühstücken dann bei 25 Grad in der Sonne auf der Terrasse – und das im März.

Wie leicht und angenehm ist doch das Leben auf diesem Feuerberg. Ich genieße es immer wieder. In den meisten anderen Vulkangebieten, die ich bisher bereist habe, sind die Lebensumstände wesentlich schwieriger, entweder wegen der politischen Lage oder wegen der wirtschaftlichen Situation des Landes. Es kostet viel Zeit und Mühe, um überhaupt an die Vulkanberge heranzukommen und die nötige Ausrüstung und den Proviant zu organisieren.

Mit am schwierigsten war die Reise zu den Vulkanen auf der Halbinsel Kamtschatka an der Pazifikküste Russlands im Osten Sibiriens, die ich nur zwei Jahre nach dem Zusammenbruch der Sowjetunion mit Bernhard unternommen habe.

2 Im wilden Osten Russlands

Frisch geschrubbte, knackige Karotten und Berge von Kartoffeln neben Nagellack und amerikanischen Zigaretten, chinesischen Jeans, Socken, weißen Turnschuhen, bunten T-Shirts – und eine ganze Batterie Wodkaflaschen ohne Etikett, ordentlich aufgereiht auf einer umgedrehten Holzkiste. Mit strengem Blick wacht die stämmige Frau über die Waren, die sie auf dem öffentlichen Markt in Petropavlovsk-Kamtschatskij, der Hauptstadt der sibirischen Halbinsel Kamtschatka, feilbietet. Das Gemüse stammt aus dem Garten ihrer Datscha etwas außerhalb, erzählt sie und steckt dabei ein dickes Bündel Rubel in die Tasche ihrer Kittelschürze. Der Rest ist Schmuggelware, vermute ich.

Es ist August 1993, kurz nach dem Umbruch durch Glasnost und Perestroika. Wir sind, von Deutschland aus gesehen, auf der anderen Seite der Erde, im dünn besiedelten äußersten Osten Russlands, wo Sibirien an den Pazifik stößt. Die Wirtschaft des ehemaligen Sowjetreiches ist zusammengebrochen. Viele der knapp 300 000 Menschen in Petropavlovsk-Kamtschatskij sind arbeitslos oder bekommen für ihre Arbeit kein Gehalt ausbezahlt. Die Fischfabriken sind marode, im Hafen geht fast nichts mehr. Um zu überleben, verdienen sich eine Menge Leute ihr Geld als Zwischenhändler von Waren, die irgendwie aus Japan, China oder den USA ins Land kommen. Oder sie verkaufen das, was der Dachspeicher, das eigene Grundstück oder auch die Tundra hergeben. Wenigstens ist der Boden sehr fruchtbar auf Kamtschatka, sodass in dem kurzen sibirischen Sommer vor allem Gemüse und Beeren gut gedeihen. Er ist aus reiner Vulkanerde.

160 Feuerberge gibt es auf der lang gestreckten Halbinsel, die etwa dreimal so groß ist wie England. Sie ragt zwischen den Kurileninseln und dem Aleutenbogen wie der Rücken eines riesigen Wals aus dem Pazifischen Ozean. 30 Feuerberge sind aktiv. Wie Perlen auf einer Schnur reihen sie sich entlang der Küste aneinander, thronen über den bewaldeten Hügeln, über Sümpfen und Seen der Tundra. Die höheren Gipfel sind das ganze Jahr über schneebedeckt.

Kamtschatka ist, in erdgeschichtlichen Zeiträumen gemessen, noch ein sehr junges Land. Gewaltige Kräfte sind hier erst seit etwa zwei Millionen Jahren am Werk. Die pazifische Erdplatte schiebt sich in breiter Front mit einer Geschwindigkeit von acht bis zehn Zentimetern pro Jahr unter den Rand der eurasischen Platte. Dabei wurde die Halbinsel hochgedrückt. Durch Spalten und Risse im Gestein stieg Magma aus dem Bauch der Erde auf und durchstieß die Erdkruste. So sind die vielen Vulkane entstanden.

Nach den Statistiken, so hat uns ein russischer Vulkanologe vor unserer Abreise nach Sibirien per E-Mail mitgeteilt, brechen im Jahr sechs der 30 aktiven Feuerberge aus. Grund genug für Bernhard und mich, uns auf den Weg auf die andere Seite der Erde zu machen. Wir arbeiteten gerade an unserem ersten gemeinsamen Buch über Vulkane. Kamtschatka, das in Europa kaum jemand kennt, sollte darin unbedingt beschrieben werden.

Wir hatten keine Ahnung, was uns dort außer den Feuerbergen sonst noch erwartet, denn 1993 waren kaum Informationen über diesen Teil der Erde aufzutreiben, der 50 Jahre lang militärisches Sperrgebiet war. Von dort aus spähte die Sowjetmacht nach dem Feind an der gegenüberliegenden Küste des Pazifiks, nach den Vereinigten Staaten. Sogar Sowjetbürger brauchten eine Sondergenehmigung, wenn sie nach Kamtschatka reisen oder dort leben wollten. Erst seit 1990 ist das Gebiet zugänglich, auch für Fremde.

Das Einzige, was wir in Deutschland an Reiseunterlagen über Kamtschatka auftreiben konnten, war eine Luftfahrtkarte aus der alten Sowjetzeit mit dem Aufdruck »Warning – Aircraft infringing upon Non-Free-Flying Territory may be fired on without warning« (Warnung – Flugzeuge, die die Flugverbotszone verletzen, können ohne Warnung beschossen werden). 1983 hatte das sowjetische Militär gezeigt, dass es in solchen Fällen tatsächlich ernst macht. In der Annahme, es handle sich um ein amerikanisches Spionageflugzeug, feuerte es auf eine Verkehrsmaschine der Korean Airlines. Sie stürzte ab. Alle 269 Insassen kamen ums Leben.

»Diese Zeit ist längst vorbei, in der Hinsicht ist nichts zu befürchten«, versicherte man uns in dem kleinen russischen Reisebüro in München, das unsere Flüge über Moskau nach Petropavlovsk organisierte. »Im fernen Osten Russlands müssen Sie heute mit ganz anderen Schwierigkeiten rechnen. Aber die Leute dort sollen sehr offen sein. Sie kommen schon durch.«

Nach dieser Prognose zogen wir mit zwiespältigen Gefühlen los. Zwei Tage sollte die Reise dauern. Die erste Hürde hatten wir am Inlandsflughafen in Moskau zu nehmen. Mit unserem großen Expeditionssack, in dem Schlafsäcke und Liegematten steckten, hatten wir fast 15 Kilo Übergepäck. Die Beamtin am Check-in-Schalter, die nur Russisch sprach, schüttelte den Kopf und bedeutete uns immer wieder, dass sie den Sack so nicht einchecken könne. Sollen wir also nun zurückfahren, nur weil wir etwas mehr Gepäck haben als erlaubt, fragte ich sie auf Englisch. Überall auf der Welt kann man dafür bezahlen.

Sie verstand uns jedoch nicht oder wollte uns nicht verstehen. Sie ließ uns eine halbe Stunde schmoren, telefonierte, scherzte mit Kollegen. Erst als wir mit ein paar Dollarscheinen winkten, ließ sie sich herab, die Summe für das Übergepäck auszurechnen – und samt Trinkgeld zu kassieren.

Dann saßen wir als einzige Passagiere im Interflug-Abfertigungsraum für Ausländer. Auch kein Flughafenpersonal war zu sehen. Draußen war es bereits Nacht. Dicke Regentropfen klatschten an die Fensterscheiben. Eine Viertelstunde vor Abflug rührte sich immer noch nichts. Hatten die uns vergessen? Schließlich durchquerte eine Beamtin in grüner Uniform die Halle. Ihre Absätze klapperten über den glatten Boden. Ohne stehen zu bleiben und ohne uns eines Blickes zu würdigen, forderte sie uns wortlos mit einer herrischen Handbewegung auf, ihr zu folgen. Wir packten unsere Taschen und stolperten durch einen schlecht beleuchteten Gang hinter ihr her.

Sie brachte uns über das regennasse Rollfeld zum Flugzeug. Wir waren die letzten Passagiere in der mit Menschen, Gepäckstücken aller Art und Plastiktaschen voll gestopften Maschine – und erhielten auch die letzten Plätze. In der hintersten Reihe, mit nur wenig Fußraum. Aber wenigstens waren wir drin.

Kaum war das Flugzeug gestartet, begannen unsere Sitznachbarn, in ihren Plastiktüten herumzukramen. Holten Getränke und belegte Brote heraus. Eigenartig. Als ein paar Stunden später unser Magen zu knurren begann, wussten wir, warum. Außer lauwarmem schwarzem Tee gab es während des neunstündigen Flugs lediglich ein paar harte, trockene Kekse. Die russischen Passagiere hatten Bescheid gewusst und vorgesorgt. Wir nicht. Wie denn auch. Niemand hatte uns informiert. Das fing ja gut an.

Nach der Landung zerstreuten sich jedoch unsere Bedenken. Das Wetter war herrlich, und die russischen Wissenschaftler, die uns in Empfang nehmen sollten, erwarteten uns bereits und begrüßten uns herzlich. Diesen Kontakt hatten wir schon von Deutschland aus geknüpft. Professor Rolf Schick, mittlerweile emeritierter Geophysiker mit internationalen Beziehungen, hatte uns die Adresse vermittelt. »Versuchen Sie gar nicht erst, den Leuten zu schreiben, zu telefonieren oder zu faxen«, hatte er gesagt. »Herkömmliche Kommunikations-wege funktionieren nicht, das kommt nicht an. Es geht wirklich nur per E-Mail.«

Und so hatten wir auf einem für 1993 hochmodernen virtuellen Weg unseren ersten Kontakt mit einer der abgelegensten und unzugänglichsten Ecken der Erde geknüpft und dabei Vladimir Kirianov, Sergei Zharinov und seine Frau Ira kennen gelernt. Sie waren Mitglieder eines Stabs von insgesamt 158 Vulkanologen, die im Auftrag der altehrwürdigen russischen Akademie der Wissenschaften auf Kamtschatka die Vulkane und deren Ausbrüche beobachteten.

Und sie gehörten auch zu den Menschen auf der sibirischen Halbinsel, die nach neuen Möglichkeiten suchen, um zu überleben, denn die vom Staat finanzierte Akademie hatte kaum noch Geld für die Forschung. Die Politiker im weit entfernten Moskau haben seit dem Umbruch andere Sorgen als die Arbeitsausstattung und das Gehalt der Vulkanologen am äußersten Rand ihres riesigen Landes.

Sergei, Vladimir und Ira – alle drei sprachen sehr gut Englisch – betrieben neben ihrem durch die Finanznot eingeschränkten Job am Vulkanologischen Institut ein kleines Reiseunternehmen. Sie nutzten dabei ihre guten Beziehungen zu amerikanischen Kollegen, die sie in früheren Jahren bei den seltenen und nur mit großem Aufwand erstrittenen Forschungsreisen in die USA aufgebaut hatten. Befreundete Wissenschaftler aus dem ehemaligen Feindesland auf der anderen Seite des Pazifiks hatten ihnen ihre ausgedienten Computer zur Verfügung gestellt, über die sie auch unsere E-Mails erhalten hatten. Und die amerikanischen Vulkanologen vermittelten ihnen auch Reisende aus den Vereinigten Staaten. Mit einer solchen Gruppe sollten wir die ersten zehn Tage auf Kamtschatka verbringen, um zunächst einen Eindruck von den Feuerbergen zu gewinnen.

Drei Tage sind nun seit unserer Ankunft vergangen. Jetzt schlendern wir über den Markt von Petropavlovsk. Wir wollen noch ein paar Kleinigkeiten für die erste Vulkantour mit der amerikanischen Reisegruppe kaufen. Den Wodka von der Frau in der Kittelschürze zum Beispiel, für die kalten Abende im Zelt. Doch ist das in den Limoflaschen ohne Etikett wirklich Wodka? Ich spreche kein Russisch. Dennoch kann die Frau in der Kittelschürze meine Zweifel verstehen. »Ja, sicher ist das Wodka, bester russischer Wodka«, sagt sie, und Vladimir, der uns begleitet, übersetzt. »Ich habe viele Stammkunden. Die würden nicht wiederkommen, wenn ich sie übers Ohr hauen würde«, sagt sie eindringlich.

Also gut, wir nehmen fünf Flaschen zu je 600 Rubel (damals etwa eine Mark). Ich gebe ihr einen 50.000-Rubel-Schein. Das ist sehr viel Geld, etwa das Monatsgehalt eines Universitätsdozenten, sagt Vladimir. Kleiner hatte ich es gestern in der Wechselstube aber nicht bekommen. Doch die Frau scheint gar nicht verwundert. Im Gegenteil. Sie greift in die Schürzentasche, holt ihr Geldbündel heraus und gibt mir Schein für Schein die Restsumme heraus.

Ein paar Stände weiter bietet uns eine blonde junge Russin ein braunes Fell an, ein riesiges zerzaustes Stück. »Das war einmal ein Kamtschatka-Bär«, sagt sie und fragt Vladimir, woher wir kämen. »Aus Deutschland«, sagt er. »Unglaublich, das sind wirklich Deutsche?«, fragt sie und sieht uns an, als wären wir von einem anderen Stern. Dann steckt sie sich eine russische Zigarette mit hohlem Filter zwischen die dick rot geschminkten Lippen und zündet sie an.

Wir fragen, ob wir ein Foto machen dürfen von ihr, dem Bärenfell und den Pelzmänteln, die sie verkauft. »Aber klar, wenn ich dann auch eines bekomme.« Dazu brauchen wir aber ihre Adresse. Als wir sie darum bitten, schlägt ihre Offenheit plötzlich in Misstrauen um. Sie winkt ab. Dann besser doch nicht. »Der KGB, man weiß ja nie«, meint sie zu Vladimir. Der erklärt uns später, dass viele

Menschen noch nicht so recht an ihre neu gewonnene Freiheit glauben können und sich immer noch vor dem russischen Geheimdienst fürchten.

Dann führt er uns auf einen großen gepflasterten Platz. Dort steht er noch, etwa acht Meter hoch, alles beherrschend, mit wehendem Mantel und erhobenem Arm: Lenin, in Bronze gegossen. Weder Glasnost noch Perestroika, weder Erdbeben noch Vulkanausbrüche haben es geschafft, ihn zu stürzen.

Petropavlovsk-Kamtschatskij ist eine eigenartige Stadt. In meiner Erinnerung besteht sie hauptsächlich aus tristen, ziemlich heruntergekommenen Plattenbauten und kommunistischen Denkmälern. Nur im Zentrum und in den Außenbezirken stehen noch ein paar alte russische Holzhäuser. Ein Großteil des Hafens liegt lahm. Fischtrawler und Frachtschiffe rosten vor sich hin, viele haben schon Schlagseite, einige sind bereits halb im Wasser versunken.

Nicht nur die vielen Vulkanologen leiden unter der schlechten wirtschaftlichen Situation, sondern Menschen aus allen Berufssparten. Dabei bietet die Stadt durch ihre Lage an der Awatscha-Bucht alle Vorzüge einer Handels- und Wirtschaftsmetropole. Diese Bucht gehört zu den größten Naturhäfen nicht nur am Pazifik, sondern in der ganzen Welt. Schon der berühmte Entdecker Vitus Bering wusste dies für seine Zwecke zu nutzen. Er konnte für seine große Nordische Expedition keinen besseren Ausgangspunkt finden als diese Bucht, die durch breite Landzungen vom Pazifik abgeschnürt und trotz des hohen Breitengrades im Winter eisfrei ist. Dort bereitete er sich auf die Fahrt über die Aleuten nach Alaska vor.

Durch den Pelzhandel wuchs die ehemalige Fischersiedlung an der Awatscha-Bucht schnell zu einer Stadt heran. Bering selbst benannte sie 1740 nach seinen beiden Postschiffen Sankt Peter und Sankt Paul Petropavlovsk.

Bereits 1697 hatten Kosaken auf ihren Streifzügen in den Osten Russlands die Halbinsel Kamtschatka entdeckt. Kurz darauf wurde sie von Russland annektiert, denn dort gab es Zobel im Überfluss. Und Zobelfelle waren Zahlungsmittel und Statussymbol im Zarenreich. Dabei kam es immer wieder zu Konflikten mit den Ureinwohnern, den Itelmenen, Ewenken, Korjaken und Tschuktschen. Sie wurden von den Neuankömmlingen aus dem Westen blutig unterworfen und, ähnlich wie die Indianerstämme Amerikas, fast ausgerottet. Um nach einem Aufstand gegen die russische Macht nicht in Gefangenschaft zu geraten, kam es unter den Urvölkern Kamtschatkas sogar zu einem Massenselbstmord, wie aus den Notizen des Naturgelehrten Georg Wilhelm Steller hervorgeht. Dieser gehörte zu Berings Mannschaft, die im Auftrag des Zaren Sibirien und seine damals noch kaum bekannte Anbindung an Alaska erforschte und dokumentierte. Seine Berichte gehören zu den ersten, die es über Kamtschatka gibt.

Während des Kalten Krieges war die Pazifik-U-Boot-Flotte in der Awatscha-Bucht stationiert. Aus allen Teilen der Sowjetunion kamen nun Menschen nach Petropavlovsk, um dort ein paar Jahre lang zu arbeiten. Denn auf diesem Außenposten der UdSSR, der neun Zeitzonen beziehungsweise 8500 Kilometer weit von Moskau entfernt liegt, war das Einkommen etwa dreimal so hoch wie anderswo im Land – bis mit dem sowjetischen Reich auch die Wirtschaft zusammenbrach.

Heute leben knapp 500 000 Menschen auf Kamtschatka. Nur 2,5 Prozent davon sind Ureinwohner. Noch liegen russische Atom-U-Boote im Wasser des Naturhafens von Petropavlovsk, aber es gibt keine Industrie mehr. Mit der Fischerei, so erzählt uns ein Mann im Hafen, könnte man viel Geld verdienen – vor allem mit dem Lachs und den riesigen Kamtschatka-Krabben, das sind Seespinnen, die bis zu zwei Meter groß und bis zu 13 Kilo schwer werden. Doch die vielen amerikanischen Dollar und die japanischen Yen, die die Fischer einnähmen, müssten sie abgeben und bekämen dafür russische Rubel, eine Währung, bei der man zuschauen kann, wie sie verfällt. Die Stadt und die Menschen können also kaum genug investieren, um wenigstens Straßen und Häuser in Schuss zu halten. Alles verwittert und verrottet. Vermutlich hat sich daran bis heute nicht viel geändert.

Die Trostlosigkeit der Stadt ist schnell vergessen, als wir vier Tage später mit der Reisegruppe aus den USA und dem russischen Vulkanologenteam endlich zu unserer ersten Tour aufbrechen.

Wir stehen am Flughafen Jelesovo, etwa 40 Kilometer außerhalb der Stadt, und warten auf den Transporthubschrauber, der uns 130 Kilometer weiter nach Norden zum Vulkan Karymsky bringen soll.

Das Wetter ist sonnig und sehr klar. Die Hausberge von Petropavlovsk, die Vulkanriesen Awatschinsky, Koriasky und Koselsky, sind zum Greifen nah. Vom Gipfel des Awatschinsky, auch kurz Awatscha genannt, steigt ein Nebelschleier auf – Fumarolen, heiße Schwefelgase, sagt Vladimir.

Die drei majestätischen Bergkegel überragen die Küste und die Awatscha-Bucht. Ihre Gipfel sind heute leicht wie mit Zucker bestäubt. Während es in der Nacht in Petropavlovsk geregnet hatte, fiel dort oben in 2500 bis 3000 Meter Höhe Schnee.

Nach dem Glauben der Itelmenen wohnen in den Vulkanen Teufel und böse Geister. Die Ureinwohner der Halbinsel mieden daher die rauchenden Berge, obwohl sie sonst die Natur, die sie umgab, sehr verehrten. Der Naturforscher Steller berichtet 1773 darüber in seiner *Beschreibung von dem Lande Kamtschatka.*

»Wenn man sie fraget, was denn die Teufel da machten, antworteten sie, sie kochen Walfische«, heißt es dort. »Ich fragte, wo sie selbe fangen? Antwort: Zur Nachtzeit gehen sie nach der See und fangen derselben so viel, dass einer 5 bis 10 nach Hause bringt, da sie an jedem Finger einen hangen.«

Steller fragte auch nach der Ursache für die Flammen, die manchmal aus den Bergen schießen. Die Itelmenen, die, wie heute noch die Rentierhirten Sibiriens, in Jurten – Zelten aus über Stangen geworfenen Fellen – wohnten, hatten auch dafür eine Erklärung. Sie sahen in den Vulkanen die Jurten der Geister. Wenn sie dort einheizten, käme eben oben in der Mitte Feuer aus dem Rauchloch.

Eine Menge Gepäck stapelt sich am Rande des Flugfeldes: Koffer, Säcke, Taschen, Zelte und Kisten mit Proviant. Die Mitglieder unserer Reisegruppe sind sich noch fremd. Alle stehen etwas steif und unbeholfen herum. Erste Kontakte werden geknüpft. Woher kommen Sie? Was führt Sie hierher ans Ende der Welt? Dabei sind ein Fotograf aus Kanada, ein älteres Ehepaar aus Mexiko und Andree, ein junger rothaariger Mann. Mit ihm komme ich gleich ins Gespräch. Er ist in der ehemaligen DDR geboren, hat vier Jahre in Moskau studiert, spricht also perfekt Russisch und arbeitet heute als Wirtschaftsfachmann zeitweise in Frankfurt am Main.

Außerdem sind noch fünf US-Staatsbürger mit von der Partie, darunter die junge blonde Studentin Pamela und ihr Bruder Glenn Lockwood, Kinder eines namhaften Vulkanologen auf Hawaii, deren kleines Reiseunternehmen East-West-Discovery den Vulkanologen auf Kamtschatka schon einige Reisegruppen vermittelt hat, so auch diese hier. Betreut werden wir von Ira und Vladimir, außerdem von deren Kollegin Svetlana und Andrejew aus Moskau. Sergei bleibt in Petropavlovsk, als Kontaktmann in der Zivilisation, falls wir im Camp am Karymsky-Vulkan etwas brauchen sollten. Aus dem Krater am Gipfel dieses Feuerbergs ist acht Jahre zuvor zum letzten Mal Lava ausgeflossen. Seither ist er ruhig.

Ein großer Hubschrauber rollt an. Ein MI-8 der russischen Fluggesellschaft Aeroflot. Solche Fluggeräte sind in den Weiten Kamtschatkas das übliche Transportmittel. Im Cockpit sitzen drei Männer – Pilot, Copilot und Mechaniker. Die Turbinen dröhnen so laut, dass man sein eigenes Wort nicht mehr versteht.

In etwa 100 Meter Entfernung bleibt der Hubschrauber stehen. Langsam kommen die Rotoren zum Stillstand. Es wird wieder ruhig. Die Besatzung steigt aus. Ich reibe mir den Sand, den die Rotorblätter aufgewirbelt haben, aus den Augen.

Der Transporthelikopter ist blassrosa, mit breiten blauen Längsstreifen am Rumpf und dem kyrillischen Schriftzug der Aeroflot. Stellenweise ist der Lack abgeblättert. Eine Verschraubung an der Seite, vermutlich ein Tankdeckel, ist mit Draht gesichert und rundum ölverschmiert. Die gesamte Partie hinter den Turbinen ist rußgeschwärzt von den Abgasen. Die Reifen sind abgefahren. Sehr Vertrauen erweckend wirkt die Riesenlibelle nicht auf mich.

Der Pilot mit der braunen, abgewetzten Fliegerjacke hat mir die Skepsis wohl angesehen. »Diese Maschine kann leicht 24 Personen mit Gepäck transportieren«, erläutert er und fügt nicht ohne Stolz hinzu: »Sie hat Zusatztanks für Langstrecken eingebaut, der Rotor hat mehr als 21 Meter Durchmesser.« Trotzdem habe ich den Eindruck, das Ding wird zumindest außen nur noch von der Farbe zusammengehalten. Bernhard versucht mich zu beruhigen. Es sei eben kein Geld dafür da, die Maschinen immer auf Hochglanz zu polieren, meint er lapidar. Aber er habe gehört, dass russische Piloten unverschämt gut fliegen, vor allem die Heli-Piloten.

Alle helfen beim Einladen. Dann steigen wir ein, ein kurzes Gerangel um die Plätze an den runden Fenstern – und los geht's. Zu meinem Erstaunen rollt der Hubschrauber auf der Startbahn an wie ein Flugzeug, bevor er abhebt. Hier drinnen ist es noch lauter als draußen. Das Dröhnen lässt nicht nur mein Trommelfell schmerzen, sondern auch meinen Magen erzittern. Die ganze Maschine vibriert.

Zügig erheben wir uns in die Luft. Die Distanz zum Boden wird immer größer. Unter uns blau schimmernd die Bucht von Awatscha. Dann geht es über die bunten Datscha-Siedlungen um Petropavlovsk hinweg und an den Hausvulkanen der Stadt vorbei nach Norden. Unter uns nur noch weite Tundra, dann ein Stück Fluss, der in weiten Schlingen dahinströmt. In seinem Tal liegen Waldparzellen, die irgendwann einmal kahl gerodet wurden, dicht neben wilder, ursprünglicher Landschaft aus lichtem Gebüsch, gelb-grünen Grasflächen und ausgedehnten Sümpfen mit kleinen Tümpeln, die wie dunkelbraune Augen zu uns heraufstarren. Wir passieren noch weitere Vulkane mit komplizierten Namen wie Zschupanovsky, Vilutschinsky oder Vostriaky.

»Gleich sind wir da«, sagt Vladimir. »Vorne rechts ist der Karymsky.« Wer einen Fensterplatz ergattert hat, drückt das Gesicht an die kleine, runde Glasscheibe. Ich gehöre zu den Glücklichen, die den Vulkan als Erste erspähen. Ein ebenmäßiger schwarzer Kegel. Nur die Lavafontänen auf dem Gipfel fehlen. Der letzte Ausbruch kann aber noch nicht so lange zurückliegen, denn die jüngste Lavaschicht, die wie geronnener Zuckerguss an den Flanken klebt, ist noch pechschwarz und unverwittert. Sie läuft am Fuß des Kegels in dicken Wülsten über älteren grauen Lavalagen auseinander.

Der Karymsky-Vulkan ist mit 1536 Metern nicht besonders hoch. Dennoch wirkt er wie ein dunkler Riese über der Tundra, die an diesem heißen Sonnentag gelb-grün leuchtet.

Wir landen direkt am Karymsky-Fluss, der sich durch das Sumpfgebiet am Fuß des Vulkans schlängelt. Dort steht auch ein blaues Holzhaus. Es ist das Observatorium der Wissenschaftler, die den Karymsky überwachen. Zurzeit ist es aus Spargründen nicht besetzt. Doch die Instrumente sind immer einsatzbereit. Etwa 500 Meter davon entfernt ist schon das große Gemeinschaftszelt aufgebaut. Auch die Plane über der offenen Kochstelle ist bereits gespannt.

Schon beim Ausladen machen uns die Mücken zu schaffen. Andrejew beeilt sich daher, ein zeltgroßes Moskitonetz aufzubauen. Wem die Plagegeister zu lästig werden, der kann sich da hineinflüchten.

Noch bevor wir auspacken und die kleinen Schlafzelte aufstellen, ruft Vladimir die Gruppe zusammen. »Ich möchte euch bitten, das Lager nicht allein, sondern immer zu zweit oder zu mehreren zu verlassen«, sagt er. »Wegen der Bären.«

Auf Kamtschatka leben noch tausende von Braunbären, die größer werden können als die Grizzlys in Nordamerika. Normalerweise flüchten die Tiere, wenn sie Menschen in ihrer Umgebung wahrnehmen. »Doch wenn man sie plötzlich überrascht, können sie unangenehm werden«, sagt Vladimir. Dabei öffnet er einen Karton und holt Leuchtstäbe heraus. »Deshalb bekommt jetzt jeder so ein Ding, das er immer griffbereit haben sollte, für Notfälle.«

Wenn ein Bär angreift, erklärt er, sollen wir einfach nur die Schnur am einen Ende des Stabes abreißen. »Dann entzündet sich ein Leuchtsignal, das die Bären auf Abstand hält.« Ich habe diesen Stab, der im Notfall brennt wie eine überdimensionale Wunderkerze, jede Sekunde bei mir getragen.

Doch zunächst machen die Mücken Ärger. Solange wir mit dem Auspacken und Aufstellen meines Kuppelzeltes beschäftigt sind, höre ich zwar das Summen der kleinen Insekten, aber ich spüre sie kaum. Erst als ich mich mit einer Tasse frisch aufgebrühtem Tee auf einen Stein in die Sonne setze, registriere ich den Angriff. Mücken überall. In Nase und Ohren und in den Haaren, an Armen und Beinen. Danach schlagen hilft gar nichts. Das scheint die Biester nur noch verrückter zu machen. Also, das Mückenmittel herausgekramt. Jedes Fleckchen unbedeckte Haut wird eingerieben. Doch die Stechtiere lassen sich davon nicht beeindrucken. Ich kapituliere, binde mir ein großes Kopftuch um und ziehe es weit ins Gesicht, sodass mir die Mücken wenigstens nicht in den Mund fliegen.

Andrejew, der meine Abwehrversuche beobachtet hat, lacht. Er läuft mit nacktem Oberkörper herum und wird von keiner einzigen Mücke geplagt. Wir plaudern ein wenig. Andrejew ist eigentlich Physiklehrer in Moskau. In den Ferien besucht er immer seine Freunde in Kamtschatka. »Mich faszinieren die Vulkane, und ich nutze jede Gelegenheit, um an sie heranzukommen«, erzählt er. Auch hier am Karymsky war er schon oft. Diesmal verdient er sich den Aufenthalt mit kleinen Hilfsarbeiten im Camp. Dafür bekommt er freie Kost und Logis. »Und wie bist du gegen die Mücken immun geworden?«, frage ich. Andrejew zieht Pfeife und Tabak aus der Tasche. »Probier's mal damit«, meint er und hält mir den Tabakbeutel unter die Nase. Ich schnuppere. Das Kraut riecht scharf und süßlich zugleich. »Geheime russische Spezialmischung Kamchatskji«, sagt Andrejew augenzwinkernd und steckt sich die Pfeife an. Ich rieche am Rauch – und muss husten. »Diesen Tabak mögen die Mücken überhaupt nicht.« Kann ich verstehen.

Am nächsten Tag sind die Mücken weg. Aber auch die Sonne. Nebel hängt tief über dem Camp. Alles ist feucht. Es duftet nach Erde und frischem Moos. Die ganze obere Hälfte des Karymsky-Vulkans steckt in den Wolken. Trotzdem ziehen wir los, um ihn zu besteigen. Alle kommen mit, bis auf unsere Köchin Svetlana und Ira.

Was aus dem Helikopter wie festes scharzes Lavagestein ausgesehen hat, entpuppt sich aus der Nähe als reine Aa-Lava. So nennen Vulkanologen die Schmelze, die beim Fließen und Erkalten in bizarre, scharfkantige Brocken zerfällt. Man kann nur schwer darauf laufen. Der Fels ritzt sogar das feste Leder meiner schweren Bergschuhe.

Den Mexikanern wird es zu anstrengend. Sie kehren wieder um. Vladimir begleitet sie, damit sie sich in dem weglosen Gelände nicht verlaufen. Der Rest der Gruppe steigt weiter. Andrejew ist jetzt unser Führer. Er kennt den Berg. Er war schon mehrmals oben.

Der Hang ist steil. Manchmal sind die Lavabrocken so fest miteinander verbacken, dass man wie auf Treppen hinaufsteigen kann. Dann plötzlich rutschen sie unter den Füßen weg, und man gleitet ein Stück zurück. Ich trage Handschuhe, um mir, wenn ich mich abfange, nicht die Haut aufzuschneiden.

Gut drei Stunden dauert der Aufstieg. Die Mühe hat sich gelohnt. Der Gipfel des Karymsky ragt über die Nebeldecke hinaus. In der Ferne durchstechen die Nachbarvulkane das weiße Wolkenmeer. Doch ich habe kaum Augen dafür, so sehr fasziniert mich der mächtige Krater. Er hat einen Durchmesser von schätzungsweise 200 Metern. Wie ein steiler Trichter läuft er nach unten konisch zu. Gestein, das nach dem letzten Ausbruch vor etwa neun Jahren von den Kraterwänden nachgebrochen ist, hat den Schlot des Vulkans verschlossen. Die Geister, die den Mythen der Ureinwohner Kamtschatkas zufolge auch im Karymsky wohnen, sind derzeit wohl ausgeflogen.

Einige riesige Gesteinsblöcke hängen so schräg über der steilen Kraterwand, dass es aussieht, als könnte ein leichter Windstoß sie in die Tiefe stürzen. »Die wurden durch die Wucht der letzten Eruptionen vor einigen Jahren aus den Kraterwänden gerissen und hierher geschleudert«, sagt Andrejew nüchtern. »Und hier liegen sie nun, bis sie vielleicht beim nächsten Erdbeben abrutschen und in den Krater hineinpoltern.« Aus dem Boden des Trichters, der etwa 50 Meter weit hinunterreicht, quellen dünne Gaswolken. Ein untrügliches Zeichen dafür, dass der Karymsky noch aktiv ist.

Ein Großteil der Gruppe hat sich schnell satt gesehen an der grauen Mondlandschaft über den Wolken und drängt zum Abstieg.

Doch Bernhard steht auf der anderen Seite des Kraters. Er möchte noch ein paar Aufnahmen machen. Andree und ich wollen auf ihn warten. Andrejew ist einverstanden: »Ihr könnt nachkommen. Der Abstieg ist ganz einfach.« Dann erklärt er Andree den Weg.

Ich beobachte die beiden. Sie sprechen Russisch. Andrejew zieht mit den Armen einen großen Kreis und beschreibt kurz die Route – und Andree nickt. Hoffentlich versteht er auch alles richtig.

Im Lauf der nächsten Stunde reißt die Wolkendecke auf, und wir können sogar das Camp sehen. Der Abstieg dürfte also nicht sonderlich schwierig werden.

Doch weit gefehlt. So schnell wie sich die Wolkendecke geöffnet hatte, so schnell schloss sie sich wieder. Als Bernhard endlich fertig ist, kann ich den Fuß des Vulkans kaum noch erkennen. Ich schultere meinen Rucksack, und wir brechen auf. Schon nach zehn Minuten ist Andree unsicher. Er mag ja gut Russisch sprechen und ein Experte in Sachen Wirtschaft sein, aber die Orientierung im Gelände ist offenbar nicht seine Sache.

Jetzt stehen wir hier, verloren mitten in der Wildnis Kamtschatkas, ohne Weg und ohne Kompass. Wir versuchen, anhand des Sonnenstandes und der Landschaft, die wir durch ein Wolkenloch wenige Minuten lang zu sehen bekommen, unseren Standort zu bestimmen. Vor uns liegt eine steile Flanke aus lockerem Vulkansand. Sie müsste nach unserer Schätzung in die Richtung führen, in der dann, einige hundert Meter tiefer, unter den Wolken, das Camp liegt. In raschem Tempo gleiten wir mit großen Schritten den Hang hinunter wie auf frisch gefallenem Schnee.

Als wir in die Wolkendecke eintauchen, ist es auch mit dem weichen Vulkansand vorbei. Jetzt beginnt wieder die unangenehme scharfkantige Schlacke. Die Richtung ist nun nicht mehr so leicht einzuhalten, die Sicht beträgt höchstens 100 Meter. Mal mehr, mal weniger. Je nachdem, wie die Nebelschleier ziehen.

Jeder Schritt ist mühsam. Oft kippt ein Lavabrocken unter meinen Füßen zur Seite, und ich knicke um. Obwohl es nur etwa 15 Grad hat, schwitze ich so, dass mir das Wasser den Rücken hinunterläuft. Immer wieder müssen wir stehen bleiben, denn meine Begleiter sind Brillenträger. Die feinen Nebeltröpfchen schlagen sich auf den Gläsern nieder und nehmen ihnen die Sicht.

So kämpfen wir uns eine Stunde lang hangabwärts. Dann wird das Gelände flacher, der Boden erdig. Die ersten Büsche tauchen auf. Wir halten nach Fußspuren Ausschau. Doch bis auf den Abdruck von ein paar kleinen Tatzen, die von einem Marder oder einem Fuchs stammen könnten, ist nichts zu entdecken. Unwillkürlich muss ich an die Braunbären denken, vor denen Vladimir gewarnt hatte. Ich fasse vorsichtshalber in meine Anoraktasche. Der Leuchtstab ist griffbereit. Hoffentlich funktioniert er, wenn plötzlich so ein großer brauner Geselle auftauchen sollte.

Auf gut Glück gehen wir weiter in die Richtung, die bergab zu führen scheint. Vielleicht stoßen wir ja auf den Sumpf, der zwischen Lager und Vulkan liegt und den wir beim Aufstieg durchquert haben. Alle paar Minuten lassen Bernhard und Andree jetzt einen schrillen Pfiff los. Verzweifelt versuche ich es mit lautem Rufen: »Hallo! Wo seid ihr?« Wenigstens schlagen wir mit dem Krach jeden Bären, der sich in der Nähe aufhält, in die Flucht.

So geht es noch eine Stunde. Es wird allmählich dunkel. Unsere Jacken sind feucht vom feinen Nieselregen. Der Magen knurrt. Bis auf ein paar Kekse und eine halbe Flasche Wasser ist nichts mehr im Rucksack. Ich werde allmählich heiser vom Schreien.

Dann endlich. Nach einem langen Pfiff von Bernhard ist weit in der Ferne ein Ruf zu hören, dann noch einer. Wir lauschen. Die Rufe kommen näher. Wir bleiben stehen. Jetzt pfeift Andree. Wir ändern die Richtung und gehen langsam auf eine Wand aus dichten Büschen zu, aus der wir eine Antwort auf unsere Schreie hören. Es dauert keine zehn Minuten, da raschelt es in den Sträuchern, und Andrejew taucht auf. Er hat die anderen längst ins Camp gebracht und ist unseretwegen noch einmal losgezogen. Vladimir folgt ihm auf den Fersen.

Es fallen nicht viele Worte. Nur ein kurzes »Alles o.k.?« von Vladimir und ein beruhigendes Schulterklopfen. Wir sind alle erleichtert. Noch etwa eine halbe Stunde laufen wir durch den Nieselregen, durch das feuchte Gebüsch und über die weichen Sumpfwiesen. Im Camp angekommen, bringt Svetlana jedem von uns ein volles Glas Wodka. Er brennt ein wenig im Hals, aber die Wärme im Bauch tut gut. Allmählich löst sich die Anspannung. Zum Abendessen gibt es Gulasch und gekochte Kartoffeln. Wir schlingen es hinunter, als hätten wir drei Tage nichts mehr in den Magen bekommen. Dann krieche ich in mein Zelt und wickle mich in den Schlafsack. Er ist bereits ein wenig feucht. Aber das merke ich kaum. Fünf Minuten später falle ich in einen tiefen, traumlosen Schlaf.

Am nächsten Morgen steht Wasser in meinem Zelt. Der Rucksack ist nass. Die dick aufgeblasene Luftmatratze hat wenigstens den Schlafsack einigermaßen trocken gehalten. Das Zelt ist nicht dicht. Unaufhörlich trommelt Regen auf das Zeltdach und perlt durch eine Naht in meine kleine Behausung. Eine endlose Reihe glasklarer Wassertropfen rinnt zu Boden und sammelt sich in einer der vielen Dellen. Die Teufel der Itelmenen, die im Karimsky wohnen, sind mir anscheinend nicht wohl gesonnen.

Mein Missmut schwindet, als ich den Kopf hinausstrecke. Da steht Bernhard mit zwei Paar Fischerstiefeln unterm Arm. »Nimm dein Badezeug mit«, sagt er, »Andrejew will uns was zeigen.« Ich schlüpfe schnell in Hose und Anorak, denn es ist kühl draußen im Regen. Dann stolpere ich schlaftrunken über den weichen Teppich aus Moos und Flechten hinter den beiden her.

Am Karymsky-Fluss stülpen wir die Schäfte unserer Stiefel hoch. Sie reichen bis über die Oberschenkel. Dann waten wir durch das mehr als kniehohe Wasser. Dicke Büschel Algenfäden schwingen in der Strömung wie langes grünes Haar.

»Jetzt könnt ihr allein weiter«, meint Andrejew und deutet auf ein paar kleine Holzhütten etwa 100 Meter entfernt mitten im Sumpf. Bis zu den Knöcheln versinken wir im weichen Boden. Dichtes meterhohes Schilfgras wächst um die kleinen Tümpel links und rechts des kaum erkennbaren Trampelpfades. Das Wasser ist dort spürbar wärmer als im Fluss. Jetzt erst verstehe ich. Die kleinen Hütten sind Badehäuser. Die Vulkanologen des Observatoriums haben dort die warmen Quellen des Karymsky-Vulkans gefasst.

Die Gummistiefel lassen wir unter der alten Holzbank vor dem Häuschen stehen, um keinen Schlamm in die Hütte zu tragen. Die Tür knarzt beim Öffnen laut in den verrosteten Angeln. Ein Schwall warmer Luft kommt uns entgegen. Schnell hinein, damit keine Wärme verloren geht.

Drinnen ist es ziemlich eng. Die beiden Fensterscheiben sind beschlagen. Aus den Wänden ragen in Kopfhöhe ein paar Astgabeln zum Aufhängen der Kleider. Im Boden ist eine Grube ausgehoben, fast zwei Meter tief und etwa drei Meter im Durchmesser. Ihre senkrechten Wände sind mit Holz ausgekleidet. Das Wasser in diesem primitiven Becken perlt und ist so milchig, dass man nicht bis auf den Grund sehen kann. Deshalb setzen wir uns zuerst vorsichtig an den Rand, stützen uns ab und lassen uns langsam hineinsinken. Das Wasser ist badewannenwarm. Es reicht schon bis zum Bauch, und noch immer ist kein Boden zu spüren. Wir sinken tiefer und tiefer. An den Füßen wird es zunehmend wärmer. Gasbläschen kitzeln an den Beinen hoch. »Wenn ich auf Schlamm stoße, springe ich sofort wieder raus«, sage ich zu Bernhard. In diesem Moment spüre ich Kies an den Sohlen. Das Wasser reicht jetzt bis zum Hals. Herrlich. Heute kann uns das kühle, regnerische Wetter nichts mehr anhaben.

So geht es zwei Tage. Regen, Essen, Baden, kleine Wanderungen in der Umgebung des Vulkans zu warmen Seen und Mineralwasserquellen. Ich bin mit meinen Sachen mittlerweile ins Gemeinschaftszelt gezogen, weil sich mein eigenes Zelt nicht abdichten lässt.

Am dritten Tag soll uns der Helikopter wieder abholen. Aber er kommt nicht. Ira und Vladimir funken vom Observatorium aus Sergei in Petropavlovsk an und erhalten eine schlechte Nachricht. Ein Taifun zieht von Japan herauf. »Deshalb dürfen am Flughafen keine Flugzeuge starten und landen, weder Jets noch Hubschrauber«, erklärt Ira. Es kann zwei Tage dauern, bis der Taifun vorbei ist.

Wir sitzen also fest. Zum Regen kommt jetzt noch ein Sturm. Sämtliche Kleidungsstücke sind feucht und stinken nach Rauch, weil wir sie ständig am offenen Feuer zu trocknen versuchen. Der Proviant geht allmählich zur Neige.

Andrejew und Vladimir raffen sich auf und marschieren trotz des miesen Wetters zum nahe gelegenen See, um zu angeln. Sie wollen unsere Speisekarte, die nur noch aus Tee, Milchbrei, Käse und Kartoffeln besteht, ein wenig aufbessern. Sogar der Wodka ist ausgetrunken. Als sie mit einem ganzen Eimer Fische zurückkommen, hebt sich die Stimmung in der Gruppe. Sie werden gleich auf dem offenen Feuer gebraten.

Tags darauf geht der Dauerregen in ein leichtes Nieseln über. Die Wolken hängen immer noch tief. Diesmal kommt Vladimir mit einer guten Nachricht vom Funkgerät zurück. Jets dürfen noch nicht fliegen. Aber unser Transporthubschrauber hat die Starterlaubnis bekommen.

Wir brechen die Zelte ab, packen alles zusammen und harren, eng beieinander sitzend, geduldig unter der Küchenplane aus. Nach etwa einer Stunde ist ein Wummern hinter den Bergrücken zu hören. Alle schauen gespannt in die Richtung. Tatsächlich taucht in dem Taleinschnitt knapp über dem Boden der Helikopter auf.

Kaum stehen die Rotorblätter still, gehen die beiden Heckklappen auf. Zelte, Koffer, Kisten, Säcke, Matratzen – alles wird zwischen den beiden großen knallgelben Treibstofftanks im hinteren Teil des Hubschraubers verstaut. Die Sachen haben kaum Platz. Die Amerikaner finden keinen Sitz mehr und machen es sich auf dem Berg Gepäck bequem. Ich steige mit Ira zuletzt ein und bekomme den Notsitz in der Pilotenkanzel. Bernhard hat einen Stehplatz hinter mir an der Tür. Sicherheitsbestimmungen gibt es hier offenbar keine.

Die Rotorblätter beginnen zu kreisen. Der ganze Helikopter vibriert. Das Dröhnen wird allmählich unerträglich laut. Ich setze meine Mütze auf und ziehe die Anorakkapuze darüber, um meine Ohren etwas zu schützen. Dann heben wir langsam ab.

Doch das Ding hebt kaum vom Boden ab. Sind wir zu schwer? Der Pilot arbeitet an seinen Pedalen und Hebeln, Copilot und Mechaniker schauen ihm ruhig zu. So schlimm kann es also nicht sein.

Dann treiben wir etwas zur Seite. Der Hubschrauber dreht und zieht noch unter der Nebeldecke davon. Er ist nicht für Instrumentenflug ausgerüstet. Wir fliegen auf Sicht. Der Copilot hat eine Landkarte in der Hand. Zwei Ventilatoren an den Fenstern verhindern, dass die Scheiben innen zu sehr beschlagen. Draußen hetzen die Scheibenwischer hin und her. Der Pilot schaut angestrengt abwechselnd nach vorne, zur Seite und nach unten.

Wir fliegen beängstigend knapp über dem Boden. Manchmal kann ich die einzelnen Blätter an den Bäumen erkennen. Die Berggipfel links und rechts sind in Wolken. Die können wir nicht überqueren. Der Copilot gibt die Richtung an. Wir fliegen der Karte nach immer die Täler entlang – bis zum Meer.

Endlich. Hier hebt sich die Wolkendecke, und in einem großen Bogen geht es an der Küste entlang nach Petropavlovsk.

Gleich nach der Landung verabschieden wir uns von der Reisegruppe, die, bevor sie in die USA zurückfliegt, noch eine Bootstour auf dem Kamtschatka-Fluss unternimmt. Bernhard und ich werden in der Stadtwohnung von Iras Freunden untergebracht, die gerade verreist sind.

Sie liegt in einem der tristen Plattenbauten am Rand des Zentrums. Der Eingang des Wohnblocks wurde früher wohl durch ein frei schwebendes Betondach geschützt, das irgendwann einmal heruntergebrochen ist. Jetzt ragen nur noch die Eisenträger aus der Wand. Die Haustür schließt nicht mehr, weil der Holzrahmen gesplittert ist. Das Klingelbrett hängt nur noch an ein paar Drähten. Das Treppenhaus ist völlig verdreckt. Überall bröckelt der Putz. Die Tür zu der uns zugedachten Wohnung war in besseren Zeiten außen mit einem Lederpolster bespannt, wie man es von den Chefzimmern in alten Büros kennt. Das Polster ist zerschlissen.

Innen ist die Wohnung jedoch hell und sauber. Der Blick aus den Fenstern reicht bis zu den Hausvulkanen der Stadt. Sollte der Awatscha jetzt ausbrechen, könnten wir die Eruptionen vom Küchentisch aus verfolgen. »Genau das haben meine Freunde getan, während der letzten Eruption vor zwei Jahren«, erzählt Ira. Nachts sahen sie die Lavaströme an den Hängen des Awatscha leuchten, und tagsüber konnten sie die Aschewolken beobachten, die in den Himmel schossen.

Schon am nächsten Tag sollten wir den Gipfel des Awatscha aus nächster Nähe sehen. Wir haben großes Glück. Die Sonne scheint, die Luft ist klar. Sergei konnte einen Helikopter organisieren, der uns über die drei Vulkane um Petropavlovsk und ein Stück nach Norden fliegt, sodass Bernhard Luftaufnahmen machen kann.

Wir fahren jedoch nicht zum Flughafen. »Der Hubschrauber nimmt euch auf einer Waldlichtung auf, draußen vor der Stadt«, sagt Sergei. Damit nichts schief gehen kann, wird Vladimir mitkommen.

Ein Freund von Sergei bringt uns in einem Jeep zu der abgemachten Stelle. An der Lichtung steht ein grün-weiß gestreiftes mehrstöckiges Haus, angeblich ein Hotel. Doch kein Mensch ist zu sehen. Türen und Fenster sind verriegelt. Wir setzen uns auf eine Bank und warten. Um zehn Uhr sollte uns der Hubschrauber aufnehmen. Es wird halb elf. Kein Helikopter in Sicht. In Russland muss man warten können.

Um elf Uhr schließlich das vertraute Dröhnen. Der Aeroflot-Hubschrauber nähert sich schnell und setzt etwas unsanft auf.

Die Piloten, die aus dem Cockpit steigen, sind uns bekannt. Es sind dieselben, die uns vom Karymsky-Vulkan abgeholt haben. Wir begrüßen uns herzlich. Unterdessen nähert sich ein blaues Auto. Zwei Jäger steigen aus, mit schweren Rucksäcken und Gewehren.

Was in den nächsten fünf Minuten passiert, läuft vor meinen Augen ab wie ein Film. Einer der Piloten öffnet die Ladeluke am Heck des Helikopters. Zwischen den Tanks tropft etwas Dunkles zu Boden. Es ist aber kein Treibstoff, es ist Blut. Ein Mann springt heraus, in der Hand einen abgetrennten Rentierschädel. Die Ärmel seines Hemdes sind hochgekrempelt, er ist bis zu den Ellenbogen blutverschmiert.

Er wirft den Schädel beiseite, dreht sich um und zieht den Rest des Tieres aus dem Laderaum: zuerst das abgezogene Fell, dann den in zwei Hälften zerteilten Körper und ein abgetrenntes Bein.

Ein zweiter Mann kommt mit zwei Eimern Wasser von irgendwo-her aus dem Wald, klettert in den Laderaum und schüttet das Wasser mit Schwung über den blutverschmierten Boden. Mit einem Besen putzt er nach.

Ohne von uns Notiz zu nehmen, steigen die beiden Jäger ein, zwei ältere Männer mit verwitterten Gesichtern. Wieder nähert sich ein Auto. Ein Mann in grauem Anzug, mit dunkelroter Krawatte und Aktenmappe steigt aus und geht auf den Helikopter zu. Auffallend freundlich bitten ihn die Piloten an Bord. Auch wir sollen nun mit unserer Fotoausrüstung einsteigen.

Der Mann im grauen Anzug packt eine Zeitung aus und legt sie auf die hölzerne Bank. Dann setzt er sich drauf. Er will wohl Flecken auf seiner Hose vermeiden.

Bisher waren wir beide nicht in das Geschehen involviert. Doch nun sind wir an der Reihe. Bernhard versucht mithilfe von Vladimir mit den Piloten die Flugroute zu den Vulkanen auszuhandeln. Mehrmals fällt das Wort Awatscha. Es gibt Komplikationen. Wir verstehen aber nicht, weshalb. Doch jetzt fliegen wir erst mal los.

Kaum sind wir in der Luft, setzen die Piloten schon wieder zur Landung an. Wir schweben über der paradiesischen Küste: Eine Landzunge trennt einen hellblauen See mit zahlreichen Inseln vom tiefblauen Pazifik ab. Auf dem schwarzen Lavasand wachsen Krüppelbüsche, deren grünes Laub sich jetzt im Spätsommer leuchtend gelb und rot färbt. Rundum Hügel mit dichten Wäldern.

Der Helikopter setzt kurz auf. Die zwei Jäger und der Mann in Anzug und Krawatte steigen bei laufenden Rotoren aus. Dann heben wir wieder ab.

Endlich kommen wir zum Zweck dieses Fluges, nämlich Luftaufnahmen von einigen Vulkanen zu machen. Dazu muss die Schiebetür geöffnet werden. Zuvor legt der Mechaniker Bernhard noch einen breiten Sicherheitsgurt um den Bauch, der ihn, falls er sich beim Fotografieren zu weit hinauslehnt, halten soll. Außerdem klemmt er die Eisenleiter zum Aus- und Einsteigen quer vor die Türöffnung. Erst dann drückt er die Tür zur Seite. Der Wind fährt herein, und das Knattern der Rotoren wird fast unerträglich.

Jetzt hat Bernhard genug Freiraum zum Fotografieren. Ich rutsche auf meinem Sitz möglichst weit vor, um einen Blick auf die

Vulkangipfel senkrecht unter uns zu erhaschen. Der Wind reißt mir fast die Kapuze vom Kopf und beutelt meinen Anorak. »Das ist der Maly Semiatschik«, schreit mir Vladimir ins Ohr und deutet auf einen Krater mit rot-braun gestreiften und gelben Wänden. Der milchig türkisblaue See in seiner Mitte sieht aus, als hätte ein Riese hier einen Farbtopf ausgeschüttet.

»So eine Farbe gibt es doch gar nicht«, schreie ich zurück.

»Doch, dieses Wasser ist extrem sauer und ätzend. Es hat den pH-Wert 1, wegen der Schwefelgase, die aus dem Kraterboden austreten und sich im Wasser lösen.«

Wir kreisen mehrmals um den Gipfel des Vulkans. Dann drehen wir ab und fliegen zurück – aber nicht nach Petropavlovsk zum Awatscha und seinen Nachbarvulkanen, wohin Bernhard und ich eigentlich wollten. Wir landen wieder auf der Landzunge. Diesmal stellen die Piloten den Motor ab. »Wir möchten Sie gern zum Mittagessen einladen«, sagt der Mechaniker. »Hier, mitten in der Wildnis?«, frage ich mithilfe von Vladimir zurück und gebe mir Mühe, ein wenig ärgerlich zu klingen. »Ja, lassen Sie sich überraschen«, sagt der Pilot mit scharmantem Lächeln.

Wir laufen über die Landzunge, von der Pazifik- zur Seeseite. Dort stehen ein paar Holzhütten und ein grob gezimmerter Tisch mit Bänken. Der Krawattenmann und die beiden Jäger haben es sich bereits gemütlich gemacht. Sie trinken Wodka und sind schon entsprechend gut gelaunt.

Ein altes Ehepaar mit den Gesichtszügen der Ureinwohner Kamtschatkas nickt uns freundlich zu. Wir erfahren, dass die beiden hier wohnen und von den Fischen leben, die sie fangen, in großen Bottichen einsalzen und dann verkaufen. »Die Piloten kommen oft hierher, um zu angeln«, erzählt Vladimir, »und für die Jäger ist das ein guter Ausgangspunkt für ihre Streifzüge durch die Wälder, die oft mehrere Tage dauern.«

Der Krawattenmann hat alle Steifheit abgelegt und stellt sich vor. Soweit ich verstehe, ist er ein irgendein Inspektor aus Moskau. Er schaut mich mit seinen hellblauen Augen lachend an und legt die Handflächen wie zum Beten aneinander. Dann öffnet er sie wie ein Buch und sagt in gedehntem Deutsch: »Hoch lebe Stalin« und nach einer kurzen, bedeutungsvollen Pause: »So habe ich in der Schule Deutsch gelernt.«

Darauf war ich nicht gefasst. Als wollte sie mir über den Schreck hinweghelfen, reicht mir die Frau ein großes Glas Wodka. Der Inspektor und ich prosten uns zu und trinken einen kräftigen Schluck. Er hat wohl von Vladimir erfahren, dass wir aus Deutschland kommen, und kramt jetzt alle deutschen Wörter hervor, an die er sich erinnern kann. Er sei Regierungsbeamter, sagt er, und inspiziert die Fluglinien im Osten Russlands. Ein harter Job sei das, man sei fast nie zu Hause, immer unterwegs. Heute scheint es ihm jedoch nicht schlecht zu gehen.

Das alte Ehepaar serviert gesalzenen Fisch als Vorspeise. Dann gibt es Fischsuppe aus dem großen Topf, der über dem offenen Feuer hängt. Es ist die beste Fischsuppe, die ich je im Leben gegessen habe. Große Stücke Lachs schwimmen darin, Dill und Zwiebeln. Dazu gibt es gekochte Kartoffeln. Danach türkisfarbene Bonbons und Tee.

Beim Wodka haben sich die Piloten zurückgehalten. Doch beim Essen langen sie kräftig zu. Dann verschwinden die Jäger, und die Piloten mahnen zum Aufbruch. Sie drücken dem Fluginspektor ein großes Glas Lachskaviar in die Hand und bringen ihn zum Helikopter. Wir stiefeln, leicht angetrunken, hinterher.

Schließlich heben wir ab – und hoffen, das wir nun den Vulkan Awatscha ansteuern. Vladimir hatte uns dieses Ziel empfohlen. Der Krater des Awatscha sehe seit dem letzten Ausbruch vor zwei Jahren sehr spektakulär aus, sagte er. Er sei bis oben hin mit Lava gefüllt, und an einer Stelle sei die Schmelze über den Rand getreten. Jetzt gleiche der Gipfel des Feuerbergs einem übergelaufenen Suppentopf.

Das wollen wir unbedingt sehen. Bernhard bereitet schon die Kamera vor. Doch bereits nach zehn Minuten landet der Hubschrauber erneut, diesmal an einem Fluss mitten im Wald. Bei laufenden Rotoren öffnet der Mechaniker die Ladeluke am Heck.

Wieder tauchen aus dem Nichts ein paar Männer auf, große wilde Kerle in Fischerhosen, die Ärmel hochgekrempelt, mit dunklen Bärten und mürrischen Mienen. Sie schleppen weiße, schwere Säcke zum Hubschrauber. Der Pilot mahnt zur Eile. Also steigen auch der Mechaniker, Vladimir und Bernhard aus und helfen mit. Es sind etwa 30 Säcke, nass und glitschig. Einer platzt beim Einladen auf – und ein frisch gefangener Lachs flutscht heraus. Schnell wird der Sack wieder zugebunden.

Ist das nun ein ganz normaler Lachstransport, oder geht hier etwa Illegales vor sich? Schwarzhandel? Vladimir gibt mir auf meine Frage keine Antwort. Den Fluginspektor scheint der Vorgang nicht weiter zu stören. Er bekommt sogar etwas ab. Der Mechaniker steckt ihm zwei Prachtexemplare zu. Der Inspektor schiebt sie in die Plastiktüte, die er aus einer alten braunen Ledertasche unter seinem Sitz hervorholt und in der er auch schon das große Glas Kaviar verstaut hat. Dann wird die Luke geschlossen, und wir heben wieder ab.

»Aber jetzt fliegen wir zum Awatscha-Vulkan«, sagt Bernhard zu Vladimir. Der gibt es auf Russisch über den Mechaniker ins Cockpit weiter. Doch der Pilot schüttelt den Kopf. Geht leider nicht, meint er. Wir seien zu schwer und hätten nicht mehr genug Treibstoff.

Wollen die uns über den Tisch ziehen? Wir müssen eine Menge Dollar für diesen Flug hinblättern. Durch das gute Essen und den Wodka ruhig gestellt, regen wir uns jedoch nicht groß auf.

Damit ist das Abenteuer aber noch nicht zu Ende. Als wir wieder auf der Lichtung am Rand von Petropavlovsk landen, warten dort bereits einige Männer, drei alte Jeeps und ein grünes Auto. Während wir mit dem Fluginspektor aussteigen, hieven die Männer die Säcke aus dem Laderaum. Dann beginnt eine wundersame Verteilung. Ein Sack wird in den Kofferraum des grünen Autos geworfen. Dafür wird eine Kiste Champagner aus- und in den Helikopter eingeladen. Sie ist offensichtlich für die Piloten gedacht. Das Auto fährt ab.

Der Fluginspektor bekommt noch einen Lachs. Rasch verstaut er ihn in der Tasche mit den anderen Geschenken, wischt sich die Finger flüchtig an seinem Taschentuch ab, schüttelt uns zum Abschied die Hand, rückt seine Krawatte zurecht und steigt mit Aktenkoffer und Geschenketasche in den Jeep, in dem ein Fahrer sitzt, und verschwindet.

Aus dem zweiten Jeep steigt ein Mann in Uniform, mit zwei Sternen auf den Schulterklappen. Auch er bekommt seinen Lachs und fährt wieder ab. Dann beginnt das Palaver um den nicht angeflogenen Awatscha-Vulkan und den Preis, den wir nun zu zahlen haben. Vladimir redet und redet. Der Pilot hört nur zu und lächelt nun nicht mehr. Wir stehen hilflos da und kommen uns, wie so oft in Russland, wie Analphabeten vor.

Die beiden Männer einigen sich darauf, das Problem der Bezahlung zu verschieben. »Das wird Sergei in die Endabrechnung einbauen«, sagt Vladimir. Das ist später, sehr zu unserer Zufriedenheit, auch geschehen.

Und zu Bildern vom Awatscha sind wir doch noch gekommen, zwei Tage später bei einem von Wissenschaftlern der NASA organisierten Messflug. Im wilden Osten von Russland scheint wirklich alles möglich zu sein, wenn man nur abwarten kann. Doch das kostet Nerven.

Wie zum Trost bekommt auch Vladimir noch einen Lachs und wir ein Glas Lachskaviar. Auf uns wartet der dritte Jeep. Er bringt uns zurück in die Stadt.

Unsere letzte Tour auf Kamtschatka geht zum Mutnovsky-Vulkan etwa 70 Kilometer südlich von Petropavlovsk. Dort gibt es große Schwefelfelder, die zu den spektakulärsten der Welt gehören. In dieses Gebiet führen keine Straßen. Sergei lässt wieder einmal seine guten Beziehungen spielen.

Er weiß, dass ein paar ehemalige Kollegen vom Institut dringend Messreihen im Krater des Mutnovsky durchführen müssten. Außerdem sollte ihr Camp winterfest gemacht werden. Die Reise dorthin ist in Anbetracht der leeren Institutskassen jedoch kaum zu finanzieren. »Mit denen könnte ich euch zusammenbringen«, sagt Sergei. Wenn wir einen Teil der Kosten übernehmen, organisiert er einen großen Lastwagen. Die Summe von umgerechnet 150 Dollar für die Fahrt mit dem alten Militärtruck, Unterkunft und Verpflegung für drei Tage, mit Ira als Köchin und Vladimir als Führer, ist für uns in Ordnung. Wir haben nie erfahren, ob wir mit der für dortige Verhältnisse großen Summe nicht doch die Gesamtkosten übernommen haben.

Yanni heißt der Fahrer, der uns am nächsten Tag am Vulkanologischen Institut abholt. Mit seinem unrasierten Gesicht, dem olivgrünen Tarnanzug, einem Messer am Gürtel und den verdreckten, fast kniehohen schwarzen Stiefeln sieht er aus, als käme er frisch vom Kampfeinsatz. Die drei Vulkanologen Anatoly, Nikolai und Sascha, Spezialisten für Gasanalysen, stehen schon auf der mit einer Plane überspannten Ladefläche. Dort stapeln sich Unmengen von Holz für den Winter. Ira und Vladimir klettern auch auf die Ladefläche, Bernhard und ich sitzen neben Yanni im Führerhaus. Gleich hinter Petropavlovsk biegen wir auf eine Sandpiste ab. Wir fahren an einigen Vulkanriesen vorbei, bis die Straße endet. Dort halten wir, um zu tanken. Yanni führt seinen Sprit immer in alten verrosteten Fässer auf der Ladefläche mit. Anatoly und Sascha ziehen ein Fass nach vorne. Yanni steckt einen Schlauch in den Behälter. Dann öffnet er den Tankdeckel. Es stinkt stark nach Diesel. Jetzt nimmt Yanni das andere Ende des halb durchsichtigen Schlauchs in den Mund und saugt kräftig daran. Man sieht die braune Flüssigkeit hindurchschießen. Rasch zieht Yanni den Kopf zurück, schiebt den Schlauch in den Tank, und schon fließt der Diesel.

Nun geht es über offenes Gelände. Eine Zeit lang sind noch Wagenspuren auf dem steinigen Boden zu sehen. Doch in dem weiten Sandmeer am Vulkan Gorely hat der Wind sie verweht. Für Yanni kein Problem. Er war schon oft am Mutnovsky. Er kennt den Weg.

Die Landschaft wird bizarr. Das Meer aus Sand überdeckt ein riesiges Lavafeld, aus dem stellenweise Türme aus schwarzem Lavagestein ragen. Dann überqueren wir ein Eisfeld und einen Fluss, der etwa einen Meter tief sein dürfte. Oft kann Yanni nur im Schritttempo über den steinigen Boden fahren. Er raucht eine Zigarette nach der anderen. Dieselben stinkenden Glimmstängel mit dem langen, hohlen Filter, die auch die Marktfrauen geraucht haben.

Nach sechs Stunden taucht der Mutnovsky auf. Er hat keinen so schönen Kegel wie die Vulkane um Petropavlovsk. Er gleicht eher einer stumpfen Bergkette und ist mit Schnee bedeckt. In der Mitte quillt eine dicke Dampfwolke empor.

In der kahlen Landschaft ist das Camp schon von weitem zu sehen. Wie ein paar verlorene Kisten liegen die Wohncontainer in der Wildnis. Ich bin leicht schockiert, als ich aus dem Führerhaus des Trucks herausklettere. Das Camp gleicht einem Schrottplatz. Ein Windrad mit hängenden Flügeln, eine verlassene, unaufgeräumte Feuerstelle, eine alte Teppichstange – und jede Menge Eisenteile rund um die ehemals grünen, jetzt völlig verrosteten Container.

Einer davon wird Ira, Vladimir, Bernhard und mir zugewiesen. Ira öffnet die Tür an der Längsseite. »Wir haben einen Kanonenofen«, ruft sie erfreut. So müssen wir bei der Kälte wenigstens nicht draußen an der offenen Feuerstelle kochen.

Ich inspiziere mit ihr die Behausung. Links und rechts neben dem Ofen sind Pappwände eingezogen. Offene Türrahmen führen in je ein Zimmer. Ein Blick hinein steigert noch mein Entsetzen. Alte, zerschlissene Matratzen mit großen Wasserflecken hängen über verrosteten Eisenbettgestellen, eine alte Kommode, überall auf dem Boden verstreut Holzscheite, verbogene Nägel, Reste von Plastiktüten. Und alles verstaubt und verdreckt.

Ira macht mir Mut. »Komm«, sagt sie, »das räumen wir schnell auf.« Sie drückt mir einen alten Besen in die Hand, der die Hälfte seiner Kehrhaare eingebüßt hat. Sie selbst holt Wasser am nahe gelegenen Bach, um die Kommode abzuwischen, damit wir dort wenigstens die Fototaschen abstellen können.

Ira ist ein Organisationstalent. Eigentlich ist sie Computerspezialistin am Vulkanologischen Institut in Petropavlovsk. Seit immer wieder einmal eine Reisegruppe vorbeikommt, kümmert sie sich um deren Versorgung. Nur wenn einer der Vulkane auf der Halbinsel ausbricht und die Aschewolken so hoch in die Atmosphäre steigen, dass der Flugverkehr über dem Nordpazifik gefährdet ist, kann sie wieder als Computerspezialistin arbeiten. Dann sammelt sie mit Vladimir sämtliche verfügbaren Messdaten über den Ausbruch, schätzt die Bedrohung ab und funkt alles auf die andere Seite des Ozeans nach Alaska zum Observatorium in Anchorage. Die Wissenschaftler dort geben dann die Warnung für den Luftverkehr heraus.

Während der vielen Jahre in Kamtschatka hat Ira gelernt, aus sehr wenig etwas Großes zu machen. Auf unseren Wanderungen am Karymsky-Vulkan zum Beispiel sammelte sie unterwegs alle möglichen Beeren und kochte abends daraus im Handumdrehen Marmelade zum Süßen des Tees, der dann köstlich nach Blau- oder Krähenbeeren schmeckte.

Jetzt fegt sie durch den Container wie ein Wirbelwind, räumt auf, organisiert sogar einen Tisch und ein paar Stühle bei den Wissenschaftlern in den Nachbarcontainern. Ich habe gerade mal die zwei kleinen Räume ausgekehrt, die unappetitlichen Matratzen ausgeklopft, unsere Isoliermatten draufgelegt und die Schlafsäcke ausgepackt, da steht schon ein frisch aufgebrühter Tee bereit. »Hier, trink«, sagt Ira, »dann geht's dir gleich besser.«

So abscheulich das Camp, so reizvoll ist die Umgebung. Ein bunter Pflanzenteppich überzieht den Tundraboden, so weit man schauen kann. Gut drei Stunden dauert es zu Fuß von hier aus die Hügel hinauf zum aktiven Krater des Vulkans oben am Gletscher des Feuerbergs. Wir ziehen los, die Wissenschaftler, die sich als Anatoly, Nikolai und Sascha vorgestellt haben, mit ihren Messgeräten im Rucksack. Vladimir, Ira, Bernhard und ich schleppen Proviant und Fotoausrüstung. Der Weg ist nicht ungefährlich. Er führt vorbei an der 90 Meter tiefen Opasny-Schlucht, in die mit großem Getöse das Schmelzwasser des Mutnovsky hinabstürzt. Weiter oben verläuft der Pfad in einem Canyon mit über 100 Meter hohen, nahezu senkrechten Felswänden, aus denen immer wieder Stücke herausbrechen und herabpoltern.

Wir queren einen Schuttkegel, der erst wenige Wochen zuvor entstanden ist und den Weg unter sich begraben hat. Anatoly zeigt auf die Felswand. »Dort«, sagt er, »wo dieser Einschnitt klafft, sind etwa 5000 Tonnen Gestein herausgebrochen.« Das sind rund 250 Lastwagenladungen voll. »Manchmal genügt nur ein kleines, für Menschen kaum wahrnehmbares Erdbeben, um so etwas auszulösen.« Anatoly selbst war zu der Zeit gerade mit ein paar Kollegen oben im Krater. Sie hörten nur das Krachen und Dröhnen, als die Felslawine abging. Auf dem Rückweg wurde ihnen klar, welches Glück sie gehabt hatten. »Diese Lawine hätten wir garantiert nicht überlebt, wenn wir hineingeraten wären«, sagt er.

Um möglichen Steinschlägen zu entgehen, laufen wir genau in der Mitte des etwa 50 Meter breiten Canyons. Der Boden ist schlammig und weich. Am Rand des Gletschers tauchen wir ein in eine Hexenküche aus Feuer und Eis. Etwa so groß wie ein Fußballfeld ist das Terrain, in dem die Erde zu brodeln scheint. Ätzendes Schwefelgas schießt dort unter lautem Zischen und Fauchen aus mehreren Löchern im Boden.

Dieses Gas hat das Gestein zu einer grauen, feinkörnigen Masse zersetzt, die, wenn sie nass ist, zur Rutschbahn wird. In Senken, wo sich das Wasser sammelt, blubbern unaufhörlich Schlammblasen. Wo das Gas direkt aus dem Boden quillt, hat sich leuchtend gelber Schwefel abgesetzt. Teilweise liegt er wie ein Kranz um die Löcher, teilweise fällt aus dem heißen Dampf an der kalten Luft so viel Schwefel aus, dass sich daraus meterhohe Kamine aufbauten.

Anatoly und Sascha messen die Temperatur. Die meisten Dampfquellen sind etwa 280 Grad heiß. Wir halten uns nasse Tücher vor Mund und Nase, um uns vor dem stechend riechenden, beißenden Gas zu schützen. Sascha setzt jetzt seine Gasmaske auf, geht ganz dicht an eine der weniger heftigen Dampfquellen heran und stülpt einen sackähnlichen Apparat darüber. Er will die Menge an Schwefelmineralien messen, die sich pro Stunde absetzt. Morgen wird er den Apparat wieder abnehmen.

Vladimir mahnt zur Vorsicht. »Geht nicht zu nah ran, oft ist die Kruste nur dünn und der Boden unten hohl und voll kochendem Schwefel.« Ich stampfe mit dem Fuß auf. Der Boden unter mir vibriert spürbar. Langsam ziehe ich mich ein Stück zurück.

Im vergangenen Jahr ist hier ein Student von Vladimir tödlich verunglückt. Er wollte Fotos von einem der großen Schwefelkamine machen. Da brach plötzlich der Boden unter ihm ein. Bis zu den Oberschenkeln steckte er in der kochenden Brühe. Seine Kollegen konnten ihn zwar wieder herausziehen, doch ärztliche Hilfe kam in der abgelegenen Gegend viel zu spät. Der Student starb auf dem Weg ins Krankenhaus. Vladimir spricht nur kurz darüber. Er leidet wohl noch unter dem schrecklichen Unfall.

Während die Wissenschaftler arbeiten und Bernhard fotografiert, gehe ich mit Vladimir noch tiefer hinein in den Krater bis zu einer Steilwand. An einem Seil ziehen wir uns etwa 20 Meter hoch zu einem schmalen Grat. Von dort aus blicken wir in einen Kessel mit etwa 100 Meter Durchmesser, den derzeit aktivsten Kraterbereich des Mutnovsky. Auf der Innenseite des Kessels führen eine Eisenstange und ein Seil in die Tiefe. Hier lassen sich die Vulkanologen manchmal zum Kraterboden hinunter, um Proben zu nehmen.

Mich würden keine zehn Pferde in dieses Inferno hineinbringen. Noch viel stärker und lauter als in dem Fumarolenfeld am Gletscher zischen hier die Schwefeldämpfe aus den steilen Felswänden und überziehen sie mit einem krustigen, leuchtend gelben Vorhang. Wir halten es hier nur wenige Minuten aus. Ich huste und spucke. Das Gas schmeckt bitter. Die Nase brennt. Die Augen tränen. Fast blind lasse ich mich wieder an dem Seil hinunter, zurück auf sicheren Boden.

Schon am nächsten Tag bringt uns Yanni mit seinem Lastwagen wieder zurück nach Petropavlovsk. Wir halten kurz am Flughafen, um unseren Rückflug am übernächsten Tag zu bestätigen. Dort erwartet uns wieder eine Überraschung. »Der letzte Flug nach Moskau geht heute Abend«, sagt der Schalterbeamte, »dann gibt es erst wieder einen in zwei Wochen. Die haben kein Kerosin mehr.«

Also schnell in die Wohnung, innerhalb von drei Stunden waschen und packen. Ira kocht noch rasch eine Suppe und macht uns ein Lunchpaket. Falls es wieder nichts zu essen gibt im Flugzeug. Pünktlich zum Einchecken sind wir wieder an der Abfertigung für Ausländer.

Menschen kommen und gehen. Ich sehe außer uns keinen Fremden. In meinen Augen sind die Menschen, die hier Schlange stehen, alle gleich. Warum also eine spezielle Abfertigung für Ausländer, frage ich Vladimir. Der zuckt nur mit den Schultern. Dann sind wir an der Reihe. Doch wir sind zu spät dran. Wir kommen nicht mehr mit. Und wie sieht es morgen aus? Vielleicht nicht doch noch ein Flug? Die Dame am Schalter zuckt die Achseln. Keine Ahnung. Wir sollen morgen nachfragen.

Telefonisch ist am nächsten Tag keinerlei Auskunft zu erhalten. Also wieder zum Flughafen und warten. Vladimir und Ira begleiten uns auch diesmal. In der Schalterhalle für Ausländer heißt es erneut warten. Stunde um Stunde. Von Zeit zu Zeit summt Ira gedankenverloren vor sich hin, wie immer in den vier Wochen, die wir gemeinsam verbracht haben.

Plötzlich greift Vladimir nach unseren Taschen und schleppt sie zur Kofferwaage. Wir geben die Tickets am Schalter ab, zahlen die Flughafengebühr – in Dollar versteht sich – und erhalten unsere Bordkarten. Das Übergepäck ist diesmal offenbar kein Problem. Ein schneller Abschied von Ira und Vladimir. Dann führt uns eine Frau zusammen mit anderen Passagieren zum Flugzeug. Wo das plötzlich herkommt? In Russland soll man nicht zu viel fragen.

In den vier Wochen, in denen wir in Kamtschatka waren, verhielten sich die Vulkane ruhig. Doch sie gehören zu den hochexplosiven Feuerbergen der Erde. Wenn sie ausbrechen, können sie ganze Landstriche verwüsten, was aus menschlicher Sicht in der Wildnis nicht tragisch ist. Einen ganz anderen Charakter dagegen haben die Vulkane auf Hawaii. Sie ragen nicht als hohe Kegel in den Himmel, sondern sind riesige, flache Buckel, so ausgedehnt, dass man sie, wenn man oben steht, gar nicht als Berge wahrnimmt. Ihre Lava ist dünnflüssig und strömt ruhig aus Spalten und Rissen in der Erdkruste. Im Gegensatz zu Kamtschatka ist die Mythologie, die sich um die Vulkane rankt, auf Hawaii noch sehr lebendig. Viele Inselbewohner verehren dort bis heute die Feuergöttin Pele.

3 Bei der Feuergöttin auf Hawaii

»Madam Pele ist nicht wirklich böse«, sagt Leialoha, »sie holt sich nur zurück, was ihr gehört.« Leialoha arbeitet im Volcano House, dem legendären Hotel am Kraterrand des Vulkans Kilauea auf Hawaii. Es liegt 1250 Meter über dem Meer; im Winter kann es sehr kühl werden. Bernhard und ich kommen kurz vor Weihnachten 1996 dort an. Leialoha schürt gerade den offenen Kamin in der Eingangshalle. Das Bücken nach den Holzscheiten fällt der kleinen, sehr beleibten Hawaiianerin nicht leicht. Doch das hindert sie nicht am Erzählen. Eine kurze Frage nach dem Weg zum Vulkan hat genügt. Jetzt sprudeln die Worte nur so aus ihr heraus. Alle Bewohner der Insel seien überzeugt, sagt sie, dass Pele, die hawaiianische Feuergöttin, im Gipfelkrater des Kilauea wohne. »Pele wollte nicht, dass die Menschen auf ihrem Berg Marihuana anbauen, deshalb hat sie vor Jahren begonnen, Feuer auszuspucken und die Felder niederzubrennen.«

Leialoha erinnert sich noch gut an die ersten Januartage 1983, als der Ausbruch begann. Zuerst rumorte es im Vulkan. Dann schossen plötzlich aus einer Spalte mehrere hundert Meter hohe Fontänen aus glühender Lava. »Seitdem hat sich Madam Pele nicht mehr beruhigt. Noch immer fließt Lava aus dem Krater, obwohl die Hippies längst verschwunden sind.«

In Wirklichkeit hat natürlich die Polizei, nicht Pele, die Blumenkinder vertrieben, die damals Rauschmittel am Kilauea säten. Auch dass der Vulkan schon seit 20 Jahren spuckt, ist nicht außergewöhnlich für die Feuerberge auf Hawaii. Leialoha hat jedoch, wie viele Menschen auf der Inselkette mitten im Pazifik, ihre eigenen

Vorstellungen. Die Natur steckt in ihren Augen voll rätselhafter Kräfte, von denen Vulkanausbrüche noch die harmloseren sind. Immer wieder suchen Erdbeben, verheerende Flutwellen und Stürme die Inseln heim. Diese Ereignisse halten den Glauben an die Macht der alten polynesischen Götter wach, auch wenn mittlerweile der moderne, aufgeklärte *American way of life* die Eilande beherrscht.

Der Kilauea-Vulkan liegt auf Big Island, der größten Insel des hawaiianischen Archipels. Eine Dreiviertelstunde dauert die Fahrt mit dem Auto vom Flughafen der Inselhauptstadt Hilo hinauf zum Volcano House an seinem Gipfel. Ich halte Ausschau nach Anzeichen des Ausbruchs. Doch anscheinend sind wir noch zu weit davon entfernt. Vom Highway aus ist vom Feuer des Berges nichts zu sehen – dafür aber üppige Vegetation. Ein Wald aus 20 bis 30 Meter hohen Bäumen, grüne Wände aus Schlingpflanzen und Farne säumen die Straße. In den Gärten der wenigen Häuser blühen weißer und roter Hibiskus, Paradiesvogelblumen und andere tropische Gewächse. Daneben stehen um diese Jahreszeit mannshohe Plastiknikoläuse, einige sitzen sogar auf einem Schlitten, der von Hirschen gezogen wird. Der Regenschauer, der gerade niedergeht, lässt die roten Mützen ziemlich lasch von ihren Köpfen hängen.

Sanft steigt die Straße an. Madam Peles Vulkane sind, wie gesagt, keine steilen Kegel wie etwa der Pinatubo auf den Philippinen oder der Mount St. Helens in Washington oder auch die vielen Feuerberge auf der russischen Halbinsel Kamtschatka, die von Zeit zu Zeit sehr explosiv ausbrechen und dabei Unmengen von Asche kilometerhoch in die Luft schleudern. Aus den Kratern der Feuergöttin treten vielmehr, wie auch jetzt am Kilauea, während jahrelang andauernder Ausbruchsphasen vergleichsweise ruhig Unmengen von dünnflüssiger Lava aus, die kilometerweit fließt. Schicht legt sich auf Schicht und erkaltet.

So sind im Lauf von vielen Jahrtausenden riesige Erhebungen mit extrem flachen Hängen entstanden. Weil ihre Form an einen Kriegerschild erinnert, der mit der Wölbung nach oben auf dem Boden liegt, heißen diese Feuerberge unter Fachleuten Schildvulkane. Auf Big Island schmiegt sich ein Schildvulkan an die Flanke des anderen. Der älteste unter ihnen ist Kohala. Er gilt mittlerweile als erloschen. Neben ihm liegt der Mauna Kea, der im Lauf unzähliger Ausbrüche über viele tausend Jahre hinweg auf 4205 Meter über dem Meeresspiegel und damit zum höchsten Schildvulkan auf Big Island angewachsen ist. An ihn grenzen der 2521 Meter hohe Hualalai und der 4170 Meter hohe Mauna Loa. An dessen Flanke schmiegt sich der kleinste, aber derzeit aktivste Vulkankoloss Hawaiis: der Kilauea.

Eine Serie von Erdbeben erschütterte die Insel, bevor der Kilauea im Januar 1983 anfing, Lava auszustoßen. Bis 1986 schossen aus der Spalte und einem neuen Seitenkrater, den die Hawaiianer PuuOo nennen – Hügel des Oo-Vogels – alle paar Monate Lavafontänen hervor. Dabei pulste die Schmelze schwallartig hunderte von Metern in die Höhe, bevor sie als glühend roter Strom abfloss. Spektakuläre Bilder von den *Curtains of Fire*, den Feuervorhängen auf Hawaii, gingen damals um die Welt. 1987 erreichten die Lavaströme das elf Kilometer vom PuuOo-Krater entfernte Meer.

Seither steht die Lava im Schlot des PuuOo an und fließt ständig aus den Rissen am Fuß des Kraters. Sie vernichtete einige Plantagen, darunter auch den Hanfanbau der Hippies, außerdem ein paar Palmenhaine und einen Campingplatz. 1986 drang die Lava in die Gemeinde Kalapana ein, 1990 fielen ihr die 180 Häuser der Dorfes Kaimu zum Opfer.

Die Lava lässt sich nicht aufhalten. Aber der Weg, den sie nimmt, ist vorhersehbar. Die Menschen haben Zeit, sich in Sicherheit zu bringen. Oft können sie sogar ihre wichtigsten Habseligkeiten retten. Doch ihre Häuser setzt die Lava in Brand, die Gärten und Felder überzieht sie mit einer schwarzen, harten Gesteinskruste und verwandelt sie dadurch in eine leblose Wüste.

Der Kilauea erhält immer noch Nachschub aus dem Erdinnern. Mehrere Kubikmeter Schmelze pro Sekunde drängen aus offenen Spalten an seiner Seite, an manchen Tagen mehr, an anderen weniger. Ein Teil der Schmelze fließt in unterirdischen Tunneln bis zum Pazifik. Ein Teil allerdings durchbricht die älteren Lavaschichten, breitet sich an der Oberfläche aus und kühlt zu einer neuen schwarzen, krustigen Schicht ab. Doch nur die Wissenschaftler am Vulkanobservatorium, die die Aktivitäten des Kilauea rund um die Uhr beobachten, kennen diese meistens sehr abgelegenen, unzugänglichen Stellen an der Südflanke des Vulkans. Vom Highway aus sind manchmal weiße Dampfwolken weit in der Ferne an der Küste zu sehen. Sie markieren die Areale, an der die Lava ins Meer strömt.

Auch am Volcano House, dem rustikalen, aus Natursteinen erbauten Hotel am Rand des großen Gipfelkraters, ist von dem Ausbruch nichts zu spüren. Es liegt einige Kilometer vom PuuOo-Krater entfernt.

Wir verabschieden uns von Leialoha, durchqueren die Eingangshalle und treten hinaus auf die Aussichtsterrasse. Gerade hat es aufgehört zu regnen. Die Wolken reißen auf, die Luft ist glasklar, und die Abendsonne beleuchtet eine schwarze, steinige Wüste. Mir bleibt die Luft weg. Welch ein Kontrast zu der üppig grünen Landschaft auf der anderen Seite des Hotels!

Vor uns fällt eine Felswand über 100 Meter steil hinab in eine riesige, fast kreisrunde Senke mit etwa vier Kilometer Durchmesser, die Kilauea-Caldera. Sie ist nach schweren Eruptionen vor einigen hundert Jahren eingebrochen. Im flachen Boden der Caldera öffnet sich ein weiteres kleineres, fast kreisrundes Becken: der Halemaumau-Krater. Dort wohnt nach der hawaiianischen Mythologie die Feuergöttin.

Doch auch im Halemaumau brennt kein Feuer, keine glutflüssige Lava ist zu entdecken. Peles Haus ist lediglich ein gigantisches Loch von fast einem Kilometer Durchmesser, 50 Meter tief und unzugänglich, da von senkrecht abfallenden Felswänden umgeben. Vor 100 Jahren brodelte dort ein Lavasee. 1924 ist er erkaltet.

Jetzt mag der Krater manchem wie ein gewaltiger Steinbruch vorkommen. Die Abendstimmung verleiht ihm einen besonderen Reiz. Schwefelkristalle überziehen einzelne Felspartien wie ein schimmernder gelber Teppich. Aus den Spalten im dunklen, kahlen Gestein steigen Schleier aus weißen vulkanischen Gasen auf, als wollten sie die Anwesenheit der Göttin bezeugen. Nach diesen Dämpfen haben die Hawaiianer den Vulkan benannt – Kilauea heißt weiße Rauchwolke.

Fast zwei Tage hat unsere Reise hierher gedauert, wir sind müde und hungrig. Trotzdem setzen wir uns nochmals ins Auto und fahren auf der Straße den Krater entlang und die Vulkanflanke hinunter zur Küste. Vielleicht können wir gerade jetzt im Dämmerlicht dort rot glühende Lava ins Meer fließen sehen.

Je näher wir den Dampfwolken kommen, desto mehr Autos parken am Straßenrand. Wie es aussieht, sind noch andere Leute auf diese Idee gekommen. Also stellen wir unser Fahrzeug ab und folgen zu Fuß den vielen Menschen den Highway entlang. Der *ocean entry*, also die Stelle, an der die Lava ins Meer fließt, liegt noch ziemlich weit entfernt am Horizont. Ständig quellen dort neue weiße Wolken empor.

Doch schon nach wenigen hundert Metern endet die Straße. Lavaströme haben sie überrollt und auf etwa zehn Kilometer Länge unpassierbar gemacht. Große Schilder warnen davor, weiterzugehen und die schwarze Kruste zu betreten. Auch ein paar Ranger sind da und reden geduldig auf die Leute ein. »Nein, wir dürfen Sie nicht durchlassen, schon gar nicht jetzt vor Einbruch der Nacht. Es ist viel zu gefährlich. Sie können in die Kruste einbrechen und sich schwer verletzen.«

Heute wird es also nichts mehr mit Lava-Gucken. Nicht nur, dass niemand an die interessanten Stellen herandarf, der Weg dorthin wäre für heute auch viel zu weit. Es ist mittlerweile dunkel geworden. Der Dampf am Horizont leuchtet rot. Ein deutliches Zeichen dafür, dass eine Menge Lava ins Meer fließt.

Wir hören noch eine Weile den Erklärungen der Ranger zu, die die enttäuschten Besucher zumindest mit ein paar Informationen zufrieden stellen wollen. Die Lava, so erläutern sie, kühlt sofort ab, wenn sie auf das Wasser trifft. Neues Land entsteht. Auf diese Weise schiebt sich die Küstenlinie immer weiter ins Meer hinaus.

Seit die Lavaströme 1986 den Ozean erreicht haben, ist die Insel dort ständig gewachsen – in den folgenden 15 Jahren um etwa zwei Quadratkilometer, wie wir von den Rangern erfahren. Ich versuche, wenigstens mithilfe des Fernglases näher heranzukommen. Doch mehr als rotes Wolkenglühen bekomme ich nicht zu sehen. Enttäuscht fahren wir zurück ins Volcano House, wo wir ein Zimmer gemietet haben. Vielleicht haben wir ja morgen mehr Glück.

Am nächsten Vormittag vereinbaren wir einen Termin mit den Wissenschaftlern im Vulkan-Observatorium, um uns über die aktuelle Lage zu informieren und um eine Erlaubnis für das Betreten des jungen Lavagebietes zu bekommen. Arnold Okamura, der schon seit vielen Jahren dort arbeitet, ist zunächst nicht begeistert. Es sei wirklich gefährlich, den jungen Küstenabschnitt zu betreten, sagt er stirnrunzelnd. »Das junge Gestein, das sich dort Schicht für Schicht abgelagert hat, ist instabil. Erst vor wenigen Tagen ist wieder ein Stück Küste abgebrochen, so groß wie ein halbes Fußballfeld, und einfach im Meer versunken.«

Solche *bench collapses*, wie die Wissenschaftler dieses Phänomen nennen, passieren öfter. Der Grund für diese Katastrophen ist der unregelmäßige Lavanachschub aus dem PuuOo-Krater. Nimmt er zu, kann sich die Schmelze, die unterirdisch in Tunneln abfließt, stauen, und der Druck steigt. Dem halten die jungen zerklüfteten Lavaschichten an der Küste nicht immer stand, besonders wenn sie auf lockerem Lavasand liegen. Ein Teil des frischen Landes bricht schließlich in großen Schollen weg.

Als wollte er uns endgültig von unserem Vorhaben abbringen, schildert Okamura den Vorgang im Detail. »Das Innere der Lavaschichten klafft dann wie eine offene Wunde und ist der Brandung preisgegeben. Wasser gerät in die Tunnelröhren, wo es schlagartig verdampft. Die Folge sind gewaltige Explosionen.«

Heuballengroße Felsblöcke würden durch die Gegend geschleudert. Lavafontänen schössen in die Höhe. Kochend heißes Wasser ergieße sich in Flutwellen auf die Küste. Im August 1993 sei dabei ein Tourist getötet worden, einige andere wurden verletzt. »Seitdem ist das Gebiet abgeriegelt«, sagt Okamura. »Die Besucher müssen sich mit dem An-blick der Dampfwolken begnügen, die in der Ferne überall dort aufsteigen, wo heiße Lava auf kühles Meerwasser trifft.«

Aber wir sind beruflich unterwegs, argumentieren wir und legen unsere internationalen Journalistenausweise und Empfehlungsschreiben verschiedener Verlage auf den Tisch. Und wir seien mit den Gefahren aktiver Vulkane vertraut, sagt Bernhard, was für ihn auch zutrifft, für mich weniger. Ich habe nach den Schilderungen von Okamura große Bedenken bekommen und würde lieber klein beigeben. Bernhard sieht mir mein Zögern an und blickt streng, als wollte er sagen: Mach mir jetzt ja keinen Strich durch die Rechnung. Also halte ich mich zurück.

Okamura denkt nach. Dann gibt er uns die Telefonnummer von Janet Babb. Sie ist Geologin am Vulkan-Observatorium, hält auf dem amerikanischen Festland Vorlesungen über den Vulkanismus auf Hawaii und betreut auch manchmal Individualreisende. Sie ist mit den Vulkanologen immer wieder einmal am aktiven Krater, um Messungen zu machen und Lavaproben zu nehmen. »Sie kennt die Gefahr«, sagt Okamura. »Vielleicht kann sie als Führerin weiterhelfen.«

Wir treffen uns mit Janet in der Lounge des Volcano House am offenen Kamin. Die große blonde Frau will uns zuerst kennen lernen, bevor sie sich darauf einlässt, uns zu den Stellen zu führen, wo frische Lava fließt. Madam Pele blickt ernst von einem pompösen Ölgemälde auf uns herunter. Den Rahmen des Bildes zieren, der Jahreszeit gemäß, blinkende Lichterketten. Wir verstehen uns auf Anhieb mit Janet. Der Preis, den sie verlangt, ist bezahlbar. Und so verabreden wir uns gleich für den nächsten Nachmittag.

Janet erwartet uns am Observatorium. Sie hat Schutzhelme mitgebracht. Und leuchtend orangefarbene Westen, wie Bauarbeiter sie tragen. »Damit man uns gleich findet, falls wirklich etwas passieren sollte«, meint sie. Wir fahren die Straße zur Küste hinunter bis fast zu dem hölzernen Bauwagen der Ranger. Janet kennt die Leute vom Nationalpark und legt ein Schreiben vom Observatorium vor. So kommen wir ohne Probleme durch die Absperrung.

Es ist windstill und ziemlich warm an diesem Nachmittag, schätzungsweise 30 Grad. Trotzdem tragen wir lange Hosen, langärmelige Hemden unter den Bauarbeiterwesten und Handschuhe, denn die frisch erkaltete Lava ist wirklich sehr brüchig. Kaum ein Schritt, bei dem nicht die Kruste unter der Sohle nachgibt und der Fuß einsackt oder zur Seite knickt. Janet und ich haben sogar unsere Teleskopstöcke ausgepackt, um uns besser zu stabilisieren und so schneller vorwärts zu kommen. Immerhin sind es gut fünf Kilometer zu laufen.

Wolken ziehen über den Himmel. Kurze Regenschauer gehen in der Nähe über dem bewaldeten Teil der Insel nieder. Von Zeit zu Zeit spannt sich ein kräftig gefärbter Regenbogen über die Flanke des Kilauea-Vulkans. Wir haben jedoch kaum einen Blick dafür, auch nicht für das dunkelblaue Meer, das einige hundert Meter von uns entfernt gegen die Felsküste schlägt. Unsere Augen sind meistens auf den Boden gerichtet. Wir setzen jeden Schritt konzentriert auf die dicken schwarzen, manchmal in der Sonne golden glänzenden Wülste und Stränge der jungen Lavaschichten, fangen uns ab, wenn wir zur Seite knicken, hüpfen mit kurzen Sprüngen über Spalten hinweg. Janet läuft forsch voran, Bernhard und ich folgen.

So geht es etwa eine Stunde wortlos dahin. Wir sind schon fast auf Höhe der Dampfwolken, als Janet stehen bleibt und in den leichten Wind schnuppert. Es riecht nach Schwefel. »Wir müssen jetzt bald an der Stelle sein, wo die Lavatunnel unter uns durchziehen«, sagt sie. Nur wenige Meter entfernt flimmert die Luft sehr stark über der schwarzen Lavafläche. Janet geht vorsichtig darauf zu. Wir warten, bis sie uns heranwinkt. »Dort, wo die feinen Gasschleier aufsteigen, hat sich der Lavastrom eingekapselt«, erklärt sie. »Dort fließt die Lava durch einen Tunnel.« Diese unterirdischen Ströme sind oft mehrere Meter breit. Das Tunneldach kann einbrechen, also ist hier besondere Vorsicht geboten. Durch Spalten und Ritzen dringt Schwefelgas nach draußen und bildet die zarten Nebelschleier.

»Dort müsst ihr besonders aufpassen«, sagt Janet und zeigt auf eine Stelle, an der die Luft stark flirrt. »Das ist die Hitze aus einem *skylight*, dort ist die Decke des Tunnels eingebrochen.«

Vorsichtig nähern wir uns der Stelle. Die Hitze erfasst uns. Sie ist nahezu unerträglich. Mein Herz klopft bei der Vorstellung, dass sich wenige Meter unter mir, für mich unsichtbar, glühende Lava Richtung Meer wälzt. Wir binden uns Tücher um Mund und Nase als Schutz gegen das ätzende Gas und die sengende Hitze, die auf der bloßen Gesichtshaut brennt.

Plötzlich sehe ich das Loch in der Lavadecke, etwa drei Meter im Durchmesser. Wir umrunden es und suchen eine Stelle, wo der Wind die Hitze ein wenig von uns wegtreibt, von der aus wir aber trotzdem einen guten Blick in die Tiefe haben. Zum ersten Mal im Leben sehe ich Lava fließen. Aber sie wälzt sich nicht zäh voran, wie mir das bisher vorgestellt hatte. Nein, wie Wasser schießt die gelb gleißende Schmelze lautlos dahin, wie ein zügig fließender Strom.

Das Tunneldach ist etwa zwei Meter dick, besteht aus vier locker übereinander liegenden Lavaschichten und wirkt nicht sehr kompakt. Es ist eingebrochen, sodass wir schräg von der Seite in das Höllenfenster blicken können. Über dem Lavastrom hängen rot glühende Tropfen von der Tunneldecke, die sich ganz langsam, wie zäher Honig, auf den Lavafluss hinabziehen. Als der Strom sie erfasst und mitnimmt, reißen sie von der Decke ab.

Trotz des Tuches um Mund und Nase halte ich die Hitze und den ätzenden Geruch nur wenige Sekunden lang aus, dann muss ich ein paar Schritte vom Loch zurücktreten. Meine Augen beginnen zu tränen. Auch Bernhard springt mit der Kamera ständig hin und her. Doch immer wieder, wenn ich mich ein wenig abgekühlt habe, zieht es mich an das *skylight* zurück, so sehr fesselt mich der Anblick der strömenden Schmelze, die kein Mensch aufzuhalten vermag und die uns jederzeit verschlingen könnte.

Dann sucht Janet einen sicheren Weg zur etwa 100 Meter von uns entfernten Küste. Mancher unserer Schritte klingt hohl. Und die Hitze, die immer noch vom Boden aufsteigt, lässt uns spüren, dass unter uns glühende Lava fließt. »Ihr müsst jetzt alle eure Sinne schärfen«, meint Janet. »Wenn ihr ein Knacken hört, können sich gerade Spalten auftun, und wenn ihr ein Zittern spürt, ist das wahrscheinlich ein leichtes Beben. Die Erde ist hier ständig in Bewegung.« – »Ja, und was machen wir dann?« – »Das muss nichts bedeuten. Aber seid darauf gefasst, dass wir schnell wegrennen müssen.«

Wir sind jetzt in dem Bereich der Küste, wo sich die Abbrüche – die *bench collapses* – ereignen, die Arnold Okamura so drastisch geschildert hat. Mir ist ziemlich mulmig zu Mute. Wir stehen jetzt etwa 30 Meter über der Brandung, welche die Lavaschichten hier senkrecht angeschnitten hat. Etwa 70 Meter rechts von uns türmen sich dicke Dampfwolken auf. Dort ergießt sich die Lava ins Meer.

Sehen können wir das Schauspiel allerdings nur immer wenige Sekunden lang, wenn der Wind die Wolken wegbläst. Zwischen den schwarzen Schichten haben sich Löcher geöffnet, aus denen glühende Lava quillt und sich in Kaskaden ins Meer ergießt. Die Brandung erfasst einzelne glühende Fetzen, zieht sie mit zurück ins tiefere Wasser, wo sie ein paar Sekunden lang dampfend dahintreiben und dann endgültig absinken. Stellenweise lassen plötzlich kleine Explosionen glühende Schmelztropfen aus dem Dampf herausspritzen. Dann wieder verdeckt der Dampf die gesamte Szene, und man hört nur das Krachen der Brandung an den Felsen und das Rollen der Steine im flacheren Wasser, die mitgerissen werden, wenn sich die Wellen wieder zurückziehen.

Allmählich sinkt die Sonne unter den Horizont. Die Lava glüht immer intensiver im Dämmerlicht. Janet und ich suchen uns einen sicheren Platz, ein Stück weit weg von den Spalten, die hier an der Küste den brüchigen Fels senkrecht durchschneiden und potenzielle Bruchkanten für einen *bench collaps* sein könnten. Dort sitzen wir eine Zeit lang schweigend nebeneinander auf dem von der Sonne erwärmten Fels und betrachten das ständig wechselnde Szenario.

Richtig entspannen können wir uns jedoch nicht. Wir sind uns der Gefahr bewusst und jederzeit bereit, den Rückzug anzutreten. Jedes Knacken lässt Janet aufhorchen, denn es könnte den nächsten Abriss einer großen Lavascholle von der Küste bedeuten.

Dann greift Janet mit der Hand neben sich in eine Furche zwischen zwei brüchigen Lavawülsten und zieht goldglänzende Fäden daraus hervor. »Das ist Peles Haar«, sagt sie, »der Wind hat es hier zusammengeweht.« Da ist sie wieder, die Feuergöttin Hawaiis.

Die goldglänzenden Fäden erinnern tatsächlich an Menschenhaar. Sie sind ebenso dünn, nur nicht ganz so geschmeidig. Schwer zu glauben, aber »sie bestehen aus Lava«, erklärt Janet, »wie es sich für Peles Haar gehört«.

Glaubt sie etwa auch an Pele? »Nein, natürlich existiert Pele nicht wirklich.« Dann kommt die Dozentin bei Janet durch. »Diese feinen Gebilde entstehen, wenn die extrem dünnflüssige Lava des Kilauea bei Explosionen in die Luft geschleudert wird und dabei in feinste Fäden zerreißt, die noch in der Luft erstarren.« Und nach einer Weile fügt sie nachdenklich hinzu: »Auch wenn ich nicht direkt wie viele Einheimische an die Existenz Peles glaube, habe ich doch einen Heidenrespekt vor der Kraft, die in diesem Berg steckt.«

Es ist schon dunkel, als wir uns auf den Rückweg machen. Im Licht unserer Stirnlampen stolpere ich über die Unebenheiten, die jetzt viel schwerer zu erkennen sind als am Tag. Jeder Schritt auf der brüchigen Kruste knirscht, als würde man über einen Haufen aus Glasscherben laufen. Auch mit der Orientierung habe ich Probleme. Am Anfang ist es noch leicht, die Richtung zu halten, mit den weißen Dampfwolken und dem Licht des glühenden *ocean entry* im Rücken und den hellen Gasschleiern über den unterirdischen Lavatunneln vor uns. Rasch queren wir diesen heißen Abschnitt.

Dann laufen wir in totale Finsternis. Es ist Neumond, und plötzlich verdecken Wolken die wenigen Sterne. Rundum nur schwarze Lava und Nacht. Kein Haus, kein Dorf weit und breit, dessen Lichter man anpeilen könnte. Nur die Strahlenkegel unserer Stirnlampen huschen über den Fels. Manchmal, wenn ein Auto in der Ferne die Küstenstraße entlangfährt, ist die Richtung wieder klar. Ein wenig hilft auch das Geräusch der Brandung. »Hier irgendwo tief unter uns«, sagt Janet, »liegt der Kamoamoa-Zeltplatz begraben und einige heilige Stätten der Hawaiianer, alles von der Lava verschlungen.«

Ein unheimlicher Gedanke. Und jetzt kommt auch noch Sturm auf. Der feine Staub, den die Böen aufwirbeln, brennt in den Augen. Etwa eineinhalb Stunden lang kämpfen wir uns durch die Finsternis. Dann endlich erreichen wir die Schilder, die auf die Gefahren hinweisen, und schließlich auch die Straße.

Kein Ranger hält mehr die Stellung. Auch kein Tourist interessiert sich heute für den Feuerschein am Horizont. Einsam steht unser Auto am Straßenrand. Wir blicken noch einmal kurz zurück und fahren dann rasch hinauf zum Volcano House, wo wir uns unter den gestrengen Augen von Madam Pele am offenen Kamin einen Cocktail genehmigen.

»Meinen Sie, dass wir auch mal einen Blick in den PuuOo-Krater werfen können?«, frage ich Janet, während ich an meinen Strohhalm ziehe. Janet überlegt. »Das ginge schon«, sagt sie dann. Zurzeit ist die Lava im Krater tief gesunken. Es besteht also keine Gefahr, dass sie überläuft und uns gefährdet. »Aber der PuuOo ist nur mit großem Aufwand zu erreichen. Zu Fuß dauert es einige Stunden über die unwegsame Flanke des Kilauea.« Und zurück braucht man ebenfalls einige Stunden. Es wäre zumindest eine anstrengende Tagestour. Besser wäre es, zumal wenn Bernhard ausgiebig fotografieren möchte, zwei Tage zu veranschlagen. Neben der Fotoausrüstung müssten wir dann auch noch Proviant, Schlafsäcke und vor allem Wasser mitschleppen. Dazu käme noch das Risiko, dass wir, wenn der Wind falsch stünde, wegen der Dampfwolken kaum etwas im Krater sehen könnten. Dann macht sie eine Pause. »Besser wäre es zu fliegen, wenn das Budget es erlaubt.«

Bernhard hatte schon vorher an diese Möglichkeit gedacht und bereits per E-Mail Kontakt mit dem Flugunternehmen aufgenommen. Nur die Kosten haben uns bisher abgehalten. Doch jetzt, beim Abschätzen des Aufwands, sieht die Sache anders aus.

Am nächsten Vormittag fahren wir hinauf zum Golfplatz in der Nähe des Vulkan-Observatoriums. Dort gibt es einen Landeplatz für Helikopter.

Der Heli-Port, wie Janet den Landeplatz nannte, fällt kaum auf. Er liegt auf einer Lichtung inmitten hoher Bäume. Neben dem Helikopter, dessen Rotoren noch am Boden vertäut sind, stehen dort nur eine graue Holzbaracke und der Anhänger eines Tankwagens mit Flugbenzin. Der Tankstutzen hängt in einer Astgabel.

Schon am Abend zuvor hatten wir uns dort mit einer älteren Dame namens Jan für den heutigen Tag verabredet. Sie arbeitet im Büro des Helikopter-Unternehmens. Wir treffen sie in der Baracke. Sie hat uns bereits erwartet und begrüßt uns herzlich. »Zak wird euch fliegen«, sagt sie, »er muss jeden Moment da sein.«

Dann nimmt sie unsere Personalien auf und erzählt ein wenig von der kleinen Blumenplantage, die sie neben ihrem Job für das Flugunternehmen am Kilauea-Vulkan betreibt. »Pele hat meine Orchideen bisher zum Glück verschont«, sagt sie. »Die Lava hat mein Land bisher noch nicht erwischt.« Und sollte es doch einmal so weit kommen, wäre das »zwar ziemlich hart, aber dann fällt mir schon was anderes ein«. Jan ist offenbar flexibel.

Dann kommt Zak. Der Polynesier schaut ziemlich mürrisch drein. Er nickt nur kurz zur Begrüßung. Dann deutet er durch das Fenster nach draußen. Dicke, dunkle Wolken ziehen auf. »Wird wohl nichts heute mit dem Fliegen«, sagt Bernhard. »Doch«, meint Zak, »wir müssen nur eine halbe Stunde Geduld haben.«

Ich bin nicht so zuversichtlich, als plötzlich die Regentropfen auf das Dach der Baracke trommeln. Zak redet nicht viel. In aller Ruhe ordnet er seine Papiere, ohne uns weiter zu beachten. Dann spricht er mit uns an einer großen Wandkarte kurz die Flugroute durch. Er wirft noch einen Blick aus dem Fenster und geht ohne weiteren Kommentar in den Regen hinaus. Ich blicke ein wenig verunsichert zu Jan. Die lächelt und meint, wir sollten uns nichts dabei denken. »Zak ist immer so«, sagt sie. »Und er ist ein gläubiger Hawaiianer. Er betet eigentlich immer zu Pele, bevor er losfliegt.«

Ist das jetzt ein Gag für die Touristen, oder stimmt das wirklich? »Es ist so«, sagt Jan und grinst mich an.

Wenige Minuten später kommt Zak völlig durchnässt wieder herein. Dicke Regentropfen rinnen aus seinen pechschwarzen Haaren auf den Jackenkragen. Das scheint ihn jedoch nicht zu stören. Er hat zwei frische, fast einen Meter lange Blätter mitgebracht. Mit einem Taschenmesser schneidet er Fransen in das Grün. Dann bindet er die Blätter, die jetzt wie Palmwedel aussehen, an den Stielen aneinander. Immer wieder blickt er dabei durchs Fenster, als wollte er die Wolken beschwören zu verschwinden.

Nach einer recht wortkargen halben Stunde gibt Zak das Zeichen zum Aufbruch. Obwohl es draußen immer noch tröpfelt, reicht er uns die Schwimmwesten, die wir anlegen sollen, packt Bernhards Fotokoffer und geht nach draußen. Dicke Tropfen rinnen von den Scheiben des Hubschraubers, den Jan liebevoll *the silverbird* nennt. Zak nimmt die Befestigungsseile von den Rotoren und stellt den Fotokoffer in die Helikopterkabine.

Der Regen hat jetzt aufgehört, und die ersten Sonnenstrahlen brechen durch die Wolken. Auch Zaks Gesicht wirkt nun ein wenig munterer. Jan nimmt den Tankstutzen aus der Astgabel und füllt Flugbenzin nach. Währenddessen baut Zak noch rasch eine Tür aus, damit Bernhard mehr Bewegungsfreiheit beim Fotografieren hat.

Wir steigen ein. Ich sitze neben Zak, Bernhard auf der offenen Kabinenseite hinter ihm. Mit stoischer Miene drückt Zak mir die ausgefransten Blätter in die Hand. Auf meinen fragenden Blick hin gibt er mir zu verstehen, ich solle mich ein wenig gedulden. Er wird es mir schon sagen. Fast habe ich den Eindruck, dass er mich jetzt ein wenig freundlicher ansieht. Zak lässt den Motor an, und wir fliegen los. Knapp über den Baumwipfeln dreht er ab.

Es geht auf die Lavawüste hinaus und über die große Caldera am Gipfel des Kilauea hinweg. In der Ferne ist schon der PuuOo zu sehen. Der junge Kraterkegel ist über 250 Meter hoch, ein kleiner Feuerberg auf dem Rücken des riesigen Kilauea-Vulkans. Eine weiße Dampfwolke steigt aus seinem Schlund empor und glänzt in der vom Regen klar gewaschenen Luft.

Fünf Minuten dauert der Flug über die schwarzen Lavafelder bis zum PuuOo. Der Wind treibt uns den Dampf entgegen. Zak drosselt das Tempo. Langsam schweben wir auf den Kraterrand zu. Die Wolken verdecken den Blick in die Tiefe des Vulkanschlundes.

Zak bleibt etwa 50 Meter über dem Kraterrand in der Luft stehen, wie eine Libelle über dem Wasser. Die Rotorblätter knattern ohrenbetäubend. Die Kanzel vibriert. Zak bittet mich, die ausgefransten Blätter aus dem Helikopter zu werfen. Ich schleudere die zusammengebundenen Wedel aus dem Helikopter. Neben mir höre ich Zak so etwas wie »Aloha«, das Grußwort der Hawaiianer, murmeln und dazu den Namen von Pele. Betet er jetzt tatsächlich? »Damit wir einen guten Flug haben«, sagt er kurz über Kopfhörer. Erstaunt blicke ich den Blattwedeln nach. Offenbar habe ich Pele gerade ein Opfer gebracht. Im Aufwind durch die Hitze im Krater steigen die zerfransten Blätter zuerst hoch in die Luft. Dann entfalten sie sich und beginnen langsam nach unten zu rotieren. Sie erreichen die Krateröffnung und verschwinden in der Gaswolke.

Mir läuft es eiskalt den Rücken hinunter, als sich unter uns plötzlich der Dampf lichtet. Für wenige Sekunden sehen wir die Lava tief im Innern des Kegels glühen. Schenkt uns Pele diesen atemberaubenden und zugleich erschreckenden Blick? Doch sogleich ist die Sicht wieder verdeckt. Bernhard flucht. Die Bedingungen zum Fotografieren sind miserabel. Der Moment war so kurz, dass er nicht eine einzige Aufnahme machen konnte.

Wir sind ein Spielball der Elemente. Der Aufwind hat unseren Silbervogel jetzt erfasst und rüttelt uns kräftig durch. Ich ziehe den Sicherheitsgurt fester und klammere mich an den Sitz. Wie eine Marionette an ihren Schnüren hängt die Helikopterkabine am Rotor und wird hin und her und auf und ab katapultiert. Zak bleibt jedoch völlig gelassen. Er ist ein fantastischer Pilot. Ruhig dreht er ab und bringt uns aus der turbulenten Zone hinaus.

Wir fliegen über die unzähligen schwarzen, braunen und rostroten Lavaströme am Abhang des PuuOo hinweg ein paar Kilometer weiter in Richtung Küste. Zak hält jetzt auf ein Meer von Nebelschleiern über der schwarzen Lava zu, stoppt dort den Hubschrauber erneut in der Luft und geht tiefer.

Die schwarze Lavadecke ist an dieser Stelle mehrmals eingebrochen, einige frische *skylights* haben sich geöffnet und geben den Blick auf den unteriridischen Glutstrom frei. Über 1000 Grad heiß und flüssig wie Wasser schießt der Lavafluss durch den Tunnel. Ich versuche das *skylight* auszumachen, an dem wir am Tag zuvor waren. Doch es existiert nicht mehr. Die Lava hat das Loch in ihrer Tunneldecke offensichtlich selbst wieder verschlossen. Schon nach wenigen Sekunden macht sich die Hitze der flimmernden Luft im Hubschrauber bemerkbar. »Ist das die Hitze von Pele?«, frage ich Zak über Kopfhörer. Jetzt lacht er, sagt aber nichts.

Wie schwarzer Sirup glänzen die frischen Lavaströme an der Flanke des Kilauea. Wir fliegen auf die Dampfwolken an der Steilküste zu. Der Wind steht günstig. Er treibt die Schwaden hinaus aufs Meer. Dennoch verdecken sie die Felswand aus den jungen übereinander gestapelten Lavaschichten.

Konzentriert steuert Zak den Hubschrauber wenige Meter über den Felsabbruch und lässt ihn langsam tiefer sinken – immer weiter auf die hellen Schwaden zu. Dann drückt der Wind der Rotorblätter den Dampf zur Seite und gibt den Blick auf eine steile Felswand frei. Mir stockt der Atem. Direkt vor uns öffnet sich ein Lavatunnel. Aus dem riesigen Loch im pechschwarzen Gestein schießt ein meterdicker Strahl glühend roter Lava hervor. Die Schmelze ergießt sich auf ein kleines Plateau. Sie erstarrt sofort zu bizarren Wülsten und Strängen, weil die Brandung mit großer Wucht ständig kühles Meerwasser auf die über 1000 Grad heiße Masse wirft.

Zak hält jetzt gebührenden Abstand, weil hohe Wellen heranrollen. Wenn wie hier heiße Lava und kaltes Meerwasser zusammentreffen, kommt es hin und wieder zu heftigen Explosionen. Das konnten wir tags zuvor selbst beobachten. Lavafetzen fliegen dann durch die Luft. Das kann auch dem Hubschrauber gefährlich werden.

Ein ätzender Geruch macht sich im Helikopter breit. Es sind die Schwefelgase. Am oberen Rand der Felsen hat sich aus dem Qualm ein leuchtendes Band aus knallgelbem Schwefel abgesetzt. Auch Zak fängt an zu husten. Doch er hält den Helikopter so lange auf der Stelle, bis Bernhard genügend Aufnahmen gemacht hat und abwinkt.

Schweigend fliegen wir zurück zum Heli-Port. Haben wir den aufregenden und für unsere Arbeit so ergiebigen Flug nun der Feuergöttin zu verdanken? Zak ignoriert meine neugierige Frage. Erst später auf dem Landeplatz gesteht der gebürtige Hawaiianer, dass er, wie viele Inselbewohner, von der Existenz der Feuergöttin überzeugt ist. Und dass man sich, wann immer man sich ihr nähert, mit ihr gut stellen sollte. Und wie Leialoha vom Volcano House glaubt auch er: »Sie ist nicht wirklich böse, aber unberechenbar.«

4 Auf Island, wo der Teufel heisses Wasser speit

Was auf Hawaii die Feuergöttin, ist auf Island das Volk der Hexen und Riesinnen, Elfen und Trolle. Die Sagenwelt der Nordatlantikinsel ist voll von Geschichten über wundersame Wesen, die jedoch, anders als Pele, nicht nur unberechenbar, sondern oft grob, brutal und bösartig sind. Elfen zum Beispiel wohnen unter großen Steinen und nehmen es übel, wenn man sie dort stört oder gar vertreibt. Hexen fahren in Vulkanschlote hinein, und bei den Geysiren des Landes soll der Leibhaftige selbst seine Finger im Spiel haben. Noch vor 100 Jahren, so erzählt man, sei kein Isländer an den heißen Springquellen vorbeigegangen, ohne »dem Teufel ins Maul zu spucken«. Wer sonst könnte so höllisch heiße Wasserfontänen mit solcher Wucht gen Himmel blasen?

Tatsächlich haben noch heute viele Inselbewohner einen Hang zum Unerklärlichen und Gespenstischen. Ihre Straßen bauen sie manchmal um große Felsen herum, die als Elfenheime gelten, um nicht den Unmut der unsichtbaren Gestalten zu erregen. Das ist die irrationale Seite des aufgeklärten Island, das bereits vor 1000 Jahren ein demokratisches Parlament hatte, das als erstes Volk Europas eine Frau zur Staatspräsidentin wählte und heute bei modernen Technologien wie etwa der Genforschung oder der Nutzung von Erdwärme an der Weltspitze steht. Selbst gestandene isländische Männer glauben daran, dass es auf der Insel Gespenster gibt.

Was mich vor allem nach Island gezogen hat, waren die heißen Quellen und Geysire auf der kalten Insel im Nordatlantik, das Zusammentreffen von Feuer und Eis. Die Geothermalgebiete des vulkanischen Eilandes zählen zu den aktivsten, größten und eindrucksvollsten Arealen dieser Art auf der Welt. Außerdem sollte ich für die Reiseredaktion einer großen Tageszeitung recherchieren, ob es stimmt, was das isländische Fremdenverkehrsamt verspricht: dass man auf der Halbinsel Snaefellsness an der Westküste, am Fuß des vergletscherten Vulkans Snaefellsjökull, tatsächlich etwas von der mystischen Kraft der Insel zu spüren bekommt.

Es sind nur wenige Tage nach der Sommersonnwende 2003, als Bernhard und ich nach Island aufbrechen. Etwa um Mitternacht nähert sich das Flugzeug der Insel. Es wird von schweren Turbulenzen durchgeschüttelt, während es langsam durch eine dicke graue Wolkendecke sinkt. Ein paar Lichter erscheinen in der Dämmerung, sonst ist von der Insel zunächst nicht viel zu sehen, obwohl die Mitternachtssonne doch eigentlich auch um diese Nachtzeit noch für ein wenig Helligkeit sorgen sollte. Nur am Horizont glimmt ein orange leuchtender Streifen, an dessen einem Ende sich ein hoher Berg abzeichnet. Bernhard, der auf früheren Reisen schon viel von Island gesehen hat, deutet darauf. »Das ist Snaefellsness mit seinem Vulkan«, sagt er. Die Strahlen der Mitternachtssonne verleihen der Silhouette der Halbinsel, die gut 100 Kilometer vom Flughafen entfernt wie ein ausgestreckter Finger weit in den Nordatlantik hinausragt, etwas Übernatürliches, Märchenhaftes.

Sofort springt der Funke auf mich über. Am liebsten würde ich gar nicht erst nach Reykjavik fahren, sondern gleich auf die Halbinsel. Doch zuerst gibt es in der Hauptstadt noch einiges zu organisieren und einen Termin wahrzunehmen, den wir bereits von Deutschland aus vereinbart haben.

Gleich am ersten Tag treffen wir uns am Nordic Volcanological Institute mit Wissenschaftlern, die die aktiven Feuerberge Islands überwachen, um uns nach Hekla, dem bekanntesten Vulkan Islands zu erkundigen und uns auf einer großen Landkarte interessante und spektakuläre Geothermalgebiete zeigen zu lassen. Die meisten liegen weitab von Wanderwegen, Straßen und Pisten, die nur mit Allradfahrzeugen befahren werden dürfen.

Zum Team der Wissenschaftler gehört auch die Finnin Heidi Soosalu. Die aschblonde, zierliche Frau, die in ihren Jeans und dem verwaschenen T-Shirt eher wie eine Studentin und weniger wie eine erfahrene Geophysikerin aussieht, ist die Wächterin der Hekla.

Im Mittelalter war dieser Feuerberg wegen seiner Explosivität gefürchtet. Seine Ausbrüche waren so heftig, dass die Menschen in ganz Europa darüber sprachen. Vertreter der Kirche behaupteten sogar, Gott habe den Ort hoch im Norden geschaffen, um den Menschen die Qualen des Fegefeuers stets vor Augen zu halten. Die Hekla galt als das Haupttor zur Hölle. Der deutsche Arzt Kaspar Peucer (1525–1602) interpretierte das Donnern und Zischen während der Ausbrüche, das meilenweit zu hören war, gar als das Geheul der verdammten Seelen, die im Feuer schmorten. Die Lava- und Aschemassen, welche die Hekla damals ausstieß, vernichteten Höfe und Weideland im weiten Umkreis des Vulkans.

Auch wenn die Eruptionen dieses Feuerbergs in den vergangenen Jahrzehnten weniger heftig waren und keine bewohnten oder bewirtschafteten Gebiete erreichten, gehört die Hekla doch zu den am intensivsten überwachten Vulkanen Islands. Die letzten Ausbrüche fanden 1991 und im August 2000 statt. Heidi Soosalu hat sie genau verfolgt und charakterisiert sie als »kurz und heftig«. Zuerst beginne die Erde in der Umgebung des Vulkans zu erzittern, erläutert sie und zeigt uns auf einer Wandkarte, wo überall Messstationen aufgebaut sind. Am 17. Januar 1991 sei der 1491 Meter hohe Berg bereits wenige Stunden nach dem Anstieg der Bebentätigkeit aufgerissen. Die Initialzündung des Ausbruchs war so stark, dass innerhalb von nur zehn Minuten eine über elf Kilometer hohe Aschewolke in den Himmel schoss. Danach floss die Lava in breiten

Strömen aus. »Die Schmelze hat eine Fläche von 23 Quadratkilometern bedeckt. Am 11. März war schon wieder alles vorbei. Es war eine kleinere Eruption, ebenso wie der letzte Ausbruch im Winter 2000.« Dieser begann am 26. Februar. Bereits zehn Tage später hatte sich der Berg wieder beruhigt.

Diese jüngsten Eruptionen der Hekla waren für die Menschen nicht gefährlich. Im Gegenteil. Viele Isländer waren begeistert von dem grandiosen Naturschauspiel. Zu hunderten strömten sie in ihren Geländewagen in das Gebiet um den Feuerberg. Er liegt nur 100 Kilometer von Reykjavik entfernt und ist im Sommer über Pisten gut zu erreichen, im Winter allerdings schwer zugänglich.

Auch die Wissenschaftler waren beim letzten Hekla-Ausbruch mehrmals draußen. »Allerdings nicht an jenem denkwürdigen Tag, an dem die größte Rettungsaktion stattfand, die es jemals auf der Insel gegeben hatte«, erzählt einer von Heidi Soosalus Kollegen.

An diesem Wochenende waren die Menschen in Scharen zum Lava speienden Vulkan unterwegs, als plötzlich ein heftiger Schneesturm einsetzte. Der Verkehr auf den Zufahrtsstraßen zur Hekla brach in kürzester Zeit völlig zusammen. »Bei so einem Blizzard verliert man leicht die Orientierung«, erklärt der junge Mann. »Man sieht in der kahlen Landschaft nichts mehr, keine Straße, keinen Berg.« Der Wind ist so heftig, dass man die Autotüren besser zulassen sollte. »Wenn man sie überhaupt gegen den Druck öffnen kann, läuft man Gefahr, dass der Sturm sie einfach wegreißt. Man kommt keinen Meter mehr vorwärts, muss anhalten und abwarten.« So saßen zahlreiche Menschen damals während des Hekla-Ausbruchs stundenlang in ihren Autos fest und wurden eingeschneit. Nach dem Sturm kamen die Rettungsmannschaften, um sie zu befreien.

Den Kopf voller Informationen und Geschichten der Wissenschaftler, gehen wir ins Zentrum von Reykjavik, um, wie man uns empfohlen hat, die Möglichkeit für eine Tour zu den entlegenen Geothermalgebieten zu erkunden. Wir suchen Saevar Skaptason auf, einen Freund, den Bernhard vor vielen Jahren auf Island kennen gelernt hat und der ihm schon oft weitergeholfen hat. Ihm schildern wir unser Problem. Um zu Fuß in mehreren Tagesetappen kilometerweit durchs Hochland zu wandern, haben wir nicht genug Zeit. Außerdem hätten wir mindestens einen, besser zwei Begleiter gebraucht, die mit uns die nötige Ausrüstung schleppen, denn außer Zelt, Schlafsäcken, Kleidung, Regenschutz und Proviant musste auch noch die aufwändige Fotoausrüstung mit, die allein schon 15 Kilo wiegt.

»Da gibt es eigentlich nur eines«, sagt Saevar. »Ihr braucht einen Super-Jeep.« Ich schnappe nach Luft. Sind das vielleicht die überdimensionierten, aufgebockten Geländewagen, die man immer wieder in den Straßen von Reykjavik sieht? Saevar bejaht meine Frage. Ich bin skeptisch. Sollen wir uns wirklich in so eine, in meinen Augen aufgeblasene Karosse setzen, um damit – womöglich noch an natur- und umweltbewussten Wanderern vorbei – durchs unberührte Hochland von Island zu düsen? Fragend schaue ich Bernhard an. Er zuckt mit den Schultern. Er ist selbst schon oft mit einem normalen Geländewagen im schwer zugänglichen Innern der Insel gewesen und kennt daher die Situation und die Risiken. Auch er meint, dass es wohl keine andere Lösung gebe, wenn wir zu den Geothermalgebieten wollten, die uns die Wissenschaftler empfohlen hatten.

Dennoch erkläre ich Saevar meine Bedenken. Er lacht und meint, in Reykjavik besäßen viele Leute solche Autos. Die meisten seiner Landsleute haben die Geländewagen selbst umgebaut und aufgerüstet, um mit ihren Familien sicher und gefahrlos »ins Grüne« fahren zu können. Und das bedeutet in Island, wo es außerhalb der Städte kaum geteerte Straßen gibt, Flüsse zu durchqueren, von

Schlaglöchern übersäte Pisten zu befahren und plötzliche Wetterumschwünge durchzustehen. »Ein normaler Geländewagen reicht da oft nicht«, erklärt Saevar. Dazu kommt, dass die Isländer grundsätzlich technik- und autobegeistert sind. Also warum keinen Super-Jeep? Dann gibt er uns die Adresse von Kristján Kristjánsson.

Das Büro des Fuhrunternehmers liegt ein wenig außerhalb von Reykjavik. »Wir bringen Sie sicher bis zum Mond«, verkündet das Plakat am Fenster, auf dem ein großer, schwarzer Super-Jeep abgebildet ist. Wir klopfen. Eine dunkle Stimme bittet uns herein.

Kristján sitzt hinter seinem Schreibtisch, ein blonder kräftiger Mann mit aufgekrempelten Hemdsärmeln, etwa 45 Jahre alt. Er wirkt etwas deplatziert an seinem Computer, wo er sich im Internet gerade die Wettervorhersage für die kommenden Tage ansieht. Man merkt ihm an, dass er lieber in der Werkstatt oder draußen im Gelände arbeitet als am Schreibtisch. »Aber ich muss meine Leute einteilen«, sagt er. »Und es hängt vom Wetter ab, welche Routen wir fahren.« Jetzt während der Hauptreisezeit kutschiert das Unternehmen mit seinen Geländewagen und Bussen hauptsächlich Touristen über die Insel. Ansonsten fährt Kristján auch für Firmen. Vor kurzem brachte er eine Filmcrew mit Sack und Pack ins Hochland, die einen Werbespot für Nobelautos im wüstenartigen Innern der Insel drehte.

Kristján wird aber auch zu Hilfe gerufen, wenn jemand in der weiten, menschenleeren Landschaft in Not gerät. »Erst vor kurzem haben wir eine Gruppe Wanderer, die von einem Schneesturm überrascht worden war, aus dem Hochland um Hrafntinnusker herausgeholt«, erzählt er. »Sie wären um ein Haar erfroren, weil sie nicht dafür ausgerüstet waren. Schneesturm und Kälte können dort oben auch im Sommer tagelang anhalten.«

Hrafntinnusker gehört zu den entlegensten Winkeln des isländischen Hochlands. Dort liegen die Geothermalgebiete, die uns interessieren. Da gibt es zwar keine Geysire wie den berühmten, von allen Island-Touristen bewunderten Strokkur im Geothermalgebiet von Haukadalur, der alle halbe Stunde 30 Meter hohe Wasserfontänen ausstößt. Dafür aber schießen ätzende Dämpfe aus dem heißen, von bunten Algen, Bakterienmatten und Moos überwuchterten Boden, und unzählige heiße Quellen sprudeln, Zeugen für die vulkanischen Kräfte im Untergrund Islands.

Wir zeigen Kristján auf der Landkarte unsere Wunschziele. Er nickt. Kein Problem. Allerdings muss er für manche Bereiche noch die Genehmigung der Naturschutzbehörde einholen und sich erkundigen, ob das Gelände beim gegenwärtigen Wasserstand der Flüsse überhaupt zugänglich ist. »Aber wir können heute Nachmittag noch los, wenn ihr wollt«, sagt er. Mit dem Wetter sehe es für die nächsten drei Tage auch gut aus. Seine Fahrer seien allesamt bereits eingeteilt. Aber er habe Zeit und fahre uns selbst.

Ich freue mich, dass es so schnell losgehen soll. Wir teilen die Vorarbeiten ein. Bernhard und ich müssen noch unsere Sachen umpacken, die Fotoausrüstung vorbereiten. Und wir besorgen auch die Verpflegung. Kristján richtet das Fahrzeug her und kümmert sich um die Genehmigungen und die Zeltausrüstung.

Drei Stunden später treffen wir uns wieder in Kristjáns Büro. »*We take the Beast*«, sagt er und kippt noch rasch den letzten Schluck Kaffee hinunter. Dann gehen wir in die Garage nebenan. Dort wartet es schon, das »Tier«. Ein Super-Jeep mit allen Schikanen. Ich bin kein Autofreak. Auf einen Wagen muss man sich verlassen können, Aussehen und Pferdestärken sind mir egal. Doch beim Anblick dieses Fahrzeugs komme ich aus dem Staunen nicht mehr heraus. Das Tier ist eine Limousine mit der schwarz lackierten Karosserie eines großen amerikanischen Geländewagens und riesigen Spezialreifen, die auch einem Lastwagen gut anstehen würden. Der Kühler zwischen den beiden wuchtigen Frontscheinwerfern erinnert an ein zähnefletschendes, stählernes Maul. Deshalb der Name? Nein, nicht wegen des Aussehens, sagt Kristján, sondern weil der Wagen steilste Pisten hochklettern kann.

Dann klärt er uns über das Innenleben des Fahrzeugs auf: 310 PS schlummern unter der Motorhaube des 3,5 Tonnen schweren Kolosses. Drei Antennen überragen das Dach des Super-Jeeps – eine fürs GPS, das Satelliten-Navigationssystem. Sie ist mit einem 13-Zoll-Flachbildschirm rechts neben dem Lenkrad verbunden. Ein Pfeil zeigt fast auf den Meter genau an, wo sich das Fahrzeug befindet. Die beiden anderen Antennen sind für das Auto- und das Funktelefon. Für die Sicherheit ist damit dreifach gesorgt.

An einem Griff aus Edelstahl ziehe ich mich mit ausgestrecktem Arm hinauf auf den Beifahrersitz. Innen ist das Tier mindestens ebenso imposant wie außen: helle Ledersitze, rückenfreundlich gefedert, mit breiten Armstützen, dazu Halterungen für Landkarten und Gläser. Das Armaturenbrett ist aus lackiertem Holz. Der Laderaum hinter den beiden Sitzreihen ist so groß, dass mein Kleinwagen, der in München in der Garage steht, leicht darin Platz hätte. Er ist mit Teppichboden ausgekleidet. Das Tier ist nicht nur ein zuverlässiger, kraftvoller Geländewagen, sondern ein schickes, bequemes fahrendes Wohnzimmer.

Kristján wirft das Gepäck in den Laderaum, prüft noch rasch den Ölstand und achtet penibel auf den richtigen Luftdruck in den Reifen. »Die teuren Dinger sind nicht leicht zu kriegen, die muss man schonen«, sagt er. Dann schwingt er sich hinauf in den Fahrersitz und dreht den Zündschlüssel um. Ein kurzes Aufheulen, und der Motor wummert dumpf vor sich hin.

Zuerst geht es über die geteerte Ringstraße der Insel, dann nach etwa einer Stunde über eine Abzweigung auf die offene Piste bis zum Fuß des Hekla-Vulkans. Kristján hält kurz an. Wieder liegen ihm die Reifen am Herzen. Er lässt ein wenig Luft heraus, sodass sie geschmeidiger über die nun sehr schlechte Piste rollen.

Wind kommt auf. Dunkle Wolken verhüllen den Gipfel der Hekla und lassen ihre wahre Höhe nur erahnen. Ihre Flanken aus pechschwarzem Gestein sind mit weißen Gletscherresten bedeckt. Ein paar Sonnenstrahlen, die sich durch die Wolken bohren, verleihen dem Feuerberg ein magisches Aussehen. Zurzeit ruht er. Trotzdem wirkt er bedrohlich.

Wir fahren an seinem Fuß entlang durch ein Gebiet, in dem, wie ich vor unserer Abreise in einem Buch über isländische Mythen nachgelesen hatte, der Sage nach zwei Riesinnen hausten, zwei Schwestern – eine schlechte und eine gute, die eine links des Flusses Thjorsa, die andere rechts. Um sich die Füße nicht nass zu machen, wenn sie sich gegenseitig besuchten, hatten sie zwei riesige Felsbrocken in den Fluss gelegt, die das Wasser bis heute am so genannten Riesinnensprung in drei Arme teilen. Dort kamen früher die Bauern vorbei, die am Fuß der Hekla fischten und ihre Schafe weideten. Eines Tages, so die Sage, wollte die bösartige Riesin einen der Bauern verspeisen. Er entwischte ihr jedoch und konnte sich auf seinem Pferd in eines der umliegenden Gehöfte retten, bis die Kirchenglocken seine riesenhafte Verfolgerin schließlich vertrieben. Ihre gutmütige Schwester dagegen kochte einmal ein paar Bauern, die sich im Schneesturm verirrt hatten, einen heißen Brei und bewahrte sie vor dem Erfrieren.

Gerade als ich Kristján fragen will, was er denn von Riesinnen und generell von dem sprichwörtlichen Aberglauben seiner Landsleute hält, taucht vor uns eine Furt auf. Konzentriert steuert er den Flusslauf an, hält ein paar Sekunden, um die Wirbel auf dem langsam dahinströmenden Wasser zu beobachten, die ihm Auskunft über den Untergrund geben. Dann schaltet er, und wir rollen langsam die steile Uferböschung hinunter in den Fluss hinein. Unter mir rauscht es. Das Wasser ist nicht besonders tief, einen halben Meter vielleicht. Es dauert ein paar endlos lange Sekunden. Dann lenkt Kristján den Wagen mit Schwung ans andere Ufer und beginnt mit Bernhard über Geländewagentypen und deren Leistungsfähigkeit, unterschiedliche Getriebe, Differenzialsperren und die Gefahren, die im Flussbett lauern können, zu fachsimpeln.

Auch wenn man sich auf das Tier in solchen Situationen besser verlassen kann als auf einen einfachen Geländewagen, atme ich doch jedes Mal tief durch, wenn wir eine Furt hinter uns gebracht haben. Aber es wird noch viel spannender. »Gleich überqueren wir den Ausläufer eines Gletschers«, sagt Kristján und zweigt nach einem Blick auf den GPS-Monitor von der Piste ab. Nach wenigen Minuten kommt ein Eisfeld in Sicht.

Es ist gesäumt mit dem dunklen, extrem harten Gestein alter Lavaströme, das die Vulkanologen als Obsidian bezeichnen. Es entsteht aus besonders dünnflüssiger Lava, die viel Siliziumoxid – das ist nichts anderes als Glas – enthält und sehr schnell an der Erdoberfläche erstarrt. Obsidian findet man auf vielen Vulkanen. Menschen haben daraus schon vor tausenden von Jahren Pfeilspitzen und Klingen gemacht. Seine Oberfläche sieht aus wie Glas, seine Kanten sind rasierklingenscharf, und seine Farbe ist pechschwarz. Daher auch die isländische Bezeichnung: Hrafntinnusker heißt »Rabenstein«.

Der Boden ist jetzt übersät mit Obsidianbrocken »Es ist, als würde man über Messerschneiden fahren«, sagt Kristján, der wieder ausgestiegen ist, um noch einmal Luft aus den Reifen zu lassen. Je weicher sie sind, desto unempfindlicher sind sie gegen spitze Steine und desto besser greifen sie auf dem Firn des Gletschers.

Dann zieht er sich wieder hoch auf den Fahrersitz und schaltet mehrmals. Der Motor wummert lauter als zuvor. Kristján steuert den schweren Koloss jetzt im Schneckentempo Zentimeter um

Zentimeter über das ansteigende Feld aus Obsidianschutt auf das Eis zu.

Die Gletscheroberfläche strahlt rosarot im Licht der untergehenden Sonne. Sie ist aufgeweicht von der Wärme des Tages. Der Super-Jeep gleitet wie auf Butter darüber hinweg. Noch eine Schrägfahrt kurz vor dem nächsten Schuttfeld – dann ist der Eisstrom überwunden.

Kristján schaltet zurück. Irgendetwas stimmt nicht. Das Tier bockt. Er lässt das Seitenfenster herunter. »Verdammt!« Er springt aus dem Wagen und legt sein Ohr an den linken Vorderreifen. Ein leichter Pfeifton ist zu hören. »Es hat uns erwischt, ein Loch.« Wir werfen die Jacken über und springen ebenfalls aus dem Fahrzeug. Kristján deutet auf einen Schlitz im Reifen. Ein spitzer Obsidianbrocken hat sich trotz aller Vorsicht durch den dicken Gummi gebohrt. Das Gewicht des Wagens in Schräglage droht den immer schlapper werdenden Reifen von der Felge zu ziehen.

Jetzt wird Kristján hektisch. In Windeseile holt er einen Kompressor aus dem Laderaum, schließt ihn bei laufendem Motor an die Batterie an, legt einen Schlauch und pumpt Luft in den lädierten Reifen. Mit aller Kraft stemmt er sich gegen das schwere Fahrzeug, um den Reifen auf der Felge zu halten. Bernhard hilft ihm nach Leibeskräften. Eine Autopanne auf einem Gletscher in den entlegenen Bergen Islands. Wenn wir nicht selbst damit fertig werden, müssen wir eine kalte Nacht auf dem Eis verbringen. Ich stehe hilflos herum und schicke ein Stoßgebet zum Himmel.

Gott sei Dank – es klappt. Ganz langsam bläht sich der Reifen wieder auf, auch wenn immer noch Luft aus dem Loch strömt.

Was nun? Kristján greift nochmals in den Laderaum und zieht einen Werkzeugkoffer heraus. »Jetzt kann nur noch eine Notoperation helfen«, sagt Bernhard, der, in Island geländeerfahren, schon weiß, was jetzt kommt. Mit einer Art Ahle stößt Kristján dicke, mit

Klebstoff bestrichene Gummistücke in den Schlitz – eins, zwei, drei und noch ein viertes, bis sie dicht halten.

Er ist ebenso erleichtert wie wir. Schweiß tropft ihm von der Stirn, als er einsteigt. Wir klettern wieder auf unsere Sitze. Jetzt ist es nicht mehr weit. Hinter dem Schuttfeld aus Obsidianbrocken ist die kurze Offroad-Fahrt vorbei. Der Super-Jeep trifft auf eine Piste. Nur noch ein steiler Hügel ist zu überwinden. Es ist mittlerweile nach zehn Uhr abends. Im nächsten Tal sind bereits die weißen Dampfschwaden von heißen Quellen zu sehen. Das Licht der tief stehenden Mitternachtssonne taucht sie in ein zartes, kaltes Lila.

Wir übernachten auf einem kleinen Zeltplatz nahe der Hütte von Hrafntinnusker. Hinter jedem größeren Felsbrocken duckt sich ein Kuppelzelt, und aus dem Kamin des Häuschens raucht es. Stimmen sind zu hören. Die Hütte ist voll besetzt.

Die Zeltbewohner beäugen uns teils erstaunt, teils entrüstet. Sie sagen es zwar nicht laut, aber ich kann es an ihren Blicken ablesen: Eine solche Karosse hat ihrer Meinung nach nichts in der Stille und der Abgeschiedenheit Islands zu suchen. Wenn ich ein paar Tage durch Wind und Wetter hierher gewandert wäre und dann ein solches Monstrum von Fahrzeug vorfände, würde ich wahrscheinlich ähnlich darauf reagieren.

Schon kurz nach unserer Ankunft kommt die Hüttenwirtin aus dem Haus und steuert mit ärgerlicher Miene auf uns zu. Doch als sie in Kristján den Mann erkennt, der vor nicht allzu langer Zeit ein paar Wanderer aus dem Schneesturm geholt hat, wird sie sofort freundlich. Aber selbstverständlich können wir hier zelten und Wasser holen, meint sie. Dann wechselt sie noch ein paar Worte mit Kristján und verschwindet wieder.

Es ist schon ein Uhr morgens, als wir im Zelt die letzten Bierdosen öffnen. Wir kommen auf isländische Hütten zu sprechen.

Bernhard erzählt von dem kleinen Holzhaus am Hvita-Vatn, einem Schmelzwassersee an der Piste, die quer durchs Hochland zur Nordküste der Insel führt. Dort hatte er vor ein paar Jahren mit einem Freund übernachtet. Kristján schreit auf. Dort würde er nie eine Nacht verbringen, sagt er. Da geht nämlich eine alte Bäuerin um.

Ich traue meinen Ohren kaum. Liegt es am Bier, oder fürchtet sich dieser erfolgreiche isländische Geschäftsmann, der so aussieht, wie man sich einen Wikinger vorstellt, tatsächlich vor Gespenstern? Ich lache los. Doch Kristján lässt sich davon nicht stören. »Dort lag ursprünglich ein Bauernhof«, berichtet er. »Genau an der Stelle, wo heute die Hütte steht.« Einer der Schlafräume liege direkt über dem Flur des ehemaligen Hofs. Dort gehe noch heute die alte Bäuerin nachts auf und ab, »und das hört man, wirklich«. Seine Schwiegereltern haben am Hvita-Vatn einmal mitten in der Nacht ihr Zelt abgebrochen, das sie neben der Hütte aufgestellt hatten, und sind weggefahren, weil der Spuk so laut war, dass sie nicht schlafen konnten.

Das ist doch nicht möglich! Aber ja, sagt Kristján, und um seine Behauptung zu untermauern, erzählt er noch von seinem Vetter Jon. Auch der habe so ein eigenartiges Erlebnis gehabt. Jon war allein während eines Wintersturms im Osten der Insel zwischen zwei weit auseinander liegenden Bauernhöfen mit dem Auto unterwegs. Plötzlich saß ein Mann mit einem Hund auf dem Beifahrersitz. Er trug einen Mantel mit hochgeschlagenem Kragen und sprach kein Wort. Ein paar Minuten später war er wieder verschwunden. Jon hat an der nächsten Tankstelle gehalten und mit dem Tankwart über das Erlebnis gesprochen, erzählt Kristján weiter. Der bestätigte Jons Bericht. Genau so eine Gestalt trete auf dieser Strecke öfter in Erscheinung. Doch niemand wisse, welche Bewandtnis es mit diesem Mann und seinem Hund habe.

Mich fröstelt. Vor dem Zelt ist es bitterkalt. Noch ein kurzer Blick in das dämmrige Licht des hellen Nachthimmels. Messerscharf zeichnen sich die Umrisse der dunklen Berge ab. Dampfquellen zischen in der Ferne. Sonst ist kein Laut zu hören. Dann schlüpfen wir in unsere Schlafsäcke. Ein leichter Wind kommt auf. Er lässt die lockere Zeltwand rhythmisch über den sandigen Untergrund streichen. Gespenstisch.

Am nächsten Tag fahren wir im Schneckentempo auf wenig befahrenen Pisten, deren Spuren sich in der kahlen Landschaft kaum abzeichnen, von einem Geothermalgebiet zum nächsten. Das Tier hängt dabei manchmal so schräg an den Bergflanken, dass ich Angst habe, wir kippen um. Stellenweise ist der Boden vom Schmelzwasser der Gletscher durchtränkt und so schlammig, dass wir fast stecken bleiben. Doch wir überwinden alle Hindernisse ohne Probleme.

Jedes Areal ist hier anders. Eines besteht aus vielen flachen, von Eisenmineralien rostrot gefärbten, kochenden Pfützen, in denen die Wasseroberfläche überall Blasen schlägt. Glitzernde Wassertropfen springen wild in alle Richtungen. Wir steigen aus und sehen uns die kochenden Tümpel näher an. Einige Spritzer landen auf meiner Hand. Sie sind kochend heiß.

An anderer Stelle überziehen Decken aus filigranen Schwefelkristallen die Felsbrocken, aus deren Spalten ähnlich ätzend riechende heiße Gase entweichen, wie ich sie schon in Kamtschatka erlebt habe.

Am spektakulärsten jedoch sind die heißen Quellen an der Front einer Gletscherzunge, die sich vom Bergrücken des Hrafntinnusker, des Rabensteins, herabzieht. Feuer und Eis treffen hier aufeinander. Kochendes Wasser sprudelt am Fuß der etwa 50 Meter hohen, senkrechten Gletscherwand in unzähligen kleinen Quellen aus dem Boden, sammelt sich in Bächen und fließt über ein Mosaik aus grauen, roten und schwarzen Lavasteinen ab. Schlieren aus weißen und grünen Algen schwingen in dem heißen Wasser. Dampfschleier steigen auf. Am Rand der Bäche wachsen Teppiche aus knallgrünem, weichem Moos. Dazwischen reflektieren die Bruchflächen von schwarzen, glasigen Obsidiantrümmern die Strahlen der Sonne. Es scheint, als habe hier eine gute Fee die karge, kalte Landschaft vor dem Gletscher in einen geheimnisvoll schillernden Wassergarten verwandelt.

Die Gletscherwand ist quer gestreift. Dünne, dunkle Lagen aus schwarzer Vulkanasche sind ins Eis eingelagert. Sie wechseln sich ab mit dicken, blauen Eisschichten. Am Fuß hat das heiße Wasser eine mehrere Meter hohe Höhle ausgespült. Hinein trauen wir uns jedoch nicht, denn Eisblöcke, bis etwa einen Kubikmeter groß, liegen auf dem Boden. So frisch, wie sie aussehen, sind sie erst vor kurzem aus der Decke der Höhle herausgebrochen.

Auf der Rückfahrt nach Reykjavik machen wir noch einen Abstecher zum Solheimajökull, einer Gletscherzunge des großen Eisfeldes Myrdalsjökull, unter dem der Vulkan Katla rumort. 1918 ist er zuletzt ausgebrochen. Alles zerstörende Sturzfluten strömten dabei bis ins zehn Kilometer entfernte Meer und rissen alles mit – Häuser, Tiere und Menschen. Seither ist der Vulkan ruhig. Zu ruhig. Der nächste Ausbruch hätte, seiner Eruptionsstatistik zufolge, schon längst stattfinden müssen. Deshalb sind die Vulkanologen Islands wegen des Katla-Vulkans schon seit Jahren in Hab-Acht-Stellung.

Das Tal des Solheimerjökulls, in das wir hineinfahren, ist nur eines der großen Abflussgebiete dieser Sturzfluten. Friedlich liegt es jetzt da, leuchtend grün mit einer dicken Moosdecke überzogen. Doch Schilder am Straßenrand warnen vor der trügerischen Ruhe: »Wegen der vulkanischen Unruhe unter dem Gletscher sollten Touristen hier sehr vorsichtig sein. Kein Camping!« Das Wasser stinkt nach faulen Eiern, vom Schwefelwasserstoff. Das ätzende Gas stammt aus den Schloten des Vulkans unter dem Gletscher. Es ist ein untrügliches Zeichen dafür, dass der Feuerberg aktiv ist.

Der Myrdalssandur, die große flache Sandfläche an der Küste, die wir auf dem Weg hierher überquert haben, ist ein Ergebnis vieler Sturzfluten nach Ausbrüchen der Katla. Er besteht aus den Massen von Sand und Geröll, die die Fluten mit sich reißen und vor der Küste ablagern. Die Mengen sind so groß, dass sich die Küstenlinie bei jeder größeren Eruption um einige Meter oder sogar mehrere zig Meter weiter in den Atlantik vorschiebt.

Natürlich gibt es auch zum gefährlichen Vulkan Katla eine Sage. Der Feuerberg ist nach einer Pfarrersköchin benannt, einer Hexe, die einst in einer Pfarrei am Rand des Gletschers Myrdalsjökull lebte. Sie soll eine Zauberhose besessen haben, mit der sie schnell sehr weit laufen konnte. Ein Hirte hatte sich ohne ihr Wissen diese Hose ausgeliehen, um verirrte Schafe zu suchen. Da wurde Katla so böse, dass sie den Mann in einem Fass Molke ertränkte. Als das Verbrechen aufgedeckt wurde, schlüpfte die Hexe in ihre magische Hose, raste auf den Gletscher und stürzte sich ins Eis. Genau an dieser Stelle brach ein Vulkan aus, und unter dem Gletscher quoll eine Sturzflut hervor.

Drei Tage verbringen wir mit Kristján Kristjánsson im Hochland bei den Geothermalfeldern um Hrafntinnusker. Gleich nach unserer Rückkehr mieten wir uns in Reykjavik einen PKW und brechen auf zur Halbinsel Snaefellsness, die sich bei unserer Ankunft zwei Wochen zuvor so mystisch am Horizont abgezeichnet hat. An ihrem äußersten Ende thront einer der schönsten Feuerberge Islands, der Snaefellsjökull, 1443 Meter hoch und am Gipfel vergletschert.

Die Halbinsel ist sehr dünn besiedelt. An der Küste und rund um den Snaefellsjökull gibt es nur ein paar Bauernhöfe und Weiler, darunter auch Hellnar. Ziemlich verloren liegt die kleine Siedlung auf einem alten, schon lange von Wiesen überwachsenen Lavastrom an der Küste am Fuß des Feuerbergs.

Hellnar – das ist eine Kirche mit Friedhof, ein paar verwitterten Gehöften und einem Quartier für Reisende, das aus ein paar Holzhäusern mit blauem Wellblechdach besteht. Umgeben sind sie von Steinkreisen und großen Kristallen. Dort, so sagt man uns im Fremdenverkehrsamt in Reykjavik, soll man die mystische Kraft spüren können, die von dem vergletscherten Feuerberg ausgeht. Vielleicht erfahre ich dort etwas mehr darüber, was es mit dem Glauben der Inselbewohner an Überirdisches auf sich hat.

»Sie bekommen Zimmer neun«, sagt Gudlaugar Bergmann, der Betreiber des Gästeheims. »Das ist in der isländischen Mythologie die Zahl für Integrität, Makellosigkeit und Unbestechlichkeit.« Der stämmige, graubärtige Mann mit den wässrig blauen Augen blinzelt, als meine er nicht ganz ernst, was er sagt. Wie es scheint, will er uns in die Aura des Hauses einbinden. Ich frage gleich nach der Bedeutung des weißen Holzrondells vor der Tür. Laut Gudlaugar dient es dazu, die Kraftfelder des Berges einzufangen und zu nutzen.

Später, nach dem Abendessen, bitte ich ihn nochmals um genauere Auskünfte über die Kraftfelder und den irrationalen Glauben der Isländer an überiridische Wesen. Gudlaugar erklärt das Phänomen. »Die rasante wirtschaftliche Entwicklung in den letzten Jahrzehnten hält uns Isländer nicht davon ab, uns immer wieder an unsere Mythologie zu erinnern, wahrscheinlich wegen der rauen, ungebändigten Natur, in der wir leben.« Die Inselbewohner würden viel stärker mit den Kräften der Natur konfrontiert als zum Beispiel viele Menschen in Mitteleuropa. Sie hätten mit Kälte und langer Dunkelheit im Winter, Erdbeben, zerstörerischen Schmelzwasserfluten und Vulkanausbrüchen zu kämpfen. Viele verdienten ihren Lebensunterhalt mit der Fischerei auf dem oft stürmischen Nordatlantik. »Die Menschen hier müssen sich mit der Natur viel intensiver auseinander setzen. Da wundert es einen nicht, dass sie manchmal einen etwas ungewöhnlichen Zugang zu den Dingen finden.«

Gudlaugar hat aus dem Hang zu alten Mythen ein Geschäft gemacht. Seine Landsleute besuchen sein Gästehaus ebenso gern wie Touristen. Der Kraftberg vor seiner Haustür gibt jedoch zunächst nicht viel von sich preis. Am Tag nach unserer Ankunft umhüllen dicke Wolken das Haupt des Snaefellsjökull, der durch zwei Literaten weltberühmt wurde. Der französische Schriftsteller Jules Verne lässt in seinem Roman *Reise zum Mittelpunkt der Erde* Professor Lidenbrock und dessen Gefährten durch den Schlot dieses Feuerbergs ins Innere unseres Planeten hinabsteigen, wo sie so lange in Gängen und Höhlen herumforschen, bis sie bei einem Ausbruch des Stromboli weit im Süden wieder ausgespuckt werden.

Der isländische Literatur-Nobelpreisträger Halldor Laxness macht den Berg und dessen sprichwörtliches Kraftfeld zum Schauplatz seines skurrilen Romans *Seelsorge am Gletscher*. Ein Vertreter des Bischofs von Reykjavik, kurz Vebi genannt, nimmt im Auftrag der Kirche die wundersamen Vorgänge in der Gemeinde am Snaefellsjökull unter die Lupe. Er schließt dabei Bekanntschaft mit einem seltsamen Pfarrer, der dem Snaefellsjökull eine Verbindung zu den Spiralnebeln im All zuschreibt, außerdem zu Elfenwiddern, kalifornischen Lebenserweckern und geisterhaften, mehr oder weniger verführerischen Frauen. In seiner Verwunderung bezeichnet der Vebi den Snaefellsjökull als »Terrinendeckel der Welt, der die Geheimnisse der Erde zudeckt«, und fragt sich angesichts des in der Sonne gleißenden Gletschers, »ob nicht das zu grelle Licht eine Lähmung des parasympathischen Nervensystems hervorruft«, die dazu führt, dass Menschen sonderbare, überirdische Eigenschaften entwickeln.

Im Zuge meiner Suche nach der mystischen Seite Islands bin ich bereit, diese These von Laxness' Romanfigur im Selbstversuch zu überprüfen. Doch der Gletscher gleißt nicht in der Sonne. Immer noch verdecken dichte Wolken die Eiskappe des Vulkans. Nur die schwarzen Lavaströme sind zu sehen, die sich wie dicke Wülste aus dunklem Zuckerguss über seine Flanken ergießen. Sie stammen vom letzten Ausbruch des Feuerbergs vor etwa 1750 Jahren, also lange bevor Menschen auf der Atlantikinsel siedelten.

Wir ziehen unsere Jacken an und machen einen Spaziergang an die Küste zwischen Hellnar und dem Nachbarort Arnarstapi. Dort flossen während des letzten Vulkanausbruchs mächtige Lavaströme bis weit ins Meer hinaus. Als sie erstarrten, kristallisierte die glühende Schmelze in unzähligen schwarzen, eng nebeneinander stehenden Basaltsäulen aus. Die Wellen, die unaufhörlich gegen die dunklen Felsen klatschen, haben sie im Lauf der Jahrhunderte angefressen und eine bizarre Steilküste mit Brandungstoren und Höhlen geschaffen.

Die Felswände gleichen trutzigen Burgmauern aus teils gerade stehenden, teils schräg liegenden oder auch in Rosetten angeordneten Säulen. Sich hier an der Steilküste bei Nebel oder Sturm in den unwegsamen Lavafeldern zu verirren – schon bei dem Gedanken bekomme ich eine Gänsehaut. Ist hier einer der vielen Tummelplätze für die Trolle, Elfen und anderen Spukgestalten Islands?

Im Frühjahr und auch jetzt noch im Sommer nisten Abermillionen von Seevögeln in den Spalten und Vorsprüngen der Basaltfelsen. Ihr Dung färbt den schwarzen Stein weiß. Die Luft ist Tag und Nacht von ihrem Kreischen und Schwatzen erfüllt. Unermüdlich gleiten sie von den senkrechten Felswänden aufs Meer hinaus, um sich dort in die Wellen zu stürzen und Futter für ihre Jungen zu holen. Diese schreien bei der Rückkehr der Alten los, reißen gierig ihre Schnäbel auf und lassen sich Futter hineinstopfen.

Besonders wichtig haben es die Papageientaucher, die mit hektischem Flügelschlag pfeilschnell übers Wasser schießen und sich dann einfach in die Wellen plumpsen lassen. Elegant gleiten dagegen die Eissturmvögel über die Steilküste. Sie scheinen sogar an uns Interesse zu haben. Einzelne Tiere bleiben nur wenige Meter über dem Boden in der Luft stehen, gleichen mit den Schwingen die Windstöße aus, die sie wegzudrücken drohen, und äugen neugierig auf uns herab. Andere kratzen sich während des Flugs mit den Beinchen am Kopf oder schütteln sich, als wollten sie ihr Gefieder lockern.

Plötzlich schießen schrill kreischende, kleine schwarz-weiße Vögel mit knallroten, spitzen Schnäbeln auf uns herab. Immer von hinten, sodass der Schreck jedes Mal groß ist. Das hat nichts mehr mit Neugier zu tun. Das ist Angriff. Es sind Küstenseeschwalben. Sie dulden keine Menschen in ihrem Brutrevier – aus Angst um ihre Jungen, die noch nicht flügge sind und ungeschützt im weichen Gras der Wiesen über der Steilküste hocken.

Hier könnte sich Alfred Hitchcock Anregung für seinen Thriller *Die Vögel* geholt haben. Auch wenn die aggressiven Flieger nur klein sind – man glaubt die spitzen Schnäbel im Haar zu spüren. Schnell die Anorakkapuze über den Kopf gestülpt und nichts wie weg.

Vor Arnarstapi ragt eine düstere Felsskulptur aus einer von Küstenseeschwalben besetzten Wiese. Sie stellt Bardur dar, den Begründer der Sagen um den Snaefellsjökull. Gerade blitzt die Sonne durch die Wolkendecke und setzt den alten Isländer ins rechte Licht.

Der Sage nach war der Königssohn Bardur um das Jahr 1000 n. Chr. einer der ersten Siedler auf der Atlantikinsel. Um ihn rankt sich eine grausame Geschichte. Bardur hatte einen Riesen und eine Trollfrau in seinem Stammbaum. Ein Zwerg hatte ihn erzogen, ihn den Umgang mit Waffen und mit der Magie gelehrt. Durch das arktische Meer segelte er mit seinen Leuten über Norwegen nach Island, ging an der Küste von Snaefellsness an Land und ließ sich dort nieder. Bardur hat den vereisten Vulkan als Erster bestiegen und ihm den Namen Snaefellsjökull, Schneeberg-Gletscher, gegeben.

Der Clan lebte in Frieden am Fuß des Berges, bis eines Tages ein Neffe Bardurs – er hieß Raudfeldur – dessen Tochter Helga beim Spielen auf einen im Meer treibenden Eisberg setzte. Obwohl Helga unversehrt in Grönland ankam, rächte sich Bardur fürchterlich. Er stürzte den Jungen in die enge, steile Schlucht am Fuß des Vulkans, die heute Raudfeldargja heißt. Er selbst verschwand für immer auf dem Snaefellsjökull, wo seither sein Geist wohnt – und, wenn man dem Gästeheim-Betreiber Gudlaugar aus Hellnar glauben darf, heute noch von den Menschen angerufen wird.

Bardur soll seinerzeit ein Stück westlich von Hellnar, am Djupalonsandur, gelandet sein. Wir fahren am nächsten Tag mit dem Auto dorthin. Der Djupalonsandur ist heute ein menschenleerer Strand mit großen, schwarzen Basaltkieseln und breiten Strängen aus orangerotem, glibbrigem Tang. Noch im 19. Jahrhundert lag dort jedoch eines der wichtigsten Fischereizentren Islands an der Küste von Snaefellsness. Bis zu 400 Leute hausten während der Fischsaison in den Monaten April und Mai wochenlang in primitiven Hütten. Wenn Wetter und Wellengang es erlaubten, ruderten sie in offenen Booten aufs Meer hinaus, um den Fang einzuholen. Eine harte und gefährliche Arbeit. Bei einem plötzlichen Wetterumschwung zerschellten oft mehrere Boote, und dutzende von Männern ertranken in einer Nacht – ein ungeheurer Verlust für ein Volk von damals weniger als 100 000 Menschen.

Die alten Hütten sind im Lauf der Zeit völlig verwittert. Allerdings liegen eine Menge rostiger Wrackteile am Strand herum. Sie stammen, laut Schautafel, von dem englischen Trawler *Epine*, der am 13. März 1948 bei einem heftigen Sturm an dieser Stelle strandete. Die Situation damals war dramatisch. Um von den hohen Wellen nicht von Bord gespült zu werden, hatte sich die Mannschaft ans Steuerhaus und die Takelage des Trawlers gebunden. Die Helfer aus Hellnar und Arnarstapi konnten wegen des Sturms kaum etwas tun.

Sie mussten hilflos zusehen, wie immer wieder Brecher das aufgelaufene Schiff überrollten. Letztendlich konnten nur fünf der 19 Seeleute gerettet werden.

Endlich gegen Abend beginnt sich die Wolkendecke auf dem Snaefellsjökull zu lichten. Vielleicht lässt sich der mystische Berg ja doch noch in seiner ganzen Pracht blicken? Wir folgen der Straße, die teils geteert, teils als offene Piste um den Snaefellsjökull herumführt und an der Ostflanke des Vulkans bis in 700 Meter Höhe führt. Die schwarzen Lavastränge sind dort mit leuchtend grünem Moos überzogen, das im schwachen Sonnenlicht glänzt.

Hier wird der Nebel dünner. Schemenhaft zeigt sich die Sonnenscheibe. Plötzlich reißen die weißen Schleier auf, und das Eis des Gletschers wird sichtbar. Unten am Rand von tiefen Spalten durchzogen, dann bis hinauf zum Gipfel eine graue und hellblaue Fläche. Nur einen kurzen, scheinbar magischen Moment lang taucht der Snaefellsjökull auf, dann verhüllt er sich wieder.

Die Magie lässt mich an diesem Tag nicht los. Beim Nachmittagstee im Gästeheim in Hellnar lerne ich eine Holländerin kennen. Sie ist Schriftstellerin und Spezialistin im Umgang mit der Wünschelrute. Sie sucht nach einer heißen vulkanischen Quelle in der Umgebung des Hauses und ist gern bereit, über ihr Tun Auskunft zu geben. Die Rute ist nicht aus einer Astgabel geschnitzt, sondern aus zwei gebogenen Metallstäben gemacht, die sich in den Händen der Wünschelrutenfrau immer dann bewegen, wenn sie bestimmte, für den Laien nicht wahrnehmbare Energielinien im Boden überschreitet.

»Wollen Sie es auch mal probieren?«, fragt sie mich. Warum nicht. Auf der Wiese vor dem Gästeheim gibt sie mir ihre Stäbe, einen in die linke, den anderen in die rechte Hand. Meine Finger legen sich fest um das Metall. Ich mache ein paar langsame Schritte vorwärts, halte die Stäbe umklammert – und plötzlich schlagen sie trotz des festen Griffs aus, drehen sich zuerst nach rechts und, als ich die Gehrichtung ändere, nach links. »Das nenne ich Sensibilität für die Energieströme in der Erde«, meint die Spezialistin und freut sich über die gelungene Vorstellung und über meine Verwirrung. Erstaunlich, unerklärlich. Ist das die Kraft des Berges? Wirkte hier der Geist von Bardur? Halten mich Elfen und Trolle zum Narren oder war das, wie Halldor Laxness in seinem Roman behauptet, die »Lähmung« meines »parasympathischen Nervensystems«, die sich im Ausschlag der Rute gezeigt hat?

Ich kann das Erlebnis nur so hinnehmen. Schließlich haben schon viele ernst zu nehmende Physiker vergeblich nach einem Zusammenhang zwischen Erdstrahlen und Reaktionen des menschlichen Körpers gesucht. Vielleicht kann ja der Mensch »Kraftfelder« unterbewusst wahrnehmen. Vielleicht sind die Erdstrahlen oder Energieströme, die elektrischen und magnetischen Felder im Lavagestein des Snaefellsjökull stärker als anderswo? Außer Gudlaugar hat das in Hellnar noch nie ein Wissenschaftler untersucht.

Auf der Rückfahrt nach Reykjavik am Abend des nächsten Tages offenbart der Snaefellsjökull genau jene magische Seite, die er uns bereits bei unserer Ankunft auf Island andeutete. Die Luft ist so klar, wie sie nach den heftigen Regenfällen der letzten Stunden nur sein kann, und die Sonne sinkt immer tiefer. »Der Berg erinnert an durchsichtiges Chinaporzellan mit Goldrand, besonders wenn die Sonne tief über dem Meer steht, denn dann umspielen ihre Strahlen den Firnschnee von beiden Seiten.« So beschreibt der Vertreter des Bischofs, der Vebi in Halldor Laxness' Roman, diese Stimmung. Das sind wohl die Momente, in denen Elfenwidder mit goldenem Vlies an den Flanken des Snaefellsjökull auftauchen.

Mit sinkender Sonne leuchtet der vergletscherte Vulkan intensiv orangerot. Doch nur der schmale Streifen der Halbinsel und ein

Stück Meer sind in dieses magische Abendlicht getaucht. Der Rest von Island liegt düster und grau unter einer schweren Wolkendecke.

Kochendes Wasser und heiße Schwefelgase sind nicht nur auf Island, sondern in den Vulkangebieten überall auf der Welt ein sicheres Zeichen dafür, dass Feuerberge aktiv sind, auch wenn sie gerade keine Lava ausstoßen oder Asche speien. In der Eifel im Westen Deutschlands treten ebenfalls Gase und Quellen aus dem Boden, die eine vulkanische Vergangenheit verraten. Bernhard und ich hatten Gelegenheit, ein paar Tage lang Wissenschaftler zu begleiten, die nach dem Ursprung der Eifelvulkane suchen. Einer der spannendsten Momente dabei war die Sprengung einer alten Kraterwand in einem Steinbruch.

5 Auch in Deutschland spuckten einst Vulkane

Wir sollen uns jetzt schleunigst verziehen, sagt der Sprengmeister ein wenig barsch. In etwa zehn Minuten werde er zünden. Also steigen wir rasch den steilen, schmalen Trampelpfad auf den höchsten Punkt am Rand des Steinbruchs hinauf und setzen uns dort auf einen alten Baumstumpf. Es ist Frühsommer 1997. Schwere, dunkle Regenwolken hängen am Himmel. In der dunstigen Ferne sehen wir das dicht besiedelte Rheintal bei Koblenz.

Der Steinbruch zu unseren Füßen ist hufeisenförmig in einen Berg am Rand der Eifel eingeschnitten. Hier wird ein ganz besonderer Fels abgebaut – Lava, die an dieser Stelle in einer Zeit ausgeflossen ist, als in Deutschland noch Vulkane tobten.

Erdgeschichtlich gesehen, ist das noch gar nicht so lange her.

Die jüngsten Ausbrüche fanden vor etwa 10 000 Jahren statt, am Ende der Eiszeit. Die Steinzeitmenschen, die damals die Eifel durchstreiften, haben sie miterlebt. Bei einer der letzten Eruptionen entstand das Becken des Laacher Sees. Dieser Ausbruch soll so heftig gewesen sein wie der des Pinatubo auf den Philippinen im Jahr 1991 oder der des Mount St. Helens in Washington in Nordamerika, der 1980 seinen Gipfel in die Luft sprengte. Wenn man die grünen, sanften Hügel der Eifellandschaft mit ihren Feldern und Waldflecken und den vielen verstreuten Ortschaften heute so ruhig daliegen sieht, kann man sich das unmöglich vorstellen.

Wenige Minuten vor unserer Vertreibung aus dem Steinbruch haben Arbeiter die letzten Sprengstoffstäbe in den eigens dafür gebohrten Löchern versenkt. Einige dieser insgesamt 208 Bohrungen reichen bis zu zwölf Meter tief in das Lavagestein hinein. 4,5 Tonnen von dem hochexplosiven Material stecken jetzt im Leib des ehemaligen Vulkankegels und warten darauf, dass sie gezündet werden.

Die zwei Radlader, die gerade noch emsig hin und her gekurvt sind und mit ihren großen Schaufeln alten Schutt zur Seite geräumt haben, fahren nun aus dem Steinbruchgelände hinaus. Nur der Sprengmeister und seine Helfer halten sich jetzt noch dort auf. Das letzte Warnsignal erklingt. Ein langer, tiefer Ton, wie von einem Horn. Der Sprengmeister dreht an der Kurbel seines bierträgergroßen Kastens, der Zündmaschine, und drückt auf den Hebel. Der Boden unter uns macht einen kleinen Ruck. Dann schlägt uns ein lauter Knall entgegen. Die Erde bebt einen kurzen Moment.

Angestrengt schaue ich auf die mit Sprengstoff gespickte Steinbruchwand gegenüber. Auch sie macht einen Ruck, und ein Teil von ihr beginnt wie in Zeitlupe abzurutschen. Staubwolken steigen auf, grau vom Gestein und gelb vom Abbrand des Sprengstoffs. Sie versperren die Sicht. Es dauert ein paar lange Sekunden, bis sich der Staub allmählich setzt und der Blick auf die Steilwand wieder frei wird. Ein großes Stück fehlt. Es liegt zerbrochen als Schutthaufen da. Wie Blut aus einer frischen Wunde rieselt noch ein wenig Sand aus der angeschnittenen Steinbruchwand nach.

Die Arbeiter steigen bereits wenige Minuten nach dem Ereignis wieder in ihre Fahrzeuge, während ich immer noch auf dem Baumstumpf sitze. Der erste Lastwagen fährt auf das Gelände und wird gleich mit dem frischen Schutt beladen. Er bringt die Felstrümmer zum Brechwerk, wo sie zerkleinert werden und die Bruchstücke dann durch eine Sortiermaschine laufen. Das Lavagestein wird für den Straßenbau und für Betonbeimischungen vorbereitet. Aus diesem Grund wurden schon viele kleine Vulkankrater der Eifel angegraben, einige sogar fast völlig abgetragen.

Bernhard und ich sind nicht die Einzigen, die die Sprengung gespannt verfolgt haben. Als wir wieder in den Steinbruch hinuntersteigen, treffen wir auf Joachim Ritter. Der Geophysiker aus Göttingen packt mit seinen Leuten gerade einen kleinen Computer und ein paar Instrumente, hoch empfindliche Geophone zum Aufzeichnen von Erdbeben, vorsichtig wieder in ihre Kisten. Sie hatten ihren Blick, während die Steilwand einstürzte, allerdings nicht auf die Sprengung gerichtet, sondern starrten auf den Bildschirm des Laptops. Dort waren nämlich die Ausschläge zu sehen, die die Schwingungen im Boden auslösten. Diese wurden von den in der Erde steckenden Geophonen erfasst und an den Computer weitergeleitet. Das Diagramm, das sich aus diesen Daten ergibt, lässt Rückschlüsse über Aufbau und Struktur des Untergrundes zu. Joachim Ritter und seine Kollegen suchen in der Tiefe der Erdkruste nach den Magmaquellen der Eifelvulkane. Sie gehören zu den wenigen Feuerbergen auf der Erde, die sich mitten in einem Kontinent befinden. Die meisten Vulkane, wie zum Beispiel die im Feuerring um den Pazifik, liegen dagegen aufgereiht an den Nahtstellen der Erdkruste, wo die großen Kontinentalplatten zusammenstoßen. Dort dringt glutflüssige Schmelze durch Risse und Spalten empor und bricht an der Erdoberfläche aus.

Schon vor etwa 50 bis 15 Millionen Jahren rauchten in der Eifel Vulkane. Damals herrschten in Deutschland subtropische Temperaturen, und in den dichten Wäldern lebten die berühmten, längst ausgestorbenen Urpferdchen, die nur einen halben Meter groß waren und sich ausschließlich von Blättern ernährten. Vor 650 000 Jahren begann dann die zweite vulkanische Phase, »und die ist vermutlich noch nicht zu Ende«, sagt Iradj Eschgi, der Leiter des Vulkanmuseums in dem Städtchen Daun. Doch ganz genau könne das niemand sagen. »Das heißt aber nicht, dass sich die Menschen in der Eifel deshalb Sorgen machen müssen«, fügt er beruhigend hinzu. Es gebe keine Anzeichen für einen baldigen Ausbruch.

Die letzte Eruption in der Eifel ereignete sich vor etwa 9500 Jahren. Es war zugleich der letzte Vulkanausbruch in Deutschland. Dabei wurde das Becken des kleinen Ulmener Maares aus dem Boden gesprengt, das heute von Landstraßen und Autobahn eingeschnürt ist. Dieser Ausbruch war jedoch harmlos im Vergleich zur Laacher-See-Explosion vor etwa 12 900 Jahren am Ende der letzten Eiszeit. Die Alpen und das norddeutsche Tiefland lagen damals unter einer dicken Gletscherdecke. In der Eifel herrschte ein kühles Klima, ähnlich wie heute in der Tundra Sibiriens. Lichte Birkenwälder überzogen die Hügel, in denen Hirsche und Przewalski-Pferde, Auer- und Birkhühner, Wölfe und Bären lebten. Steinzeitmenschen durchstreiften die Gegend, um Beeren zu sammeln und zu jagen.

Es muss an einem Tag im Frühsommer gewesen sein, als plötzlich eine heftige Detonation Mensch und Tier aufschreckte. Glühendes Magma war im Laacher-See-Vulkan aus der Tiefe emporgedrungen und traf dort auf Grundwasser, das schlagartig verdampfte. Immer wieder kam es zu Explosionen, mehrere Tage, vielleicht sogar ein paar Wochen lang. Die Ausbrüche waren so heftig, dass kaum Lava ausfließen konnte. Der Großteil der Schmelze zerplatzte in feinste Partikel. Die Aschewolken stiegen mehr als 30 Kilometer hoch in die Atmosphäre. Der Wind trug sie bis zur Ostsee und ins heutige Polen, nach Frankreich im Westen und nach Norditalien im Süden.

Gegen Ende des Ausbruchs wurden die Eruptionen immer heftiger. Schließlich geschah das Grauenvollste, was bei einer Vulkanexplosion passieren kann: Die Aschewolken waren so schwer, dass sie sich nicht mehr in die Luft erheben konnten, sondern als Glutlawinen die flachen Hänge des Vulkans hinunterrasten. Diese heißen Gaswolken, beladen mit feinsten Lavapartikeln und Bimssteinbrocken, rissen große Felstrümmer mit sich und wälzten sich durch das Brohltal auf den Rhein zu. Sie knickten Bäume um wie Streichhölzer und versengten alles, was ihnen im Weg stand.

Sie verschütteten das Flussbett, sodass sich der Rhein staute und ein 20 Kilometer langer See entstand. Er reichte vom heutigen Andernach bis zum Hauptbahnhof von Koblenz. Doch das Wasser des Rheins konnte nur wenige Tage danach den Damm durchbrechen und wieder in sein ursprüngliches Bett zurückkehren.

Trotz der Heftigkeit und der großen Reichweite der Eruptionen des Laacher-See-Vulkans kamen nur wenige Tiere um und möglicherweise kein einziger Mensch – obwohl sich zu jener Zeit Steinzeitmenschen in der Gegend aufhielten. »Der Ausbruch«, so erzählt Axel von Berg, »hat vier Siedlungen verschüttet und etwa zehn Feuerstellen, die Jäger im Wald angelegt hatten.« Der Archäologe arbeitet am Rheinland-Pfälzischen Amt für Denkmalpflege in Koblenz. Er kennt die jüngsten Ausgrabungen und erklärt, was Wissenschaftler daraus ablesen können. »Alle diese Plätze waren während des Ausbruchs verlassen«, sagt er, »wahrscheinlich hat sich die Eruption durch Erdbeben angekündigt.« Menschen und Tiere hätten wohl gespürt, dass etwas nicht in Ordnung war, und konnten sich rechtzeitig in Sicherheit bringen.

In einigen vulkanischen Schichten sind jedoch Spuren von Tieren erhalten, die sich zwischen den Explosionen wieder in der Nähe des Vulkans aufgehalten haben – Tatzenabdrücke von Braunbären, die Hufspuren von Przewalski-Pferden, sogar Knochen und Geweihstücke eines Elchs, an dem Wölfe genagt haben. Diese Relikte und die genaue Untersuchung der Vulkanablagerungen sind es, die den Wissenschaftlern eine so genaue Rekonstruktion der damaligen Zeit ermöglichen.

Insgesamt soll der Laacher-See-Vulkan damals vor 12 900 Jahren fünf bis sechs Kubikkilometer Lava – damit ließe sich das Chiemseebecken dreimal füllen – hauptsächlich in Form von Asche und Bims ausgestoßen haben. Das ist beträchtlich mehr Lava, als der Vesuv bei seinem berühmten Ausbruch 79 n. Chr. ausspuckte, in dessen Verlauf Pompeji, Herkulaneum und andere Ortschaften an seinen Hängen verschüttet wurden.

Der Göttinger Geophysiker Joachim Ritter nimmt uns mit auf seine Tour. Alle drei Wochen müssen an den gut 80 Erdbebenmessstationen, die er und sein Team für ihre wissenschaftliche Arbeit in der Eifel installiert haben, die Daten abgefragt werden. »Die Methode bezeichnet man als seismische Tomographie«, erläutert der Geophysiker. Damit könne man, vergleichbar mit der Tomographie in der Medizin, die Erde durchleuchten und auf diese Weise einen indirekten Blick in ihr Inneres tun.

Ritters Eifel-Projekt ist das größte physikalische Experiment, das jemals in Europa gemacht wurde. Wissenschaftler aus vier Ländern sind daran beteiligt. Die Erdbebenmesspunkte liegen weit verstreut – sie reichen bis in die Beneluxstaaten und ins französische Zentralmassiv hinein. 84 sind es insgesamt. Zusätzlich ständig im Einsatz sind noch 158 mobile Messstationen wie die, mit der Ritter die Erschütterungen bei der Sprengung im Steinbruch gemessen hat.

Für ihre fest installierten Seismometer brauchen die Wissenschaftler möglichst ruhige Stellen, denn nicht alltägliche Bodenschwingungen, wie sie etwa durch vorbeifahrende Lastwagen erzeugt werden, sollen Ausschläge verursachen, sondern möglichst nur die Wellen von Sprengungen oder Erdbeben. »Am liebsten sind mir Leichenhallen«, sagt er, »die sind nicht nur ruhig, sondern auch gut zugänglich und haben Steckdosen. Wir bekommen also ohne Probleme Strom, um die Geräte zu betreiben.«

Uns führt er jedoch nicht in eine Leichenhalle, sondern in einen uralten Steinkeller neben einem Bauernhof. Er wurde in früheren Zeiten aus einem alten Basaltlavastrom herausgebrochen. Kein Mensch weiß mehr, wann das war. In diesem Keller lagerten die Menschen, als es noch keine Kühlschränke gab, ihre Lebensmittel.

Jetzt stehen dort nur noch ein paar alte Bierkästen herum. Ansonsten ist es dunkel, feucht und kalt, ungemütlich. Deshalb sind die Messgeräte auch gut in isolierte Holzkisten eingepackt. Ein langes Stromkabel führt nach draußen bis zum Haus. Joachim Ritter öffnet vorsichtig die Kisten, schließt seinen kleinen Computer an und liest die Daten ein. Dann stellt er alle Geräte wieder neu ein und schließt die Deckel.

Nachdem wir noch andere Stationen besucht haben, geht es zurück nach Daun in den Keller des Museums. Dort hat Ritter die Messzentrale eingerichtet. Drei Kollegen überspielen die mitgebrachten Daten auf CD-ROM. Tastaturen klappern, die Gebläse zahlreicher Computer surren, das Klingeln eines Telefons zerreißt die gleichmäßigen Geräusche. Mich interessiert, was mit all den Messungen nun passiert. Einer von Ritters Mitarbeitern klärt mich auf. Sie werden zunächst nur abgespeichert. Allein die Daten eines Tages füllen vier CD-ROMs, jede Einzelne enthält so viele Informationen wie sämtliche Telefonbücher Deutschlands zusammen. Am Ende der Messkampagne werden etwa 1000 CD-ROMs auf ihre Auswertung warten.

Anschließend folgen umfangreiche Erklärungen über Seismogramme und über ihre möglichen Interpretationen und die tiefen Einblicke, die die Wissenschaftler mit diesem Großversuch in der Erdkruste unter den Eifelvulkanen erhalten wollen.

Nach einer Stunde verlassen wir die Messzentrale. Mir schwirrt der Kopf von all den Details, die wir erfahren haben. Deshalb bin ich froh, als uns Iradj Eschgi begegnet und vorschlägt, ein wenig frische Luft zu schnappen. Eschgi ist ein spitzbübischer Mann. Er ist in Persien, dem heutigen Iran, geboren und hat in Aachen Geologie studiert. Nachdem sich die politische Situation in seinem Heimatland in den 70er-Jahren immer mehr zuspitzte und ein freies Leben, wie er es sich vorstellte, für ihn dort nicht mehr möglich war, beschloss er, in Deutschland zu bleiben. Er engagierte sich in der Eifel, half mit, das »Potenzial Vulkanismus«, wie er sagt, nicht nur wissenschaftlich zu erforschen, sondern auch zu nutzen, um Touristen in die nicht gerade wohlhabende Eifelregion zu holen. Eschgi verstand es mit seiner freundlichen Art und seinem Engagement, eine Menge Geld dafür lockerzumachen. Sein Meisterstück ist die Einrichtung des neuen Geozentrums in Daun, in dem wissenschaftliche Tagungen stattfinden und in dessen gut ausgestattetem Vulkanmuseum die Besucher sogar einen Feuerberg zum Ausbruch bringen können.

Eschgi macht es spannend. »Nach so viel geophysikalischer Theorie zeige ich euch jetzt die letzten Reste von wirklich aktivem Vulkanismus in der Eifel«, sagt er. Ich vermute, dass wir jetzt zum Laacher See fahren und am Ufer entlang bis zu den berühmten Stellen spazieren, wo Blasen im Wasser aufsteigen. Eschgi wird uns dort erklären, dass dies Kohlendioxidgas vulkanischen Ursprungs sei und somit ein untrügliches Zeichen dafür, dass die Vulkane in der Eifel nur ruhen, nicht jedoch ganz erloschen sind. Der Fachmann nennt diese Kohlendioxidaustritte Mofetten.

Doch es kommt anders. Mit dem Kohlendioxid liege ich zwar richtig, doch Eschgi fährt mit uns nicht zum Laacher See, sondern zunächst in die kleine Ortschaft Altstraßbach.

Wir parken etwas außerhalb und gehen ein paar Schritte über eine Wiese, als sich plötzlich mitten im hohen Gras eine Art Schacht auftut – wie ein Tor zur Unterwelt. Zwei Mauern aus großen, vermoosten Steinen säumen den kurzen Weg, der zum vergitterten Eingang einer Felsenhöhle führt. Ein Schild mahnt zur Vorsicht. Das Kleingeschriebene kann ich im Vorbeigehen nicht lesen, denn Eschgi eilt zielstrebig auf das Gitter zu und wir hinterher.

Der Himmel über uns ist immer noch düster, und die Luft riecht feucht. Die Stimmung ist ein wenig unheimlich. »Das ist eine alte Quelle«, sagt Eschgi, kramt in seiner Jackentasche und zieht einen

Vulkaninsel Stromboli im Tyrrhenischen Meer

Nächtliche Explosion auf dem Stromboli

Mit Janet an einem *skylight*, einem Loch in der Decke eines Lavatunnels, Hawaii

Der Vulkan Karymsky auf der russischen Halbinsel Kamtschatka

Im Lager am Mutnovsky, Kamtschatka

Gletscher über heißen Quellen, Hrafntinnusker, Island

Riss in der Erdkruste am Goubet al Karab, Golf von Aden, Dschibuti

Krater des Vulkans Erta-Ale, Danakilwüste, Äthiopien

Caldera des Erta-Ale, Danakilwüste, Äthiopien

Landung mit dem Helikopter in der Caldera

Oldoinyo Lengai, der heilige Berg der Massai, Tansania

Von Glutlawinen zerstörtes Gutshaus auf der Karibikinsel Montserrat

Eine Glutlawine wälzt sich die Flanke des Soufrière-Hills hinunter.

Das Tal des Tar River am Soufrière-Hills-Vulkan, Montserrat

Mit dem Boot am Krakatau in der Sundastraße, Indonesien

Der Merapi auf der Insel Java, einer der gefährlichsten Vulkane Indonesiens

Ausbruchskegel des Gunung Batur, Indonesien

Salzkrusten um heiße Quellen im Dallol, Danakilwüste, Äthiopien

Lavastrom am Ätna beim Ausbruch 2001

Ausbruch des Vulkans Nyamulagira, Kongo, im Juni 2004

Schlüssel hervor. »Sie wurde zu Westwallzeiten gefasst, als nicht weit von hier im Ersten Weltkrieg Frankreich gegen Deutschland gekämpft hat«, erklärt er weiter, »deshalb sieht der Verbau hier auch so martialisch aus.«

Währenddessen sperrt er das Gitter auf. Direkt vor uns öffnet sich das Wasserbecken, in das die Quelle sprudelt. An seinen Rändern liegen fünf tote Vögel. »Die hat es erwischt«, sagt der Geologe bedauernd. »Das Quellwasser befördert eine Menge Kohlendioxidgas aus dem Erdinnern« – eben jenes Kohlendioxid, das an vielen Stellen der Eifel aus dem Boden dringt und die Menschen immer wieder daran erinnert, dass hier vor langer Zeit Vulkane gespuckt haben, die eventuell wieder ausbrechen könnten. Fragt sich nur, wann.

Weil Kohlendioxid schwerer ist als Sauerstoff, sammelt es sich am Boden und verdrängt dort die Atemluft. Die Vögel sind wohl in die Gasschicht hineingeraten, als sie Wasser trinken wollten, und sofort erstickt. »Auch mit Kindern muss man hier aufpassen«, sagt Eschgi. Das Gas ist hinterhältig, weil es unsichtbar ist, weil man es nicht schmeckt und nicht riecht. Um nicht arglos in die tödliche Falle zu tappen, sei es am besten, hierher immer eine brennende Kerze mitzunehmen und etwa in Gürtelhöhe oder tiefer zu halten. »Sie erlischt, wenn sich an windstillen Tagen hier so viel Kohlendioxid angesammelt hat, dass die tödliche Gasschicht höher als normal ansteigt.«

Wir fahren von Altstraßbach aus noch ein Stück Richtung Nürburg. An einem Waldrand steigen wir aus. Wir sind offenbar nur wenige Kilometer von der Rennstrecke entfernt, denn das Brummen der Motoren ist deutlich zu hören. Eschgi führt uns querfeldein zwischen Baumstämmen und Brombeersträuchern hindurch, deren feine Stacheln über meine Hosenbeine kratzen. Ich fühle mich an meine Studienzeit erinnert, wo ich während der Diplomarbeit auf der Suche nach Gesteinsaufschlüssen wochenlang die bewaldeten

Berge der Kalkalpen an der deutsch-österreichischen Grenze durchstreift habe. Zeckenbisse und die Striemen von Brombeerstacheln auf der Haut gehörten zu den täglichen Qualen, die sich nicht vermeiden ließen, wenn man eine ordentliche Kartierung abliefern wollte.

Nach etwa zehn Minuten erreichen wir einen Sumpf. »Jetzt sind wir gleich da«, sagt Eschgi und stapft weiter. Das kniehohe, feuchte Gras durchnässt Hosenbeine und Schuhe. »Hier, das ist der rasende Drees«, ruft Eschgi begeistert und deutet auf ein Wasserloch. Darin sprudelt es gewaltig. Große und kleine Kohlendioxidblasen sprudeln aus dem veralgten Boden und zerplatzen an der Wasseroberfläche. Trotz des Motorengeräuschs, das vom Nürburgring bis hierher dringt, ist das Blubbern der Blasen gut zu hören.

Der rasende Drees ist Eschgis private Kohlendioxidquelle in der Eifel, die er nur auserwählten Besuchern zeigt. Zugegeben, sie ist nicht sehr spektakulär im Vergleich zu den vulkanischen Gasquellen in den großen Geothermalgebieten der Erde. Doch wir wissen Eschgis Tipp zu schätzen und schlagen uns ein paar Tage später bei Sonnenschein noch einmal durch Wald und Sumpf, um sie zu fotografieren.

Diese aufschlussreiche Reise zu den Vulkanen der Eifel liegt nun schon einige Jahre zurück. Mittlerweile ist Iradj Eschgi pensioniert, und Joachim Ritter hat die Universität gewechselt und lehrt nun in Karlsruhe. Inzwischen wurde ein Teil der Daten ausgewertet. Ritter und sein Team veröffentlichen die Ergebnisse nun nach und nach in Fachzeitschriften und Magazinen.

Die Eifelvulkane werden von einem so genannten Mantelplume gespeist, heißt es in Fachberichten. Das ist ein Aufstrom von zähflüssigem, weit über 1000 Grad heißem Material aus der Tiefe der Erde. Wissenschaftler stellen so einen Plume gern wie einen Pilz dar, der nahe dem Erdkern oder irgendwo im Erdmantel wurzelt und dessen Kappe gegen die harte Gesteinsschale der Erde drückt.

Weil der Plume etwa 150 bis 200 Grad heißer ist als seine Umgebung, steigt die Schmelze Richtung Erdoberfläche auf. Der Plume kann sich auf seinem Weg nach oben dann in mehrere Äste auffingern. Ist der Druck von unten groß genug, dringt Magma durch Risse und Spalten in der Erdkruste bis zur Oberfläche und bricht dort in Vulkanen aus. »Der Aufstrom von Magma unter der Eifel«, so der Wissenschaftler, »reicht mindestens 400 Kilometer in die Tiefe. Dann verliert sich seine Spur.« Was jedoch nicht bedeutet, dass er dort schon endet. Das müsste erst noch genauer untersucht werden.

Der Hut des heißen Pilzes hat einen Durchmesser von etwa 100 Kilometern. Von diesem Plume lösten sich in den vergangenen 650000 Jahren immer wieder Schmelzen ab, drangen bis an die Erdoberfläche empor und ließen dort die Vulkane und die Maare entstehen. Wann die nächste Eruption in der Eifel stattfindet, wird Joachim Ritter immer wieder gefragt. Er kann jedoch auch nach Auswertung aller 1000 CD-ROMs nur so viel sagen: »Für einen Ausbruch in naher Zukunft haben wir keine Anzeichen im Untergrund gefunden.«

Weltweit gibt es etwa 50 solcher Plumes. Die Vulkane Hawaiis zum Beispiel werden von so einem heißen, pilzförmigen Aufstrom mit Magma versorgt. Einer der gewaltigsten Plumes der Erde liegt unter Äthiopien und Dschibuti am Horn von Afrika. Er drückt seit vielen Jahrmillionen so stark gegen die äußere harte Gesteinsschale der Erde, dass die Kruste ausdünnt, weiträumig aufplatzt und dann stellenweise einsackt.

Überall in der Wüste, die direkt über diesem heißen Fleck, diesem Hotspot in der Erdkruste, liegt, klaffen Risse im Boden, die hunderte von Metern lang und mehrere Meter breit sein können.

Kleine Vulkankegel sitzen darauf und zeugen davon, dass dort einmal Magma aus dem Erdinnern nach oben gedrungen ist.

Dorthin führten mich zwei meiner spannendsten Reisen. Mit einer Gruppe von Wissenschaftlern machten Bernhard und ich im Februar 2002 eine Expedition in die Danakilwüste zum Erta-Ale-Vulkan, in dessen Krater ein Lavasee brodelt. Und gut eineinhalb Jahre später, im Dezember 2003, verbrachten wir eine Woche in Dschibuti, um nach spektakulären Bruchstrukturen zu suchen. Die Entscheidung, dorthin zu reisen, fiel mir nicht leicht, weil der Erta-Ale-Vulkan in einem Gebiet liegt, in dem bis vor kurzem noch ein Bürgerkrieg wütete und das man derzeit nur mit Erlaubnis und Unterstützung des äthiopischen Militärs besuchen kann. Außerdem braucht man eine Genehmigung vom dort lebenden Stamm der Afar, der als sehr kriegerisch bekannt ist. Und in Dschibuti bestand zu der Zeit Reisewarnung wegen der Gefahr terroristischer Anschläge.

6 Im Land der »Freien« am Horn von Afrika

Es ist sieben Uhr morgens. Die Sonne kämpft sich durch die Dunstschicht am Horizont, wo das Plateau des äthiopischen Hochlandes steil zur Danakilwüste hin abfällt. Ihre Strahlen tauchen die kahle Welt rundum in ein mildes, gelbes Licht: das Flugfeld inmitten einer trockenen Ebene, die weit entfernt liegenden Hangars des äthiopischen Militärs, die Wellblechhütten, in denen eine American Snack Bar und die Abfertigungsschalter untergebracht sind, und den gewaltigen Rohbau aus Beton, das künftige Flughafengebäude von Mekele, der letzten größeren Stadt an der Straße von Addis Abeba zur Grenze nach Eritrea.

Ein kühler Wind weht über den nur spärlich bewachsenen Boden. Ich stülpe mir die Anorakkapuze über den Kopf und ziehe eine Matratze aus dem mannshohen Berg von Ausrüstung, der aufgestapelt am Rand des Flugfeldes liegt. Darauf mache ich es mir bequem. Es kann noch eine Weile dauern, bis der Militärhubschrauber kommt, der uns zum Erta-Ale-Vulkan in die Danakilsenke bringen soll, in eine der heißesten Wüsten der Erde. Wir, das sind sechs Geowissenschaftler aus Italien, den USA, der Schweiz und Deutschland, außerdem der Wüstenfotograf Michael Martin, der Koch Damtu mit seinem Helfer, der Expeditionsleiter Asrad und eine junge Frau namens Saada vom Volk der Afar, das in der Danakilwüste lebt, Bernhard und ich.

Während ich auf der Matratze hocke, fallen mir fast die Augen zu. Ich habe in der vergangenen Nacht kaum geschlafen. Asrad, den wir tags zuvor im Hotel getroffen hatten, versicherte zwar immer wieder, dass wir uns um nichts kümmern müssten. Trotzdem ist mir äußerst mulmig zu Mute. Immerhin soll uns der Helikopter in einem der heißesten, lebensfeindlichsten und entlegensten Winkel der Erde absetzen. Die Danakilwüste ist mit gut 70 000 Quadratkilometern etwa so groß wie Bayern. Manchmal klettert das Thermometer dort mittags auf über 50 Grad. Es gibt kein Wasser und keinen Schatten.

Doch es sind nicht nur die klimatischen Bedingungen, die mich beunruhigen. Bis vor zwei Jahren herrschte im Grenzgebiet zwischen Eritrea und Äthiopien Bürgerkrieg. Es soll noch alte Minenfelder geben. Und das Nomadenvolk der Afar, in deren Land unser Ziel, der Erta-Ale-Vulkan, liegt, sieht noch heute nicht gern Fremde auf seinem Terrain. Noch vor wenigen Jahren wurden Leute, die sich ohne Erlaubnis in ihrem Gebiet aufhielten, ins Gefängnis gesteckt. Auch sollen dort Reisende unter ungeklärten Umständen verschwunden sein.

Der Schweizer Expeditionsunternehmer, der die Logistik für unsere Reise übernommen hat, kennt sich zwar in der Gegend aus, hat auf Grund eigener Reisen gute Beziehungen zu den Afar sowie zum äthiopischen Militär und auch Partner in Addis Abeba für die Organisation. Damit versuchte ich mich in der letzten Nacht, die wir in einem Hotel in Mekele verbracht haben, zu beruhigen. Dennoch konnte ich keinen Schlaf finden. Haben wir wirklich genügend Wasser dabei? Und was ist, wenn einer von uns verunglückt? Oder wenn sich das Militär aus irgendwelchen Gründen weigert, uns nach sechs Tagen abzuholen? Worauf habe ich mich da nur wieder eingelassen!

Am Tag sieht die Welt dann ganz anders aus. Meine Bedenken schwinden, als ich die vielen nagelneuen, knallblauen Kanister voll Trinkwasser, die dicken, weichen Matratzen für unser Nachtlager, zwei große, blaue Plastikplanen und ein paar entrindete Baumstämme zum Errichten eines Sonnenschutzes, die Kartons mit dem

Proviant und die Küchenutensilien fertig zum Verladen am Rand des Flugfelds aufgestapelt sehe. Verhungern werden wir also nicht.

Wir stellen unser Reisegepäck dazu, auch die Taschen mit der Fotoausrüstung, die großen Kisten mit den empfindlichen Messgeräten der Wissenschaftler, die schweren Autobatterien für deren Betrieb und den kleinen Stromgenerator zum Laden der Batterien. Jetzt kann ich es kaum erwarten, dass es losgeht.

Endlich rollt der Transporthubschrauber an. Der Lärm der Turbinen ist ohrenbetäubend. Der Wind, den der Rotor entfacht, wirbelt Unmengen Staub auf. Es ist ein alter russischer Hubschrauber vom Typ MI-8, in den Tarnfarben olivgrün und sandbeige bemalt. In seinem Laderaum könnte man ohne weiteres zwei Kleinwagen unterbringen. Mit so einem sind wir auch schon in Kamtschatka geflogen.

Ein Stück von unserem Ausrüstungsberg entfernt hält er an. Der Pilot stellt die Turbinen ab. Drei Männer in Uniform springen aus der Kanzel – Pilot, Copilot und Bordingenieur. Sie begrüßen uns alle mit Handschlag, aber mit ernsten Gesichtern. Wir dürfen erst starten, wenn sich der Dunst am Horizont verzogen hat, sagen sie, denn er könnte ein Zeichen dafür sein, dass am Abbruch des Plateaus zur Wüste Wolken hängen. Das wäre schlecht, weil der Helikopter nur auf Sicht fliegt. Moderne Navigationsinstrumente, die auch bei schlechtem Wetter einen Flug durch die Berge hinunter in die Danakilwüste erlauben würden, fehlen.

Gemeinsam laden wir ein, verstauen einen großen Teil der Kisten und Kanister im Bauch des Hubschraubers. Eine Stunde später kann die erste Gruppe starten. Ich muss mich noch gedulden, bis der Helikopter nach zwei Stunden wieder zurückkommt. Dann hieven wir das restliche Gepäck in den Laderaum. Ich suche mir an einem der runden Fenster einen Platz auf der langen Bank, die sich von der Innenwand herunterklappen lässt. Sitze wie in Flugzeugen gibt es hier nicht. Dann endlich erhebt sich der MI-8 wieder in die

Luft. Das Flugfeld wird immer kleiner. Der Helikopter passiert die Kante des Plateaus, und von nun an geht es nur noch abwärts.

Die Danakilwüste ist Teil des Afar-Dreiecks, eines Stücks Erdkruste, das im Nordosten vom Roten Meer und dem Golf von Aden, im Westen vom äthiopischen Hochland und im Südosten vom somalischen Hochplateau begrenzt wird. Es liegt 1000 bis 2200 Meter tiefer als das Hochland ringsum, stellenweise sogar mehr als 100 Meter unter Meeresniveau. Der Grund: Unter dem Afar-Dreieck dringt heißes Gesteinsmaterial nach oben – ein Plume ähnlich wie der in der Eifel, nur viel größer und aktiver. In einem Prozess, der schon seit vielen Jahrmillionen andauert, drückt der heiße Aufstrom gegen die Erdkruste. Sie wurde zunächst dünner, dann zerbrach sie, und das Afar-Dreieck sackte ab. Noch heute bewirkt das andauernde Zerren und Ziehen in der Erdkruste, dass der Wüstenboden immer wieder aufreißt und Vulkane ausbrechen. Einer davon ist der Erta-Ale, auf dem wir nun sechs Tage und Nächte verbringen werden.

Der Weg dorthin ist auch mit einem Militärhelikopter nicht ohne Hindernisse. Kurz nach dem Start ziehen neue Wolken auf und hängen nun zwischen den steilen Felsstufen am Abhang des äthiopischen Hochplateaus zur Danakilwüste. Der Pilot fliegt tiefer, um darunter durchzutauchen und durch eines der vielen Täler den Ausgang zur Danakilwüste zu finden. Doch die Wolken versperren die Sicht. Wir hängen in einem Talkessel fest. Ich werde ein wenig nervös. Von Russland her weiß ich, dass das Fliegen auf Sicht bei solchen Wetterbedingungen ziemlich gefährlich werden kann.

Der Pilot nimmt die Geschwindigkeit zurück. Der Hubschrauber wummert wie ein schwerer Traktor, als wir für kurze Zeit in der Luft stehen bleiben. Die drei Militärpiloten in der Kanzel blicken schnell um sich. Es muss doch irgendwo einen Weg aus diesem Kessel geben. Hier in dem steilen Gelände zu landen ist nahezu unmöglich.

Da hebt sich die Wolkendecke vor uns ein wenig. Der Pilot nimmt wieder Geschwindigkeit auf, und wir können den Kessel verlassen.

Das Gelände unter uns wird flacher. Erste schwarze Lavaströme sind zu erkennen. Heller Sand hat sich in den Vertiefungen angesammelt und zeichnet bizarre Muster auf das dunkle Gestein. Die Wolkendecke über uns wird immer lichter. Und endlich sind wir am Ziel.

»Da ist er«, schreit der Pilot aus der Kanzel nach hinten in den Laderaum, wo wir alle mit der Nase an den kleinen Fensterscheiben kleben, um ja nichts von der Landschaft unter uns zu verpassen. Am Horizont taucht ein lang gestreckter, flacher Hügel auf, der Erta-Ale-Vulkan. Erta und ale sind Wörter aus der Sprache der Afar. Sie bedeuten so viel wie rauchender Berg. Der Vulkan hat eine Caldera im Gipfelbereich, eine steilwandige, flache Senke mit mehreren hundert Meter Durchmesser, die mit dunklem Lavagestein gefüllt ist. Dort sind auch die beiden Kraterlöcher zu sehen, gut 100 Meter weite Schlünde.

Sie scheinen senkrecht ins Erdinnere zu führen. Aus einem quellen dichte Gaswolken hervor. Im anderen brodelt ein Lavasee. Nicht weit davon entfernt sind bereits die beiden blauen Plastikplanen aufgespannt. Dort liegt also das Camp.

Langsam dreht der Helikopter ab, bleibt in der Luft stehen und geht tiefer. Vorsichtig setzt er auf der spröden Lavakruste auf, die wie ein verrutschter, faltiger Teppich den Boden der Erta-Ale-Caldera bedeckt. Das schwarze Gestein, das aus der Ferne so stabil aussieht, ist brüchig. Tückische Hohlräume verbergen sich zwischen den Lavaschichten, die sich, als bei den letzten Ausbrüchen der Lavasee übergeflossen ist, nach und nach aufgestapelt haben und erkaltet sind.

Es wäre eine Katastrophe, wenn die Räder des Helikopters einbrechen würden. Deshalb wird unter dem Höllenlärm der Turbinen bei laufenden Rotoren ausgeladen – zwanzig Kanister Wasser, die Kisten mit den Kochutensilien, die Lebensmittel und unser Reisegepäck. Den Rest haben die anderen schon beim ersten Flug mitgenommen. Dann hebt der Hubschrauber ab und verschwindet.

Jetzt sind wir auf uns allein gestellt in dieser öden, trockenen, völlig leblosen Landschaft, die aus nichts anderem besteht als aus Lavagestein. Eine unendliche Stille breitet sich aus. Ich sitze noch immer auf den Matratzen, die ich mit meinem Körpergewicht beschwert habe, damit sie nicht davongeweht wurden, als der Helikopter wieder abhob. Die Sonne brennt erbarmungslos vom Himmel. Kein Baum, kein Strauch, der Schatten spendet. Schweiß rinnt mir aus allen Poren. Die Temperatur dürfte mindestens 35 Grad betragen.

Die Wissenschaftler, die schon bei der ersten Flugtour abgesetzt worden sind, packen bereits ihre Geräte aus. Damtu, der Koch, und sein Gehilfe machen sich daran, nur etwa 100 Meter vom Kraterrand entfernt unter einer der blauen Plastikplanen ihre provisorische Küche einzurichten.

Wir Neuankömmlinge stiefeln als Erstes auf den Kraterrand zu, um uns den Lavasee anzuschauen. Obwohl ich schon oft über brüchiges Lavagestein gelaufen bin und die Tücken kenne, muss ich mich erst wieder an den fragilen Untergrund gewöhnen. Die seilartig verzwirbelte Lavakruste knirscht unter meinen Schuhsohlen und zerbröselt bei jedem Schritt zu feinem Pulver. Dort, wo sie in größeren Falten erstarrte, kann man leicht stolpern. Es gibt auch besonders viele kleine Hohlräume, die schon einbrechen, wenn man nur leicht auf die Kruste tritt. Trotz der Hitze empfiehlt es sich deshalb, lange Hosen und feste Schuhe zu tragen, denn man kann leicht umknicken und sich die Knöchel verletzen, und die scharfen Bruchkanten schlitzen die Haut auf. Als ich endlich in den Abgrund des Kraterloches blicke, schlägt mir brüllende Hitze entgegen. Mir stockt der Atem. Die Felswand ist stark zerklüftet. Sie fällt etwa 50 Meter senkrecht auf eine Art Terrasse ab, auf der sich Schutt ansammelt, der aus der Wand herausbricht.

Noch einmal 30 Meter tiefer liegt der Lavasee. Er ist von einer schwarzen, metallisch glänzenden Haut bedeckt, die leicht schwankt, als würde sie von Wellen bewegt. Diese ist von rot glühenden Rissen durchzogen. Plötzlich durchstößt ein Schwall gleißender Schmelze diese Haut. Ein Loch reißt auf, in dem die kochende Lava zunächst nur sanft brodelt. Dann auf einmal schießen 10 bis 15 Meter hohe Fontänen aus glühender zäher Lava empor. Ein lautes Fauchen füllt das riesige Kraterloch, und ätzendes Gas steigt mir in die Nase.

Tatsächlich gehen die Wissenschaftler davon aus, dass es dort unten im Lavasee zugeht wie in einem Topf mit kochendem Wasser. Gase dringen aus der Tiefe des Lavasees auf, reißen, sobald sie an der Oberfläche austreten, die Schmelze mit sich und schleudern sie in die Höhe.

Ein bis zwei Minuten lang dauert das Schauspiel, bevor die Fontäne in sich zusammenfällt. In einem feurigen Strudel zieht sie sich in die Schmelze zurück, wobei sie große Teile der dunklen Haut mit sich reißt. Zurück bleibt eine glühende Wunde, die allmählich abkühlt und wieder das metallisch glänzende Schwarz der Seeoberfläche annimmt. Alle paar Minuten kommt es zu solchen Ausbrüchen auf dem Lavasee, oft an mehreren Stellen gleichzeitig.

Nur sehr wenige der insgesamt etwa 1500 tätigen Vulkane auf der Erde entwickeln Lavaseen in ihren Schloten. Die Feuerberge auf Hawaii gehören dazu. Auf dem Gipfel des Kilauea-Vulkans brodelte über 100 Jahre lang ein solch glühendes Ungetüm, der berühmte Halemaumau. Er ist jedoch 1924 erkaltet. Heute strömen dort nur noch Schwefelgase aus. Derzeit hat auch der Nyiragongo-Vulkan an der Grenze zwischen Ruanda und der Demokratischen Republik Kongo, dem ehemaligen Zaire, einen Lavasee. Sein Spiegel liegt jedoch 700 Meter tief unter dem Kraterrand. Auch im Schlot des Mount Erebus, des tätigen Vulkans am Eisrand der Antarktis, kocht manchmal die Lava. Diese Seen aus glühender Schmelze existieren meistens nur wenige Monate oder Jahre. Dann erkalten sie. Schutt füllt die Krater, bis sie oft viele Jahre später durch neue Eruptionen freigesprengt werden.

Der Lavasee im Nordkrater des Erta-Ale-Vulkans ist derzeit der einzige auf der Welt, der seit vielen Jahrzehnten ununterbrochen brodelt, vermutlich seit 1873, mindestens jedoch seit 1906. Bis in die 70er-Jahre kamen immer wieder einmal Wissenschaftler hierher, um den Lavasee zu beobachten. Während des Bürgerkrieges in Eritrea, als die Danakilwüste militärisches Sperrgebiet und daher unzugänglich war, bezeugten Satellitenbilder seine Existenz.

Lavaseen sind kaum erforscht. Die Wissenschaftler, mit denen ich hierher gekommen bin, wollen keine Zeit verlieren. Am Tag der Ankunft setzen sie sich nicht einmal in der Mittagshitze, als das Thermometer auf 38 Grad klettert, in den Schatten. Nachdem sie direkt am Kraterrand ein Radiometer angebracht haben, mit dem sie die Hitzeabstrahlung des Lavasees während unseres Aufenthalts aufzeichnen, installieren sie in einem Umkreis von mehreren hundert Metern um das Kraterloch die vier mitgebrachten mobilen Erdbebenmessstationen. Sie wollen herausfinden, wie stark die Mikrobeben in der Umgebung des Kraters sind und ob es einen Zusammenhang mit den Ausbrüchen im Lavasee gibt. Ich helfe beim Schleppen der Autobatterien, die die Messstationen mit Strom versorgen.

Wir werden auf Schritt und Tritt von einem der beiden bewaffneten Soldaten begleitet, die im Lauf des Tages zu uns gestoßen sind. Mit nichts anderem als ihren Kalaschnikows, der Uniform, die sie am Leib tragen, und einem großen Tuch unter dem Arm sind sie von ihrer etwa 120 Kilometer von unserem Camp entfernt stationierten Garnison durch die sengende Wüste hierher gelaufen. 120 Kilometer zu Fuß durch die Wüste! Ich kann es kaum glauben. Doch die Einheimischen sind es gewohnt, lange Strecken durch das heiße Land, in dem es keine Straßen, nur ein paar Karawanenwege gibt, zu Fuß zu bewältigen.

Die Soldaten seien zu unserem Schutz hier, für den Fall, dass wir von Dieben attackiert werden sollten, hat Asrad gesagt. Ich bin mir jedoch nicht sicher, ob sie uns nicht eher bewachen. Sie beobachten jeden Handgriff der Wissenschaftler, bleiben aber immer auf Distanz. Als ich sie frage, ob sie Englisch sprechen, schütteln sie den Kopf. Trotzdem habe ich das Gefühl, dass die zwei stolzen Männer einiges von dem, was in der Gruppe diskutiert wird, verstehen.

Beide gehören zum Nomadenvolk der Danakil oder Afar, was übersetzt »die Freien« bedeutet. Dieses Volk, nach dem das Land hier benannt ist und das von seinen Viehherden und vom Salzabbau in der Wüste lebt, soll früher sehr kriegerisch und grausam gewesen sein. Es ist bis heute gefürchtet. Bis vor wenigen Jahrzehnten wurden die Afar noch von Sultanen regiert. Heute ist ihr Land als eigene Region in den Vielvölkerstaat Äthiopien eingegliedert. Doch ihr ursprüngliches Gebiet erstreckt sich über die äthiopische Grenze hinweg nach Eritrea und Dschibuti hinein, und die alten Strukturen sind noch lebendig – ebenso wie der Drang nach Unabhängigkeit.

Saada zum Beispiel, die bereits in Mekele zu uns gestoßen ist und uns zusammen mit Asrad betreut, ist die Tochter eines ehemaligen Afar-Sultans, also eine Afar-Prinzessin. An der Art, wie sie mit den Köchen, mit Asrad und auch den Soldaten spricht und wie diese mit ihr umgehen, erkennt man, dass sie sehr angesehen ist. Die etwa 35 Jahre alte Frau, die ihre dunklen Haare zu dicken Zöpfen geflochten hat, erwidert meine Begrüßung am Flughafen von Mekele sehr freundlich, verhält sich dann aber, ähnlich wie die Soldaten, sehr zurückhaltend. Erst im Lauf der Tage kommen wir ins Gespräch.

Saada ist eines von neun Kindern, zwei Mädchen und sieben Jungen. Die Mutter lebt nicht mehr, ein Bruder ist im Eritreakrieg gefallen. Der Vater wurde vor elf Jahren aus politischen Gründen verhaftet und ins Gefängnis geworfen. Überraschenderweise kommt er während unseres Aufenthalts am Erta-Ale frei.

Ich bin zufällig gerade im Camp, als die Nachricht per Funk eintrifft. Da ich völlig ahnungslos bin, kann ich mir die plötzliche Aufregung zunächst nicht erklären. Asrad ruft laut nach Saada, und auch die Soldaten und die Köche laufen zur Funkstation, die direkt neben meinem kleinen Zelt liegt. Saada lacht, spricht aufgeregt in das Funkgerät und hebt immer wieder die Arme – vor Freude, wie es scheint. Die Soldaten schwingen die Gewehre. Sie wollen Schüsse abfeuern. Doch Saada hält sie zurück. Das wäre wohl zu viel des Guten. Dann kommt sie strahlend auf mich zu, nimmt meine beiden Hände und küsst sie. Ich bin gerührt und zugleich erschrocken, denn noch kenne ich den Grund für die große Freude nicht. Da erzählt mir Saada kurz die Geschichte ihrer Familie, und wir umarmen uns herzlich. Am liebsten würde sie gleich nach Addis Abeba fahren, um ihren Vater zu sehen. Doch vorerst muss sie sich mit dem kurzen Gespräch über Funk begnügen. Erst in drei Tagen kommt der Hubschrauber, um uns hier wieder abzuholen.

Von Saada erfahre ich auch, dass die Afar die Gegend um den aktiven Erta-Ale mit seinem brodelnden Lavasee und den ätzenden Schwefeldämpfen in der Regel meiden. »Für die Leute meines Volkes ist dieser Vulkan ein Ort des Todes«, sagt sie. Früher gab es hier, wie noch heute viele Angehörige des Volkes der Afar glauben, ein Paradies mit blühenden Städten. Doch dann kam das Feuer aus der Erde und verschlang die ganze Pracht. Und nun sitzt der Teufel in dem brodelnden Lavasee.

Vielleicht beobachten uns die Soldaten deshalb so misstrauisch, weil sie sich nicht erklären können, was Fremde aus dem fernen Europa und Amerika an diesem lebensfeindlichen, gottverlassenen Ort wollen, und weil sie uns nicht abnehmen, dass wir uns nur für die außergewöhnlichen vulkanischen Phänomene interessieren. Vielleicht befürchten sie, die Wissenschaftler suchen nach Bodenschätzen, nach Diamanten und Gold, und könnten, falls sie fündig werden, die Afar um ihr Eigentum betrügen. Als ich Saada danach frage, antwortet sie ausweichend. Bis heute weiß ich nicht, ob ich mich missverständlich ausgedrückt habe oder ob sie meine Frage nicht verstanden oder womöglich unangemessen gefunden hat.

Die sechs Tage fliegen nur so dahin. Jeden Morgen werde ich pünktlich von den knirschenden Schritten der Köche und der Soldaten geweckt, die hinter den flachen Hügel neben meinem Zelt marschieren, um dort zu beten. Die Afar sind strenggläubige Muslime.

Die Temperatur um diese Tageszeit dürfte etwa 25 Grad betragen. Die Luft ist angenehm kühl und frisch, wenn nicht gerade der Wind die ätzenden Gaswolken, die der zweite, verschüttete Krater des Erta-Ale unablässig ausstößt, in das Camp weht. Das Gas reizt die Schleimhäute manchmal so sehr, dass ich mir ein Tuch um Mund und Nase binde.

Noch vor dem Frühstück trifft sich die ganze Gruppe am Kraterrand. Es ist immer wieder faszinierend zu sehen, wie Fontänen aus glühender Schmelze aus der dunklen Haut des Lavasees sprudeln und wie sich diese Haut bewegt und verändert. Tagsüber begleite ich die Wissenschaftler zu ihren Messstationen oder unternehme, immer in stummer Begleitung eines der beiden Soldaten, kurze Touren auf den Rand der Caldera, um über die Wüste zu blicken.

Der Erta-Ale ist kein steiler, kegelförmiger Vulkan, sondern ein 30 Kilometer langer Rücken, der sich flach über die Felswüste erhebt. Das völlig kahle, schwarze Lavagestein, das den Boden seiner Caldera, des lang gestreckten Einbruchkessels in seinem Gipfelbereich, bedeckt, bildet einen seltsamen Kontrast zu dem hellen Fels an seinen Flanken. Dort wachsen sogar ein paar Grasbüschel, und eine verdorrte Akazie trotzt der Hitze. In der Ferne sind weitere Vulkane mit steileren Kegeln zu sehen. Sonst nur in der Hitze flimmernde Felswüste, so weit das Auge reicht.

Die Nächte sind lang, denn alle ziehen sich schon bald nach Sonnenuntergang und dem gemeinsamen Abendessen an die Schlafplätze zurück. Die meisten haben es sich in einer Mulde in der Lavakruste unter freiem Himmel bequem gemacht. Ich verkrieche mich jedoch gern in mein kleines Kuppelzelt, das zum Krater hin geöffnet ist, blicke noch lange auf den roten Lichtschein, der den Nachthimmel erhellt, und lausche dem Schmatzen der Lava tief unten im Krater und dem unheimlichen, aggressiven Fauchen der Gase.

Vom Erta-Ale geht es nicht sofort zurück ins Hochland nach Mekele. Zuvor setzt uns der Militärhelikopter etwa 50 Kilometer weiter nördlich noch einmal für einen Tag und eine Nacht ab – an einem der heißesten Orte nicht nur der Danakilwüste, sondern der ganzen Erde: im Geothermalgebiet Dallol, das 120 Meter unter Meeresniveau liegt. Dort kann es bis zu 60 Grad heiß werden. Als wir landen, hat es 44 Grad. Gleich nach dem Verlassen des Helikopters tränke ich ein Tuch mit Wasser und wickle es mir um den Kopf. Anders ist die Hitze hier nicht auszuhalten.

Dallol bedeutet »Ort des Wassers«. Sprudelnde Quellen transportieren Salz aus dem Boden, das sich ablagert und eine intensiv gefärbte, surreale Landschaft hervorbringt, die einzigartig sein dürfte auf der Welt. Wuchtige, blendend weiße Kamine wachsen um die Wasseraustritte mehrere Meter empor. Sie sind umgeben von knallgelben Krusten, in deren Vertiefungen sich klares, grellgrünes, ätzendes Wasser sammelt. Es ist heiß und kribbelt, wenn man den Finger hineinhält.

Die Quellen sprudeln nicht immer. Vermutlich abhängig davon, wie viel Regen im äthiopischen Hochland fällt, versickert und unterirdisch bis in die Danakilwüste hinein abfließt, sind sie aktiv oder fallen trocken. Sobald sie versiegen, verblassen die bunten Farben. Die Kamine zerfallen, und zurück bleibt eine rostbraune Kruste.

Die Hitze im Boden, die das Grundwasser im Dallol zum Kochen bringt, stammt auch von dem Plume, dem heißen, pilzförmigen Aufstrom in der Tiefe der Erdkruste, der die Vulkane im Afar-Dreieck speist. Bis heute weiß jedoch niemand genau, woher das viele Salz am tiefsten Punkt der Danakilsenke kommt. Wissenschaftler gehen davon aus, dass das Rote Meer vor Jahrmillionen in mehreren Schüben bis ins Afar-Dreieck vorgedrungen und in der Hitze verdampft ist. Das Salz bleibt zurück.

Vor dem Bürgerkrieg 1968 versuchten deutsche Wissenschaftler, die Salzschichten zu durchbohren. Sie kamen bis in 980 Meter Tiefe, ohne unten anzugelangen. Experten schätzen, dass die Salzlagerstätte der Danakilwüste etwa 5000 Meter mächtig ist.

Wenige Kilometer vom Dallol entfernt liegen die Salzseen, an deren Ufern die Afar Salz abbauen und ins Hochland transportieren. Saada, die mit dem Helikopter gleich weitergeflogen ist, um endlich ihren Vater wiederzusehen, erzählte mir, die Afar spielten mit dem Gedanken, das Gebiet um den Erta-Ale und vielleicht auch Dallol zu einer Art Nationalpark zu machen. Schließlich bringt es Geld, wenn interessierte Reisende wie wir und Wissenschaftler zu Forschungszwecken hierher kommen. Das könnte den Afar helfen, ihre alten Traditionen aufrechtzuerhalten, vor allem den Salzhandel.

Viele Tage lang dauert die Reise einer Kamelkarawane zwischen den Salzseen in der Danakilwüste nördlich des Erta-Ale bis ins Hochland nach Aguela, einem wichtigen Lagerplatz 20 Kilometer nördlich von Mekele. Der Abbau in der Hitze der Wüste und der Transport ins 2000 Meter höher gelegene äthiopische Hochland sind hart. Doch die Afar, die in Äthiopien zum größten Teil noch heute, wie schon seit Jahrhunderten, vom traditionellen Salzhandel mit Kamelkarawanen leben, sind zufrieden. Vermutlich wird es aber nicht mehr lange dauern, bis auch dort die modernen Abbaumethoden mit Radladern und riesigen Lastwagen Einzug halten, wie bereits bei den Afar in Dschibuti am Assalsee. Die Dromedare, die noch bis vor wenigen Jahren das Salz transportierten, haben inzwischen ausgedient, stromern durch die karge Felswüste und knabbern die wenigen Akazienbäumen ab, die dort vereinzelt wachsen.

Als Bernhard und ich Anfang Dezember 2003 in Dschibuti, dem kleinen Land direkt am Horn von Afrika, ankommen, setzen die Akazien gerade frisches Grün an, weil es ungewöhnlich heftig geregnet hat. Damit haben wir nicht gerechnet. Schließlich gehört Dschibuti zu den trockensten und heißesten Ländern der Erde. Jetzt im Winter sollen dort zwar hin und wieder ein paar Tropfen vom Himmel fallen, aber kurz vor unserer Ankunft hat es gleich mehrmals wie aus Kübeln geschüttet. Auch vor dem Flughafengebäude steht das Wasser. Ein paar Träger helfen uns, das Gepäck über die knöcheltiefen Pfützen zu schleppen. Um selbst keine allzu nassen Füße zu bekommen, verstauen sie es gleich im Kofferraum des nächstbesten Taxis, eines ziemlich alten, klapprigen Vehikels. Fünf Minuten dauert es, bis es dem Fahrer, den wir zunächst nur von hinten sehen, gelingt, die Karre zu starten. Inzwischen sind wegen der ungewöhnlichen Feuchtigkeit die Scheiben innen beschlagen. Das Gebläse funktioniert natürlich auch nicht richtig. Trotzdem steigt der Fahrer aufs Gaspedal, und wir rollen ein paar Meter. Dann scheppert und quietscht es. Unser Taxi schleift mit der rechten Seite an einer niedrigen Mauer entlang. Dann stirbt der Motor ab.

Das fängt ja gut an. Ich kann nur mühsam meinen Zorn unterdrücken, als ich dem Mann sage, er möge uns doch bitte ein anderes Taxi besorgen. Jetzt dreht er sich zum ersten Mal um. Er hat eine dicke Backe, und seine Augen sind so glasig, als hätte er ein paar Bier zu viel getrunken. Er stammelt etwas, das ich nicht verstehe, und rührt sich nicht vom Fleck. Was ist denn mit dem los? Die Antwort auf diese Frage sollte ich erst ein paar Tage später bekommen.

Nachdem der Mann sich nicht weiter bemüht, steigen wir einfach aus. Zum Glück steht das Auto wie auf einer Insel mitten in einem großen, braunen Teich aus Regenwasser. Schon kommt ein anderes Taxi, diesmal ein nagelneues, hält an, der Fahrer spricht kurz mit seinem Kollegen mit den glasigen Augen und beginnt, unser Gepäck in sein Auto umzuladen. Bevor ich einsteige, sehe ich mir sein Gesicht genau an. Er scheint in Ordnung zu sein.

Der Dauerregen hat sogar die großen Straßen von Dschibuti-Stadt in schlammige Seen verwandelt. Eselskarren pflügen genauso durch die Brühe wie Autos und Kleinbusse. Sie setzen dabei Wellen in Gang, die bis an die Wände von Hütten und Häusern schwappen und dort Plastiktüten, Papierreste, Dosen und sonstigen Müll zusammentreiben. Straßenverkäufer, die die Fahrbahnen überqueren wollen, rollen die Hosenbeine hoch, die Frauen raffen ihre farbigen, langen Gewänder bis zu den Knien. Hühner und Ziegen, die auf der Suche nach etwas Fressbarem frei in den Randbezirken der Stadt herumlaufen, drängen sich auf den wenigen trockenen Inseln.

Ich wollte schon immer nach Dschibuti. Denn nirgendwo auf der Erde – das haben mir viele Vulkanologen versichert – kann man so deutlich sehen, was der Druck eines Plumes, eines heißen Magma-Aufstroms aus der Tiefe, an der Erdoberfläche bewirken kann.

Doch seit dem schrecklichen Attentat auf das World Trade Center am 11. September 2001 ist mir immer mulmig zu Mute, wenn ich in Länder reise, die im weltweiten »Kampf gegen den Terror« in der ersten Reihe stehen. Zum einen grenzt Dschibuti an Somalia, das zu den von George W. Bush ausgerufenen »Schurkenstaaten« zählt. Zum anderen besitzt das kleine Land, das seit Ende der Kolonialzeit ein wichtiger Militärstützpunkt Frankreichs ist, einen sicheren Hafen und kontrolliert den Zugang zum Roten Meer. Deshalb ist es jetzt auch noch besonders wichtig im »Kampf gegen den Terror«. Neben den französischen sind nun auch britische, spanische, deutsche und, seit 2002, außerdem 3000 amerikanische Soldaten dort stationiert. Das viele Militär ist vor allem in der Hafengegend und im europäischen Viertel von Dschibuti-Stadt allgegenwärtig.

Draußen in der Wüste wird die Stille zuweilen vom Dröhnen der Tiefflieger zerrissen. Wir stehen gerade am Ufer des Assalsees, und ich bücke mich, um mir die blendend weiße Salzkruste genauer anzusehen, als sechs olivgrüne Düsenjets über unsere Köpfe hinwegdonnern. Vor Schreck verliere ich das Gleichgewicht, tappe mit einem Bein ins Wasser und versinke bis zur Wade im Salzschlamm.

Einige hundert Meter weiter steckt ein großer Lastwagen fest. Weit und breit ist kein Mensch zu sehen. Der Fahrer ist wohl unterwegs, um Hilfe zu holen. Der Laster ist voll beladen mit Salz und deshalb in der vom Regen aufgeweichten, morastigen Straße stecken geblieben. Obwohl nur ein paar Jahre alt, ist er bereits rundum verrostet. Das Salz frisst sich gnadenlos ins Metall.

Früher, als die Afar das Salz auch in Dschibuti noch mit Dromedaren transportierten, hatten sie vermutlich weniger Probleme. Wir sprechen mit Thierry Marrill, einem französischen Geschäftsmann, dessen Familienunternehmen schon seit Jahrzehnten einer der wichtigsten Arbeitgeber in Dschibuti ist, über den Salzhandel früher und heute. Den Salztransport hat vor nicht allzu langer Zeit eine Explorationsfirma übernommen, die an Stelle von Kamelen Lastwagen einsetzt. Das bringt dem Staat viel schneller und mehr Geld als früher.

Thierry Marrill vermietet uns sein Kleinflugzeug, eine Cessna. Bernhard hat den Mann ausfindig gemacht, als er in Dschibuti-Stadt nach einem Piloten suchte. Denn aus der Luft lassen sich die verschiedenen Bruchstrukturen, die vom Aufdringen des Magmas im Untergrund zeugen, am besten erfassen und fotografieren.

Thierry selbst hat leider keine Zeit, uns zu fliegen. Das übernimmt sein Freund Olivier, Flugingenieur bei der französischen Luftwaffe in Dschibuti. Wir treffen den dunkelhaarigen Mann, der einen buschigen Schnurrbart trägt, am Flughafen, an dem großen Tor, das auf das Rollfeld führt. Nur mit Mühe kann er uns durch die Absperrung schleusen. Eine Menschenmenge hat sich dort versammelt, hauptsächlich Männer. Sie drängen sich um zwei Lastwagen und mehrere Autos, die anscheinend durch das Tor auf das Flugfeld fahren möchten. Doch die Wächter halten sie zurück.

Olivier scheint die Aufregung nicht zu stören. Er bringt uns zu einer Hütte, nur wenige Meter vom Tor entfernt. Sie ist vorne mit Wellblech verkleidet und weiß gestrichen. Davor steht die Cessna, festgezurrt auf einer betonierten Fläche.

Während Olivier ein Fass mit Flugbenzin aus der Hütte rollt, die Handpumpe anschließt und das Flugzeug auftankt, landet eine uralte DC-10, eine Propellermaschine, die in Europa als museumsreif gelten würde. Kaum kommt sie zum Stehen, öffnen die Wächter das Tor, und die Menschen stürmen auf das Rollfeld. Mit wehendem Kaftan laufen die Männer auf das Flugzeug zu. Das Wasser spritzt nur so aus den Pfützen, die der letzte Regen auf dem Teer hinterlassen hat. Die beiden Lastwagen und die Autos rollen langsam hinterher.

Olivier blickt nur kurz auf. »Ah, der Qat-Bomber ist gelandet.« Das muss er mir näher erklären. »Jeden Tag um die Mittagszeit kommt hier ein Flugzeug aus Äthiopien an, voll beladen mit Qat.« Das ist das Aufputschmittel, das alle einheimischen Männer kauen und das im Gegensatz zu Alkohol nicht ausdrücklich verboten ist.

Weil die grüne Blattpflanze in Dschibutis Wüste nicht wächst, wird sie aus dem Nachbarland eingeflogen, »pro Tag angeblich rund acht Tonnen«.

Während Olivier ins Flughafengebäude geht, um die erforderlichen Genehmigungen für unseren Rundflug abzuholen, öffnen sich die Ladeluken der DC-10. Schreiend und wild gestikulierend versuchen die Männer, mit ausgestreckten Armen einen der mit Qat gefüllten Säcke zu erhaschen, die nacheinander aus dem Flugzeug geworfen werden. Haben sie einen ergattert, verlassen sie auf schnellstem Weg den Flughafen. Auch ein paar Polizisten in Uniform sind darunter. In der Hand haben sie Qat-Bündel, die aussehen wie Kräutersträußchen und die sie großzügig mit den Wächtern am Tor teilen.

Olivier kommt zurück. Wir starten. Die Menschenmenge unter uns an der alten DC-10 hat sich schon fast wieder aufgelöst. Nicht weit vom Flugplatz entfernt ist jetzt das Militärcamp der Amerikaner zu sehen. Es ist mit einem dreifachen Zaun aus Betonteilen und Stacheldraht umgeben. Der Anblick der vielfachen Absperrung und die amerikanischen Flaggen, die da unten wehen, rufen mir sofort wieder den »Kampf gegen den Terror« ins Bewusstsein und erinnern mich daran, in welcher Gegend der Welt wir uns aufhalten. Vermutlich wird jeder Kubikmeter Luft mehrfach überwacht. Glücklicherweise haben wir einen Piloten, der damit vertraut ist und sich gut auskennt.

Olivier nimmt Kurs auf den Lac Abbé im Südwesten von Dschibuti. Es ist nicht allzu weit dorthin, denn das Land ist nur 21000 Quadratkilometer groß, etwa halb so groß wie die Schweiz. Der Salzsee, der von warmen Quellen gespeist wird, liegt nach wissenschaftlichen Angaben direkt über dem Zentrum des heißen Aufstroms, der unter dem Horn von Afrika aus der Tiefe empordringt.

Das heiße mineralreiche Wasser, das aus dem Wüstenboden sprudelt, hat nach oben spitz zulaufende Travertinsäulen geschaffen, die einzeln aufragen oder ganze Ketten bilden. Manche sind mit saftig grünen Wiesen gesäumt, auf denen Schafe und Ziegen weiden. Wir drehen ein paar Runden in der Luft. Dann geht es in weitem Bogen über die Wüste hinweg.

Die Erdkruste ist hier in gewaltige, parallel verlaufende Stufen zerbrochen. Die Senken zwischen den lang gezogenen Steinrücken sind wegen der starken Regenfälle mit Wasser gefüllt. Die wenigen sonst braunen, vertrockneten Büsche haben frische Blätter angesetzt. »Das sieht man hier nicht oft«, sagt Olivier.

Die Bruchzone verschwindet unter dem Assalsee mit seiner leuchtend weißen Salzdecke am Westufer. Am Ostufer tauchen die Risse und Spalten in der Erde wieder auf, frischer und dichter aneinander liegend, durchziehen sie das dunkle Lavagestein, das den Assalsee von der lang gestreckten Meeresbucht des Goubet al-Karab trennt. Diese Bucht, an deren Ufer schwarze Vulkankegel im glasklaren, türkisblauen flachen Wasser liegen, mündet in den Golf von Aden.

Gerade will Olivier Richtung Dschibuti-Stadt abdrehen, als ein Funkspruch über Kopfhörer kommt. Er soll die Flughöhe genau einhalten, denn gleich werden zwei Mirage-Kampfflugzeuge unseren Weg kreuzen. Mir rutscht das Herz in die Hose. Doch Olivier bleibt völlig ruhig und lässt den Blick nach allen Seiten wandern, um die olivgrünen, raketengleichen Geschosse nicht zu verpassen. Da, rechts von unserer Cessna, tauchen sie ein Stück unter uns auf. Ich habe einen Höllenlärm erwartet. Doch das Motorgeräusch der Cessna ist auch nicht gerade leise. Offenbar übertönt es die Düsenjäger. Sie scheinen lautlos unter uns durchzugleiten und entschwinden.

Auf dem Rückflug kommt Olivier noch einmal auf den Qat zu sprechen. Er selbst hat das Zeug noch nicht ausprobiert, aber seine

Wirkung soll nicht besonders stark sein. Fast alle Männer in Dschibuti kauen es, sagt er, alle Geldwechsler, Verkäufer, die Männer, die vor den vielen Cafés und Geschäften am Straßenrand sitzen, auch die Taxifahrer. Sogar Staatsbeamte kauen es regelmäßig, allerdings zu Hause in ihren Wohnzimmern. Gekaut wird, so Olivier, bis die Augen glasig und die Lippen grün sind. Zwischendurch schiebt man einen dicken Ballen der Pampe wie ein Hamster in eine Backe, um ihn später mit einem Schluck Wasser wieder zu aktivieren.

Ich traue meinen Ohren nicht. Hat Olivier etwas von Taxifahrern, glasigen Augen und dicker Hamsterbacke gesagt? Jetzt wird mir alles klar: Der Taxifahrer, der uns an die Wand gefahren hatte, stand unter dem Einfluss dieser Droge.

Der Tag unserer Abreise aus Dschibuti fällt genau mit dem Tag zusammen, an dem im Irak Saddam Hussein gefangen genommen wird. In der Empfangshalle unseres Hotels flimmern immer wieder die Bilder über den Fernsehschirm, die gnadenlos zeigen, wie eine Hand im offenen Mund des bärtigen Mannes herumstochert. Alle Hotelangestellten und zahlreiche Gäste, fast alle aus dem arabischen Raum, starren darauf. Sie reden kaum miteinander. Viele schütteln nur den Kopf.

Unsere Koffer sind schon gepackt, wir warten auf ein Taxi. »Ich glaube nicht, dass er es ist«, sagt der Portier zu mir. »Das ist bestimmt ein Doppelgänger.« Sein Kollege ist anderer Meinung. »Das ist er, irgendwann mussten sie ihn ja erwischen. Aber dass damit der Terror vorbei ist, glaube ich nicht.«

7 Auf dem heiligen Berg der Massai

Etwa 1500 Kilometer südlich von Dschibuti, in Tansania nahe der Grenze zu Kenia, liegt einer der seltsamsten Vulkane der Erde, der Oldoinyo Lengai. Die Lava, die er ausspuckt, ist nicht, wie bei allen anderen Vulkanen auf der Welt, 1000 bis 1200 Grad heiß und rot glühend, sondern vergleichsweise kalt: nur etwa 500 bis 600 Grad. Die dünnflüssige schwarze Masse quillt wie Öl aus dem Kraterboden. Wenn sie abkühlt, wird sie hart und braun. Dann verfärbt sie sich innerhalb weniger Wochen, wird zuerst ockergelb und grau, und schließlich entwickelt sie einen Belag aus kalkweißem Pulver.

Als ich mit Bernhard wieder einmal nach Afrika reise, um in Tansania mit Leuten vom Volk der Massai durch die Savanne zu wandern, nutzen wir die Gelegenheit, diesen Berg zu besteigen und uns diese auf der Welt einzigartige Lava anzusehen.

Der Oldoinyo Lengai, kurz Lengai genannt, liegt im ostafrikanischen Grabensystem. Das ist die berühmte Bruchzone, an der der afrikanische Kontinent in ferner Zukunft vielleicht einmal in zwei Teile zerfallen wird. Das so genannte Great Rift Valley zieht sich von Dschibuti durch das südliche Äthiopien nach Kenia hinein, wo es sich in zwei Arme gabelt. Ein Teil verläuft über Uganda und an der Ostgrenze der Demokratischen Republik Kongo entlang, der andere durchquert Tansania. In Mosambik treffen sie sich wieder, und der Graben verschwindet im Meer – ungefähr 7000 Kilometer von seinem Ausgangspunkt in Dschibuti entfernt. In der Landschaft zeichnet sich das Great Rift Valley als durchschnittlich 50 bis 60 Kilometer breiter Trog ab, in dem sich lang gestreckte Seen aneinander reihen.

In den tief reichenden Spalten und Rissen der Bruchzone kann Schmelze aus dem Untergrund nach oben dringen. Deshalb gibt es im Great Rift Valley auch viele Vulkane. Die meisten sind erloschen oder ruhen. Nur drei waren in den vergangenen Jahren immer wieder aktiv. Der Oldoinyo Lengai in Tansania ist einer davon. Die beiden anderen, der Nyiragongo und der Nyamulagira, liegen in der Demokratischen Republik Kongo, dem ehemaligen Zaire. Von ihnen wird im letzten Kapitel noch ausführlich die Rede sein.

15. Mai 1999. Hier in Äquatornähe ist es schon dunkel, als der Jumbojet, der uns in Amsterdam an Bord genommen hat, etwa um halb acht Uhr den Kilimandscharo Airport ansteuert. Aus der Luft sind kaum Lichter am Boden zu erkennen. Ein Surren ist zu hören, die Räder sind ausgefahren. Dennoch scheint der Sinkflug kein Ende zu nehmen. Plötzlich ein Schlag von unten. Das große Flugzeug setzt hart auf, wird aber gleich wieder für Bruchteile von Sekunden hochkatapultiert, um dann noch einmal auf die Landebahn zu knallen. Im nächsten Moment bremst es so scharf ab, dass ich um ein Haar mit dem Kopf an die Sitzlehne meines Vordermanns pralle. Erst jetzt nehme ich die schwachen Lichter am Rand des Rollfeldes wahr. Es scheint, als hätte hier jemand die Landebahn nur mit ein paar flackernden Öllampen markiert.

Sobald die Maschine mit gleich bleibend langsamer Geschwindigkeit vorwärts rollt, verkündet die Stimme einer freundlichen Stewardess den Grund für die unsanfte Landung: Stromausfall am Kilimandscharo Airport. In der Haut des Piloten hätte ich nicht stecken mögen.

Auf dem Rollfeld funktioniert wenigstens noch die Notbeleuchtung. Doch im Flughafengebäude sieht man kaum die Hand vor Augen. Die Zollbeamten zünden ein paar Petroleumlampen und Kerzen an, um ihre Arbeit tun zu können und den Ankommenden

den Weg zu weisen. Erstaunlich rasch wird das Gepäck herangeschafft. Ungefähr 100 Passagiere suchen hektisch nach ihren Koffern und Taschen. Wir finden unsere Utensilien ziemlich schnell. Nur die große Aluminiumkiste fehlt. Sie wurde als Sperrgepäck transportiert. Wir entdecken sie hinter einer Absperrung. Doch es ist niemand da, der uns die Tür aufschließen könnte. Morgen, sagen die Beamten, könnten wir die Kiste abholen. Schweren Herzens lassen wir das gute Stück, in der ein Teil unserer Foto- und unsere ganze Bergausrüstung samt Stiefeln und Schlafsäcken steckt, am Flughafen zurück.

Wie alle meine Reisen nach Afrika sollte auch diese anstrengend und nervenaufreibend werden. Einerseits bin ich jedes Mal wieder fasziniert von der Landschaft und den Menschen, andererseits schockieren mich die Härte und Grausamkeit des Lebens auf diesem Kontinent jedes Mal aufs Neue.

Der Vorplatz des Flughafens ist spärlich beleuchtet von den Scheinwerfern der vielen Autos, die hier auf Ankömmlinge warten. Ich zucke zusammen, als mich plötzlich jemand von der Seite anspricht. Die Haut des Mannes ist so dunkel, dass in der Finsternis zunächst nur seine hellen Augen und Zähne zu sehen sind. »Hallo, Madam, sind Sie Angelika?«, fragt er auf Englisch. Es ist der Fahrer, der uns hier abholen soll. Abraham heißt der junge, große Mann, der uns ernst mit Handschlag begrüßt. Wir verstauen das Gepäck in einem grünen, alten Jeep und machen uns auf den Weg in die etwa 50 Kilometer entfernte Stadt Arusha.

Es gibt hier keine Lampen, die bei Dunkelheit die Landstraße erleuchten, auch keine Gehwege für die Menschenmassen, die abends zu Fuß unterwegs sind, die meisten wohl von der Arbeit nach Hause. In Karawanen ziehen sie am staubigen Rand der zweispurigen, stark befahrenen Teerstraße entlang. Viele Frauen transportieren Bündel auf dem Kopf oder dem Rücken, einige Männer schieben große hölzerne Handkarren vor sich her. Auch Radfahrer sind unterwegs, meistens ohne Beleuchtung an ihrem Gefährt. Sie alle leben gefährlich, denn sie müssen sich darauf verlassen, dass die Autofahrer sie im Scheinwerferlicht rechtzeitig erkennen und ausweichen. Nicht einmal Mond und Sterne spenden in dieser Nacht ein wenig Helligkeit. Sie werden von dichten Wolken verdeckt.

Der Verkehr vor uns gerät ins Stocken. Es geht nur noch im Schritttempo voran. Eine Menschentraube hat sich am Straßenrand gebildet. »Ein Unfall«, sagt Abraham und schaltet noch einen Gang zurück. In dem Gewühl vor uns erkenne ich einen Lastwagen, der schräg auf der Fahrbahn steht, vor ihm, halb im Straßengraben, ein umgekippter Bus. Menschen schreien. Helfer versuchen, ein paar Eingeklemmte aus den Busfenstern zu ziehen. Verletzte liegen am Straßenrand, manche sind blutüberströmt.

Sollen wir anhalten und helfen, frage ich Abraham. Lieber nicht, meint er. Das sei zu gefährlich. Es seien schon genug Helfer da. Also fahren wir langsam an der Unfallstelle vorbei. Ein paar Minuten später taucht im Scheinwerferlicht vor uns ein alter, klappriger Pick-up auf. Auf der Ladefläche sitzt eine Frau mit gesenktem Kopf neben drei übereinander liegenden Männerkörpern. »Die kommen wahrscheinlich von dem Unfall«, sagt Abraham emotionslos, »und sind vermutlich tot.« Wir überholen.

Ich bin fassungslos, hilflos, verzweifelt. Mit diesem Gefühl habe ich auf meinen Reisen in afrikanische Länder auch in wesentlich harmloseren Situationen immer wieder zu kämpfen. Auf diesem Kontinent wird mir so deutlich wie nirgendwo sonst auf der Welt bewusst, wie sicher und gut wir in Europa leben.

Abraham liefert uns im Hotel ab – eine kleine, saubere, afrikanisch geführte Unterkunft. Im Restaurant nebenan wird gesungen und getanzt. Die Musik ist laut und fröhlich. Es herrscht ausgelassene Stimmung. Auch das ist Afrika.

Zwei Tage haben wir Zeit, um uns auf unsere Tour zum Oldoinyo Lengai vorzubereiten. Einen halben Tag kostet es, die Alukiste durch den Zoll zu bekommen. Zum Glück helfen uns die Angestellten eines Expeditionsveranstalters vor Ort, die vielen Papiere mit jeweils zig Durchschlägen auszufüllen. Jedes Stück in der Kiste wird genau untersucht. Auch das große Stativ und komplizierte Teile von Bernhards Fotoausrüstung wie Flexbody und Stativaufsätze. Letztendlich müssen wir aber nur Bernhards alte, ausgetretene Bergstiefel verzollen. Kein Mensch versteht, warum. Über 30 Dollar kostet uns der Spaß. Doch wir fragen nicht lange und zahlen. Wir sind froh, die Kiste endlich wiederzuhaben.

Am folgenden Tag kommen wir wegen einer unvorhergesehenen Reparatur an dem grünen Jeep erst nachmittags um drei los. Eigentlich viel zu spät für die Fahrt zum Oldoinyo Lengai. Normalerweise braucht man sechs bis sieben Stunden für die 240 Kilometer, wobei der größte Teil der Strecke über ungeteerte Straßen und Fahrwege durch die Savanne führt. Aber wir werden noch heute von unserem Bergführer und den bestellten Trägern im Camp am Engare-Sero-Fluss am Fuß des Berges erwartet. Außerdem wollen wir einen Tag Reserve haben, um sicherzugehen, dass die angeheuerte Mannschaft auch wirklich vollständig beisammen ist und Gepäck sowie Lebensmittel und vor allem Wasser auf die Träger verteilt werden können. Eine Menge Ausrüstung muss die knapp 2000 Höhenmeter auf den Gipfel geschleppt werden, schließlich wollen wir drei Tage im Krater des Vulkans verbringen.

Das »Nilpferd«, so heißt der alte Jeep, ist voll bepackt. Der schwere eiserne Dachständer ist gerade groß genug für unsere vielen Taschen und Kisten. Wir sind zu viert: unser Fahrer Abraham, der Koch, Mister William, Bernhard und ich.

Zuerst geht es bequem auf der geteerten Landstraße 80 Kilometer bis Makuyuni, dann rechts auf die Schotterpiste bis zu dem Ort

Mto Wa Mbu, das bedeutet »Moskito-Stadt«. Dort gibt es morgens und abends in der Dämmerung eine Menge Mücken, informiert uns Abraham, weil die Stadt am Nordende des Manyarasees liegt. Und wo Mücken sind, gibt es auch Malaria.

Wir halten nur an, um zu tanken. Kurz hinter Mto Wa Mbu biegen wir von der guten Schotterpiste ab auf eine Fahrspur, die nach Norden führt. Jetzt sind es noch etwa 130 Kilometer durch die Savanne bis zum Lengai. Wir folgen den Reifenspuren, die ziemlich tief ausgefahren und daher nicht zu übersehen sind. Manchmal geht es nur im Schritttempo voran, weil der Regen Löcher im Fahrweg ausgewaschen hat. Sie lassen uns spüren, dass die Stoßdämpfer des Jeeps nicht mehr die besten sind. Wir werden ordentlich durchgeschüttelt. Ich klammere mich am Haltegriff über meinem Sitz fest, um die schlimmsten Schläge auf die Wirbelsäule ein wenig abzufangen.

Hin und wieder treffen wir auf Rinder- und Ziegenherden. Sie werden von Hirten bewacht, jungen Burschen aus dem nächsten Massai-Dorf. Auch Massai-Krieger kreuzen unseren Weg, das typische rot gemusterte Tuch um den Leib geschlungen, Schmuck an Armen, Beinen, Hals und Ohren und in den kunstvoll frisierten Haaren und mit einem langen Speer in der Hand. Sie grüßen würdevoll, und ich hebe langsam die Hand, um möglichst würdevoll zurückzugrüßen.

Hinter einem der kleinen Hüttendörfer der Massai mit ihren Lehmbauten, Dornstrauchzäunen und Holzhäusern führt der Fahrweg mitten durch ein großes Maisfeld. Die Pflanzen sind bereits mehr als mannshoch. »Das ist neu«, sagt Abraham und erzählt uns von einem Projekt, bei dem die Massai, die eigentlich Rinderzüchter sind, mit dem Maisanbau vertraut gemacht werden sollen.

Der Mais wächst anscheinend sehr gut, doch die Bewässerung der Felder klappt wohl noch nicht ganz. Plötzlich stehen wir vor einem Tümpel mit braunem, schlammigem Wasser. Die angehenden Massai-Bauern nutzen die Fahrrinnen offenbar als Wasserkanäle. Wir können nicht ausweichen. Also müssen wir durch. Glücklicherweise hat das Nilpferd einen »Schnorchel«, einen Auspuff, der seitlich an der Windschutzscheibe hochgezogen ist.

Langsam pflügen wir durch den Schlamm. Das Wasser reicht schon bis über die Trittbretter am unteren Türrand. Da drehen die Räder durch. Mister William bekommt vor Schreck große Augen. Ich sehe uns schon durch den knietiefen Schlamm waten und in einem Massai-Dorf notdürftig übernachten. Abraham bewahrt jedoch die Ruhe. Er setzt das Fahrzeug ein Stück zurück und zwingt es dann vorsichtig etwas weiter rechts noch einmal über die kritische Stelle. Es klappt. Wir kommen heil aus dem Maisfeld heraus.

Die Sonne steht schon tief. Viele Tiere sind jetzt in der Savanne unterwegs. Zebras, Schakale, ein paar Gnus und Impala-Antilopen laufen durch das hohe Gras, das so kurz nach der Regenzeit stellenweise noch grün ist, aber schon zu verdorren beginnt. Schirmakazien und Baobab-Bäume stehen vereinzelt in der flachen Landschaft, am Horizont die dunkle Silhouette einer Hügelkette unter einem hell-blauen, leicht bewölkten Himmel, der sich allmählich orangerot färbt – Afrika wie aus dem Bilderbuch.

Dann endlich erscheint in der Ferne der Kegel des Lengai. Es wird allmählich finster. Wind kommt auf. Wir queren jetzt die vielen Rinnen und Täler, die sich von den Flanken des 2886 Meter hohen Vulkans aus in die Savanne hineinziehen. Der Boden ist steinig. Die Fahrspuren sind im Licht der Scheinwerfer kaum noch auszumachen. Plötzlich sind sie ganz verschwunden.

»Es kann nicht mehr weit sein«, meint Abraham und fährt ein Stück das Tal entlang, in dem wir gerade stecken. Vielleicht führt die Spur weiter unten aus dem Engpass heraus. Eine halbe Stunde suchen wir, dann geben wir auf. Wir haben uns verfahren.

Der Wind fegt in starken Böen daher, wirbelt Staub auf und peitscht ihn gegen die Fensterscheiben des Jeeps. Ziemlich ungemütlich. Abraham greift zum Funkgerät und versucht, mit dem Camp Kontakt aufzunehmen. Doch er bekommt keine Verbindung. Wie es scheint, schirmt uns der Berg ab. Abraham probiert es beim Büro in Arusha. Zum Glück meldet sich um diese Zeit noch jemand. Ja, man wird die Leute im Camp von Arusha aus informieren. Die werden uns dann suchen. Ob wir uns nicht irgendwie bemerkbar machen können, nachts in der unübersichtlichen Landschaft am Fuß des Lengai? »Wir haben Leuchtkugeln dabei«, sagt Abraham. Mister William plädiert sofort dafür, eine abzuschießen.

Abraham ist sichtlich geknickt. Unser Missgeschick trifft ihn in seiner Ehre. Ein guter Fahrer, sagt er, darf sich nicht verirren. Bernhard tröstet ihn. Ich fühle mich ein wenig unbehaglich. Ich möchte nicht unbedingt hier übernachten. Mister William ist dagegen bester Laune. Er packt kleine afrikanische Fleischpasteten aus und zieht eine Thermoskanne mit Tee aus der Tasche. Das hebt die Stimmung.

Abraham gönnt sich nur ein paar Bissen. Dann kramt er im Handschuhfach nach Pistole und Leuchtmunition. Trotz des Staubsturms klettern wir alle aus dem Jeep, steigen ein paar Schritte auf die nächste Erhebung und halten nach Autoscheinwerfern Ausschau. Sobald sich die Augen an die Dunkelheit gewöhnt haben, sind die Umrisse des riesigen Vulkans zu erkennen. Nur an wenigen Stellen leuchten ein paar Sterne durch die zerrissene Wolkendecke.

»Da!«, ruft Bernhard, »sind das nicht Lichter am Horizont?« Tatsächlich, irgendwo in der Ferne blitzt alle paar Sekunden etwas auf. Jetzt sollten wir auf uns aufmerksam machen. Abraham lädt die Pistole und schießt. Steil steigt die rote Leuchtkugel in den Himmel und zieht dabei einen Rauchschleier hinter sich her. Im Nu wird es für ein paar Sekunden taghell um uns herum, sodass wir einen kurzen Blick auf unsere Umgebung erhaschen.

In dem Tal, in dem wir stecken, muss zur Regenzeit manchmal ein gewaltiger Fluss toben, der große Gesteinsblöcke vom Berg herunterschwemmt. Nur etwa 20 Meter von uns entfernt liegt ein solcher Riesenstein neben dem anderen.

Ob uns die anderen gesehen haben? Waren es denn wirklich Autoscheinwerfer, die da in der Dunkelheit auszumachen waren? Es dauert noch ungefähr zehn Minuten, dann hören wir Motorengeräusche. Und wirklich, zwei Geländewagen tauchen nur 50 Meter weiter oben aus dem Gebüsch auf und holpern auf uns zu. Die Wagentüren öffnen sich, und vier Männer steigen aus. Ja, das müssen sie sein. Der Erste, der uns begrüßt, ist Günter Guzinski. Er ist der Eigentümer des Expeditionsunternehmens, das seinen Sitz in Deutschland hat und in Arusha ein kleines Büro unterhält. Er ist zurzeit mit einer Gruppe von Schweizer Bergsteigern im Camp am Engare-Sero-Fluss. Morgen bringt er sie zurück nach Arusha. Drei der Männer haben ihn hierher begleitet.

Die Freude, dass wir uns gefunden haben, ist groß. Vor allem, nachdem ich von Günter erfahre, dass derzeit wieder marodierende Banden aus Somalia ihr Unwesen in dieser Savannengegend treiben. Sie halten Autos an und rauben die Insassen aus. Wer sich zur Wehr setzt, riskiert sein Leben. Die Leuchtkugel hätte diese Strauchdiebe anlocken können. Mir wird im Nachhinein noch ganz flau. Gut, dass ich das nicht vorher gewusst habe.

Wir steigen in unsere Fahrzeuge. Die beiden Landrover fahren voraus, um uns zu lotsen. Die Fahrspuren sind tatsächlich ein Stück weit völlig verwischt. Vermutlich wurden sie während der Regenzeit weggewaschen. Wir passieren noch einige Täler am Fuß des Lengai-Vulkans und biegen dann nach Norden ab, weg vom Kegel des Feuerbergs. Eine halbe Stunde später sind wir im Camp. Es liegt windgeschützt am Fuß eines Hügels am Engare-Sero. Mister William bereitet uns ein schnelles Abendessen: Tomaten, Brot und

Käse. Bevor wir in die Zelte kriechen, setzen wir uns noch gemütlich in die Leinenklappstühle unter den Schirmakazien und trinken ein Bier. In dieser Nacht schlafe ich wie ein Murmeltier.

Am Morgen weckt mich das Getrampel einer Ziegenherde, die von ein paar Massai-Kindern einen Steinwurf von meinem Zelt entfernt zum Fluss getrieben werden. Schlaftrunken strecke ich den Kopf hinaus. Die Kinder winken, ich winke zurück. Die Schweizer Bergsteiger und Günter Guzinski sind schon abgefahren.

Zwei Stunden später – Mister William hat uns ein opulentes Frühstück serviert – kommen ein paar Massai-Mädchen auf mich zugerannt. Sie reden auf mich ein. Ich verstehe natürlich kein Wort. Mister William will sie vertreiben. Ich halte ihn zurück und bitte ihn zu übersetzen. »Sie wollen mit Ihnen zum Schwimmen gehen«, sagt Mister William. Weiter oben in der Schlucht gebe es eine Stelle, wo sich das Wasser in einem Becken sammelt.

Warum nicht? Bernhard und auch Mister William begleiten uns. Die Mädchen nehmen mich links und rechts an der Hand und lachen mich an. Sie zeigen auf alle möglichen Pflanzen und Steine und parlavern ständig miteinander.

Das Tal wird immer enger und das Wasser immer reißender. Wir müssen ein Stück über große Felsbrocken klettern. Schließlich weitet sich die Schlucht, und das Becken mit herrlich kühlem, klarem Wasser liegt vor uns. Wir springen hinein, während die Mädchen nur ihre Füße ein wenig baden.

Sie tragen die traditionelle Massai-Kleidung – ein Mädchen ist in blauen Stoff gehüllt, die beiden anderen in orange und rot. Die beiden größeren Mädchen sind außerdem kahl geschoren. Alle drei haben prächtige breite Reifen aus Glasperlen um den Hals, außerdem Perlenketten um Arme und Beine. Die Halsreifen schwingen bei jedem Schritt. Manchmal bewegen sie sich, als würden sie tanzen.

Als ich aus dem Wasser steige, fordern mich die Mädchen auf, mich zu ihnen zu setzen. Sie zeigen mir ihren Schmuck, hängen mir Ketten um den Hals und streifen mir ihre Armbänder über. Sehr hübsch. Jetzt ist mir auch klar, was sie eigentlich von mir wollen – amerikanische Dollar für Massai-Schmuck. Die drei jungen Damen sind sehr geschäftstüchtig. Wir handeln ein wenig und werden uns einig. Ich zahle drei Dollar für sechs schöne Armbänder, wahrscheinlich viel zu viel. Leider kenne ich die üblichen Preise nicht. Doch der bunte Glasperlenschmuck, den die Mädchen anscheinend selbst angefertigt haben, ist es mir wert. Später im Camp darf ich noch ein Foto von ihnen machen. Kostenlos. Dann laufen sie glücklich davon.

Nachmittags tauchen die Träger auf – zusammen mit Bura, der uns auf den Lengai führen soll. Bura Ammy Gadiye lebt in dem Massai-Dorf in der Nähe des Camps. Er ist kein Massai, sondern gehört einem anderen Volk an, das vor mehr als 100 Jahren aus dem Jemen hierher gekommen ist. Bura gesellte sich nach seiner Zeit beim Militär zu den Massai am Lengai und ist hier, wie man am Verhalten der Träger erkennen kann, offenbar sehr geachtet.

Bura hat den Vulkan schon viele Male bestiegen, meistens mit Wissenschaftlern, die sich für die spezielle Lava des Vulkans interessieren. Er übernimmt bereits im Camp die Führung, verteilt die einzelnen Gepäckstücke, Zelte, Schlafsäcke, Lebensmittel, Küchenutensilien, Wasserbehälter auf verschiedene Haufen und lässt sie zu Bündeln verschnüren – für jeden der fünf Träger eines. Wir müssen in unseren Rucksäcken nur noch einen Teil von Bernhards Fotoausrüstung verstauen und unsere persönlichen Habseligkeiten, vor allem Kleidung für die drei Tage auf dem Gipfel in knapp 3000 Meter Höhe, wo es trotz Äquatornähe empfindlich kalt werden kann.

Abends spaziere ich mit Bernhard auf den flachen Hügel neben dem Camp, um aus der Ferne einen Blick auf den Berg zu werfen, den wir morgen besteigen werden. Er ragt in einigen Kilometern Entfernung 2000 Meter hoch aus der Savannenlandschaft im flachen Talboden des Ostafrikanischen Grabens. Rechts neben dem Vulkan erhebt sich das Escarpment. So nennt man die steilen, meist felsigen und mehrere hundert Meter hohen Steilhänge, die den Grabenbruch links und rechts begrenzen. Auch das Escarpment neben dem Lengai ist eine felsige, von vielen Rinnen durchschnittene Steilstufe, fast senkrecht und mindestens 200 Meter hoch. Oben auf dieser Stufe beginnt das Plateau, zu dem auch die Serengeti gehört, die afrikanische Bilderbuchlandschaft, die für ihren Reichtum an wild lebenden Tieren berühmt ist.

Majestätisch, wie der Vulkan die Savanne hier dominiert, verwundert es nicht, dass die Massai in ihm den Oldoinyo Lengai, den »Berg Gottes«, sehen. Kein Größerer als der Gott Engai kann dort oben wohnen. Es ist der einzige Gott der Massai, er herrscht über Leben und Tod. Zu ihm beten die Menschen für ihr Vieh und ihre Kinder. Von ihm stammen sie auch ab. Engai soll drei Söhne gehabt haben, an die er drei Geschenke verteilte. Der erste bekam Pfeile, um sein Leben als Jäger zu bestreiten. Der zweite Sohn erhielt eine Hacke, um das Land zu bestellen. Dem dritten gab er einen Stock, mit dem er das Vieh hüten sollte. Das war der Stammvater der Massai. Seitdem lebt das afrikanische Volk mit seinen Rinder- und Ziegenherden in den Savannen um den Oldoinyo Lengai.

Die Sonne sinkt bereits, als drei junge Massai-Krieger zu uns auf den Hügel steigen und uns per Handschlag begrüßen. Leider können wir uns nicht unterhalten. Aber wir deuten durch Gesten an, was wir am anderen bewundern. Meine silberne Uhr zum Beispiel würde einem der drei sehr gut gefallen. Ich will die Uhr jedoch nicht einfach verschenken, ich brauche sie noch. Um zu vermeiden, dass der junge, selbstbewusste Mann mich unter Druck setzt, versuche ich ihn abzulenken, indem ich nach seinem Speer greife. Er hat eine vollendete Form. Ich sage ein paar lobende Worte und streife über den Holzschaft bis hinauf zur Schneide. Das Ding ist erstaunlich scharf, schärfer als jedes Messer, das ich jemals in der Hand hatte.

Wir versuchen den drei Männern zu erklären, dass wir morgen auf ihren Berg klettern wollen. Sie lachen, als wollten sie sagen, dass sie hier schon öfter verrückte Weiße getroffen haben, die sich gern strapazieren und da hochrennen.

Die Massai haben ein paar Kultplätze am Fuß des Vulkans, erzählt uns Bura später. Auf den Gipfel stiegen nur junge Männer, die sich ein paar Dollar als Träger verdienen wollten. Und ein Trägerlohn sei hier dreimal so hoch wie am benachbarten Kilimandscharo, denn die Massai seien als Viehhirten so reich, dass sie es eigentlich nicht nötig hätten, als Träger zu arbeiten.

Diese Tatsache bekommen wir am nächsten Morgen zu spüren. Vier der fünf Träger sind schon um Mitternacht vom Camp aus losgezogen. Bura, Mister William, Bernhard, der Träger des großen Fotokoffers – er heißt Daniel – und ich machen uns erst um drei Uhr früh auf den Weg. Abraham fährt uns mit dem Jeep die fünf Kilometer bis zum Fuß des Vulkans. Er wird im Camp auf uns warten und die ganze Zeit über Funkkontakt halten, falls etwas Unvorhergesehenes passieren sollte.

Gut eine halbe Stunde dauert die Fahrt durch die sternenklare Nacht querfeldein über den holprigen Boden der Savanne. Abraham setzt uns auf einem sandigen Stück zwischen kniehohem Gestrüpp ab, genau dort, wo der Aufstieg beginnt. Es ist angenehm kühl. Pechschwarz zeichnet sich der Vulkankegel gegen den Sternenhimmel ab. Etwa 1800 Höhenmeter liegen vor uns. Wenn alles gut geht, müssten wir in fünf bis sechs Stunden oben sein.

Wir schultern unser Gepäck, knipsen die Taschenlampen an und tauchen ein in den schmalen Pfad, der von meterhohem Savannengras gesäumt wird. Er ist ziemlich uneben und ausgetreten und wird allmählich steiler. Serpentinen scheint es hier nicht zu geben. Schnurgerade geht es direkt in der Falllinie bergan. Der Boden ist mit mehligem Staub bedeckt, der unter den Bergstiefeln wegrutscht. Fast bei jedem Schritt müssen wir das hohe Gras, das den Pfad überwuchert, zur Seite drücken. Das macht die Tour von Anfang an anstrengend.

Schon nach einer halben Stunde rinnt mir der Schweiß von der Stirn. Die Hose klebt an den Beinen und behindert jeden größeren Schritt bergauf. Bura ist geübt. Er hat offensichtlich eine gute Kondition. Ununterbrochen erzählt er Geschichten von seinem Dorf. Ein Löwe hat dort vor kurzem zwei Rinder und eine Ziege gerissen, und seitdem verfolgen ihn ein paar junge Krieger. Man hört den König der Savanne nachts oft meilenweit brüllen. Ich lausche, höre jedoch nur das Blut in meinen Ohren pochen. Der Rucksack drückt, und der Schweiß brennt in den Augen.

Hier auf dem Lengai gibt es jedoch keine Löwen, erzählt Bura weiter, dafür allerdings ein paar Leoparden. Die klettern sogar auf den Felsen am Gipfel herum.

Irgendwann geht auch Bura die Luft aus. Wortlos kämpfen wir uns nun voran. Nach zweieinhalb Stunden dämmert der Morgen. Mister William atmet jetzt schwer unter seinem großen Rucksack. Er schleppt alle seine Küchengeräte und einen Teil der Lebensmittel.

Wir legen eine kleine Pause ein. Mister William zieht eine Thermoskanne mit Tee aus dem Rucksack, dazu ein paar Kekse und reicht beides herum. Die ersten Sonnenstrahlen tauchen die Savanne, die bereits tief unter uns liegt, in goldenes Licht. Die Nebelschleier über dem Escarpment beginnen sich aufzulösen.

Nur ein paar Minuten dauert die Rast. Dann steigen wir weiter. Wir wollen noch vor der Tageshitze am Krater sein. Der Pfad verläuft immer noch geradlinig nach oben. Er wird steiniger. Das hohe Gras weicht dichtem Gestrüpp, das, je höher wir kommen, immer lichter wird. Etwa 500 Meter unter dem Gipfel beginnt der Fels. Wir steigen auf einer Schicht aus rauer, alter Lava bergan. Sie bietet zwar bei jedem Tritt guten Halt, ist aber oft so steil, dass sogar Bura die Hände zu Hilfe nehmen muss. Mister William, Daniel und ich kriechen stellenweise auf allen Vieren bergauf.

Wenig später treffen wir auch die Träger, die drei Stunden vor uns aufgebrochen sind. Sie sitzen neben ihren Bündeln und haben offenbar auf uns gewartet. Sie beginnen mit Bura zu palavern. Es hört sich nicht gut an. Bura erklärt uns kurz auf Englisch, dass die Burschen mehr Geld haben wollen, sonst gehen sie nicht weiter. Das könne er als Führer der Gruppe aber nicht durchgehen lassen. Wir sollen uns also keine Sorgen machen.

Dann holt er tief Luft. Er stützt sich auf seinen hölzernen Stock, den alle erwachsenen Massai-Männer tragen. Er schweigt ein paar bedeutsame Sekunden lang. Dann sagt er mit strengem Blick ein paar scharfe Worte, die leider nur die Massai verstehen. Einer der Träger wagt zu widersprechen. Da wird Bura laut. Er packt einen Teil der Last des nörgelnden Trägers und lädt sie sich zusätzlich zu seinem Rucksack auf die Schultern. Nun hieven auch die anderen ihre Bündel wieder auf den Rücken, und wir setzen unseren Weg fort.

Nach fast sechs Stunden haben wir den Kraterrand erreicht. Ich fühle mich schlagartig in eine Mondlandschaft versetzt. Vor mir öffnet sich die Kraterschüssel des Lengai. Sie dürfte einen halben Kilometer Durchmesser haben und ist überzogen mit einer teils dunklen, teils ockerfarbenen, teils weißen Kruste. Aus ihr erheben sich sieben fast haushohe rauchende Kamine, ein untrügliches Zeichen dafür, dass die Kruste über der flüssigen, heißen Lava im Schlot des Lengai nicht allzu dick sein kann.

Bura prüft die Windrichtung. Es riecht leicht nach Schwefel, also bläst der Wind auf uns zu. Wir brauchen einen Lagerplatz, den das ätzende Gas aus den Kaminen möglichst nicht erreicht.

Zunächst überqueren wir den Krater. Die Kruste unter unseren Füßen ist brüchig und kracht bei jedem Schritt. Am Fuß der Steilwand des noch 200 Meter höher gelegenen Lengai-Gipfels finden wir schließlich einen flachen, sandigen Platz, der für unsere Zelte geeignet ist. Unsere fünf Träger sind wieder besserer Stimmung. Kaum haben sie ihre Lasten abgesetzt, verabschieden sie sich und steigen wieder hinunter in die Savanne. Bura schärft ihnen ein, übermorgen wieder zur Stelle zu sein. Da sie noch kein Geld bekommen haben, sagt Bura, werden sie sicher pünktlich da sein, um uns abzuholen.

Jetzt sind wir nur noch zu viert: Mister William, Bura, Bernhard und ich. Die Sonne sticht am Nachmittag von einem klaren blauen Himmel. Obwohl wir uns in 2886 Meter Höhe befinden, hat es über 25 Grad, und es weht nur ein schwaches Lüftchen. Wir inspizieren die Kamine, aus denen Schwefelgas strömt. Der höchste muss kurz vor unserer Ankunft Lava ausgespuckt haben, denn ein etwa 50 Meter langer schwarzer, seilartig verzwirbelter Lavastrang ziert wie ein Stück Zuckerbackwerk seine Flanke.

Was diese Lava für Wissenschaftler so interessant macht, ist ihre chemische Zusammensetzung. Sie enthält nämlich im Gegensatz zu der Schmelze, die aus anderen Vulkanen strömt, sehr wenig Silizium, dafür jedoch eine Menge Natrium- und Kaliumkarbonat. Deshalb ist sie auch nicht so heiß. Außerdem reagiert sie sofort mit der Feuchtigkeit der Luft, verliert innerhalb weniger Tage nach dem Ausfließen ihre dunkle Farbe, wird zuerst ockergelb und dann weiß. Woher diese ungewöhnliche Lava stammt, weiß man noch nicht so genau. Man vermutet ihren Ursprung sehr tief im Erdinnern, im Erdmantel.

Am Abend kühlt es kräftig ab. Wir hocken auf unseren Matratzen am Boden und genießen das Abendessen. Mister William hat heute italienisch gekocht. Es gibt Spagetti mit Tomatensoße. Dazu serviert er uns Rotwein in Gläsern auf einem zerkratzten Silbertablett. Ich staune. Damit hatte ich nicht gerechnet. Deshalb war sein Rucksack wohl so schwer. Ich freue mich sehr über seine Aufmerksamkeit und danke ihm vielmals. »Ein bisschen Stil muss schon sein, auch auf dem Lengai«, sagt er und grinst dabei übers ganze Gesicht. Pure Nächstenliebe war das sicher nicht. Für seine Anstrengung erwartet er zum Schluss wohl ein ordentliches Trinkgeld. Das würde ich an seiner Stelle auch.

Bura trinkt keinen Rotwein. Dafür genehmigt er sich ein Stück Marmorkuchen mit Chilisoße. Jeder hat so seine Vorlieben. Dann ziehen wir uns in die Zelte zurück. Das Waschen lassen wir ausfallen. Das Wasser, das die Träger auf den Berg geschleppt haben, ist dafür zu kostbar.

Am nächsten Morgen steigen wir als Erstes die letzten Höhenmeter hinauf zum Gipfel. Es ist ein gemütlicher Spaziergang am Rand des Kraters entlang. Die Luft ist sehr klar, und der Rundblick von dort oben ist grandios. Im Norden Richtung Kenia liegt der Natronsee, dessen Ufer stellenweise rosarot gefärbt ist – von den unzähligen Flamingos, die dort nisten und das flache Wasser mit ihren krummen Schnäbeln nach Algen durchkämmen. Im Osten, etwa 150 Kilometer entfernt, ist der schneebedeckte Kilimandscharo zu sehen. Im Süden und Südwesten erheben sich viele kleine und große Vulkane aus der Landschaft, die jedoch schon lange nicht mehr aktiv sind. Ihre Hänge überzieht jetzt nach der Regenzeit üppiges Grün. In wenigen Wochen wird die Trockenheit sie goldgelb färben.

Über dem westlichen Horizont erstreckt sich die Hochebene, die in die Serengeti übergeht. Davor zieht sich das Escarpment kilometerweit nach Norden, wo es sich im Dunst verliert. Unter uns liegt die Mondlandschaft des Lengai-Kraters mit ihrem weißen Gestein. »Solche Lava gibt es sonst nirgends auf der Welt«, sagt Bura. Er ist stolz auf den Vulkan, den er schon so oft bestiegen hat.

Bernhard bleibt auf dem Gipfel, um Fotos von der Lava und den Kaminen zu machen. Bura und ich schlendern wieder hinunter in den Krater. Ich frage ihn nach seiner Zeit beim Militär. Aber darüber spricht er nicht gern. Es muss wohl ziemlich hart gewesen sein. Immerhin habe er dort Englisch gelernt, sagt er. Viel lieber erzählt Bura von seinen beiden Frauen. Mit einer hat er eine Tochter, mit der anderen einen Sohn.

Als wir wieder bei den Zelten ankommen, peitschen plötzlich starke Windböen über den Krater. Mister William erwischt gerade noch den Topf, den er vor sein Zelt gestellt hat, bevor eine Bö ihn wegreißt. Wolkenschleier ziehen auf, die Sonne durchstrahlt sie. Jetzt wird es gespenstisch in der Kraterlandschaft.

Am späten Nachmittag hüllen die Wolken den Gipfel ein. Der Wind wird immer stärker, und es wird kalt. Bura schätzt die Temperatur auf knapp null Grad. Ich ziehe mein Stirnband über die Ohren. Mister William wickelt sich ein T-Shirt um den Kopf. Er zittert vor Kälte. Um die Gasflamme vor dem Wind zu schützen, kocht er die Suppe fürs Abendessen in seinem Zelt. Schnell isst jeder seinen Teller leer. Dann verkriechen wir uns in unsere Schlafsäcke.

Die ganze Nacht hindurch schleudert der Wind Sand gegen die Zeltwand. Ich wage einen Blick nach draußen. Wolken jagen über den Nachthimmel. Dazwischen funkeln ein paar Sterne. Wieder ein Windstoß, so stark, dass er eine Verankerung von Williams Zelt aus dem Sandboden reißt. Der Stoff flattert. Ich höre einen kurzen Fluch, doch anscheinend stört es William nicht weiter.

Bis zur Morgendämmerung hat sich der Wind gelegt. Nur noch wenige Wolken hängen über dem Gipfel. Bura holt uns noch vor Tagesanbruch aus den Schlafsäcken. Die Träger werden bald da sein, sagt er. Wir sollten versuchen, noch vor der Mittagshitze wieder unten im Lager zu sein.

Während ich noch müde meinen Schlafsack zusammenrolle, reißt mich ein Schrei von Mister William jäh aus der Schlaftrunkenheit. »Schnell, schnell, hier quillt Lava aus der Kruste!« Ich schlüpfe barfuß in meine Bergstiefel und stolpere aus dem Zelt auf William zu. Tatsächlich – unterhalb eines Kamins hat sich ein etwa 40 Zentimeter großes Loch aufgetan. Wie schwarzer, öliger Schlamm quillt die Lava mit schmatzenden Geräuschen daraus hervor. Ein kleiner Strom hat sich entwickelt. Nach 30 Metern ist die Schmelze bereits so abgekühlt, dass sie erstarrt. Der Druck im Loch scheint stärker zu werden. Immer mehr Lava quillt hervor und schiebt sich über den Kraterboden. Sie sieht so harmlos aus, doch wenn man ihr zu nahe kommt, spürt man sofort die Hitze. Bura steckt das Ende seines Massai-Stocks in den schwarzen Brei, der nicht glüht, aber doch etwa 600 Grad heiß ist. Das Holz verkohlt sofort. Schwefelwasserstoffgas breitet sich aus. Der Geruch von faulen Eiern liegt in der Luft.

Knapp zehn Minuten dauert das Schauspiel. Dann versiegt die Lavaquelle, und Bura drängt zum Aufbruch. Schon kommen die Träger über den Rand des Kraters anmarschiert. Jetzt geht alles ganz schnell. Die Zelte werden abgebaut, die Bündel geschnürt. Kurz nach Sonnenaufgang durchqueren wir zum letzten Mal die Mondlandschaft im Krater des Lengai. Zwei Stunden später haben wir bereits die steilsten Abschnitte der felsigen Gipfelflanken hinter uns. Die Träger rutschen in ihren Gummisandalen den staubigen Pfad hinunter. Dort, wo der Weg ins hohe Gras mündet, steht bereits die Hitze. Wieder kleben Hose und Hemd an meinem Körper. Unter meinem Hut rinnen die Schweißtropfen hervor. Meine Oberschenkel brennen wegen der ständigen Anspannung beim schnellen Abstieg auf dem steilen Pfad. Durchhalten! Es sind nur noch ein paar Hundert Meter bis zum Jeep. Abraham wartet schon.

Erleichtert atme ich auf, als Bura mir den Rucksack abnimmt. Die Männer zurren das Gepäck auf dem Dachträger fest. Vier unserer Träger bleiben dort oben sitzen, wir anderen quetschen uns in den Jeep, vier auf die Rückbank, zwei auf den Beifahrersitz. So beladen, schaukeln wir langsam die fünf Kilometer zum Camp zurück.

Dort zahlen wir zuerst Bura und die Träger aus. Die jungen Massai-Männer verabschieden sich. Bura bleibt noch ein Weilchen zum Plaudern. Mister William kocht Kaffee, dazu gibt es Kekse.

Ein kurzes Bad im Fluss bringt meine Beine wieder in Schwung. Nachdem wir unsere Ausrüstung notdürftig entstaubt und gesäubert haben, dösen wir im Schatten der Schirmakazien. Gegen Abend klettert eine Herde Paviane über die Felsen am Flussufer gegenüber. Sie beäugen uns misstrauisch, bevor sie sich ans Wasser wagen, um zu trinken. Die Massai-Kinder treiben ihre Ziegen am Camp vorbei zurück zum Dorf. Die Zikaden beginnen laut zu zirpen, als die Sonne orangerot am Horizont verschwindet.

Etwa eineinhalb Jahre nach der Besteigung des Oldoinyo Lengai, des Vulkans mit der »kalten Lava«, geht es ans andere Ende der Welt, in die Karibik, auf einen der jüngsten Vulkankegel der Erde, den Soufrière-Hills-Vulkan auf der Insel Montserrat. Er ist innerhalb von nur fünf Jahren um 700 Meter in die Höhe gewachsen.

Der Feuerberg ist hochgefährlich, denn seine Lava ist extrem zäh. Schon zu Stein erstarrt, schiebt sie sich kontinuierlich aus dem Schlot. Dabei entstehen mächtige, bis zu 50 Meter hohe Felsnadeln aus mehrere hundert Grad heißem Gestein, die plötzlich einfallen können. Die Folge sind glühende Felsstürze und verheerende Glutströme, eines der gefährlichsten Phänomene bei aktiven Vulkanen.

8 Glutlawinen in der Karibik

Montserrat ist eine kleine, gebirgige Insel in der Karibik – mit dichtem, grünem Tropenwald bewachsen, mit sonnigen Stränden, umspült von den Wellen des blauen Meeres. Eine Trauminsel, nur zwölf Kilometer lang und bis sieben Kilometer breit, Geheimziel reicher Touristen – bis zum Juli 1995, als plötzlich wie aus einem geplatzten Rohr ätzende Gase aus einem Hang der alten Soufrière Hills zischten, einer Hügelkette nahe der Hauptstadt Plymouth. Gewaltige Eruptionen folgten. Die Aschewolken stiegen kilometerhoch in den Himmel. Ein alter Vulkan war nach 400 Jahren Ruhe wieder zum Leben erwacht und veränderte schlagartig das Leben der 12 000 Inselbewohner. Ihre Haupteinnahmequelle, der Tourismus, versiegte. 8000 Menschen verließen Montserrat. Die, die zu Hause blieben, wurden in den sicheren Norden des Eilandes umgesiedelt. Der Süden um den Vulkan ist verwüstet und wurde zum Sperrgebiet erklärt. Niemand außer den Wissenschaftlern, die dort ihre Überwachungsstationen installiert haben, darf es betreten, denn der Vulkan könnte jederzeit wieder losbrechen.

Als Bernhard und ich im November 2000 auf die Insel kommen, ist der neu erwachte Vulkan zu einem Kegel angewachsen, der sogar den Chances Peak überragt, den mit 914 Metern höchsten Berg auf Montserrat. Er ist immer noch nicht zur Ruhe gekommen. Im Gegenteil. Die Wissenschaftler am Observatorium, die ihn überwachen, erwarten noch mehr Aktivität. Die Geschwindigkeit, mit der sich das bereits harte, aber immer noch 850 Grad heiße Lavagestein aus dem Schlot schiebt, hat nämlich wieder zugenommen. Bis zu fünf Kubikmeter heiße, bereits erstarrte Lava pro Sekunde schieben sich aus dem Schlund des Feuerbergs wie zähe Zahnpasta aus der Tube und lassen auf dem Gipfel gigantische Monolithen entstehen, turmgleiche Felsnadeln, die bis zu 100 Meter hoch werden können.

Wir haben vor Antritt dieser Reise mit dem Observatorium Kontakt aufgenommen und erfahren, dass die Gelegenheit günstig sei, am Soufrière-Hills-Vulkan Glutlawinen zu beobachten. Glutlawinen gibt es oft an explosiven Vulkanen. Sie sind unberechenbar, sehr schnell und daher höchst gefährlich. Dieses Gemisch aus Gas, Staub und Steinen bis hin zu hausgroßen Blöcken ist mehrere hundert Grad heiß und rast mit einer Geschwindigkeit von 200 bis 300 Stundenkilometern den Berg hinunter. Wer in die Bahn einer Glutlawine gerät, ist verloren.

Auf Montserrat, so teilten uns die Vulkanologen vom Observatorium mit, könne man dieses schwer kalkulierbare Phänomen gut beobachten, ohne sich in Lebensgefahr zu begeben. Diese seltene Gelegenheit wollen wir nutzen. Also fliegen wir über Kuba auf die Kleine Antilleninsel Antigua in die Karibik. Von dort aus gelangt man mit dem Schiff in etwa einer Stunde nach Montserrat.

Trotz der an sich beruhigenden Auskunft der Vulkanologen ist mir etwas mulmig zu Mute. Immerhin ereignete sich eine der größten Glutlawinen-Katastrophen seit Menschengedenken auf einer Nachbarinsel von Montserrat, auf Martinique. Im Jahr 1902 starben dort 30 000 Menschen, als die glühende Wolke aus dem Schlund des Mont Pelée die Küstenstadt St. Pierre überrollte. Auch das berühmte Vulkanologenpaar Katja und Maurice Krafft kam in einer solchen Glutlawine um, als es dieses Phänomen am japanischen Vulkan Unzen dokumentieren wollte. Dabei waren die beiden, wie Filmaufnahmen kurz vor ihrem Tod zeigen, davon überzeugt, an ihrem Beobachtungsstandort sicher zu sein. Doch Glutlawinen sind unberechenbar.

Es ist bereits später Nachmittag, als der große Katamaran auf die Insel zusteuert. Der Himmel ist nahezu wolkenlos, für karibische Verhältnisse sehr ungewöhnlich. Deshalb stehen fast alle Passagiere an Deck und betrachten den Vulkan, dessen Spitze heute nicht verhüllt ist, sondern sich scharf gegen die Sonne abzeichnet. Alle paar Minuten löst sich am Gipfel eine kleine Steinlawine und stürzt hinab. Auch wenn sich daraus keine Glutlawine entwickelt, zeigen diese Felsstürze, dass sich eine Menge heißes Lavagestein aus dem Schlot schiebt.

Der Hafen von Montserrat im Süden der Insel wurde bei größeren Ausbrüchen des Soufrière-Hills-Vulkans im Jahr 1997 zerstört. Wir legen an einer neuen Mole in Little Bay im Norden an. Da Montserrat bis heute britisches Territorium ist, müssen wir die Zollkontrolle in einem der Holzhäuser an der Küste passieren. Vor dem provisorischen Hafengebäude wartet bereits David Lea. Wir haben ihn über das Internet kennen gelernt, als wir nach einer Unterkunft auf Montserrat suchten. David ist Amerikaner, lebt aber schon seit vielen Jahren mit seiner Familie auf Montserrat.

Der große, blonde Mann mit hellen blauen Augen und Vollbart, Ringen im Ohr und an den Fingern ist Missionar und Hobby-Vulkanologe. Er hat alle Phasen des neuen Ausbruchs am Soufrière-Hills-Vulkan von Anfang an auf Videofilm dokumentiert.

David fährt einen Pick-up. Auf der Ladefläche lümmelt ein großer Hund. »Das ist Juda«, sagt David. Dann zeigt er in die Fahrerkabine, auf einen etwa sechsjährigen Jungen. »Und das da ist Noah.« Offenbar lebt die Familie ganz nach der Bibel.

David lädt unser Gepäck auf. Wir steigen ein und fahren los. Die Straße ist sehr schmal und kurvig. Sie führt weg von der Küste, steil hinauf ins Gebirge. Nach einer Viertelstunde biegt David links ab und fährt durch ein Tor in einen wunderschönen Tropengarten. »*Iguanas crossing*« steht auf einem gelben Schild, also ist mit regem

LeguanVerkehr zu rechnen. »Wir haben eine Menge dieser kleinen Drachen in unserem Garten«, sagt David. Einige davon sitzen auf einem Felsen neben der Zufahrt. Kaum haben sie uns bemerkt, flitzen sie ins Gebüsch.

Am Haus, einem flachen, leicht angewitterten Holzbau über dem steil zur Küste abfallenden Garten, warten bereits Davids Frau Glover und der zweite Sohn Jessy, etwa zehn Jahre alt, sowie Katze Rosi. Die Begrüßung ist kurz und herzlich. Dann begleitet uns die ganze Familie zu einer Holztreppe, die an Bananenstauden vorbei zu einem Anbau auf Stelzen führt, in dem sie ihre Gäste unterbringen. Sie händigen uns den Schlüssel aus, wünschen uns einen schönen Abend und lassen uns allein.

Ich bin wie berauscht von der tropischen Umgebung. Die Treppe führt zu einer kleinen, überdachten Veranda hinauf, die an einer Seite von leuchtend rot blühenden Bougainvilleen überwuchert ist. Eine Hängematte schaukelt im Wind. Die Luft ist angenehm kühl. Über Palmwipfel und einen großen Mangobaum in der Mitte des abschüssigen, grünen Gartens hinweg geht der Blick hinaus aufs Meer. In der Ferne sind die Umrisse der kleinen, unbewohnten Felsinsel Redonda zu sehen. Die Abendsonne taucht das Bild in ein warmes Licht.

Der Missionar und seine Familie leben wie im Paradies. »Hier in unserem Haus haben wir kaum etwas von den schweren Vulkanausbrüchen der letzten Jahre mitbekommen«, erzählt er später. Manchmal sei Ascheregen niedergegangen, und natürlich habe man den Knall der Explosionen gehört und später das Grummeln des Vulkans, der etwa acht Kilometer weiter südlich rumort. Aber hier sei man sicher.

Wir haben Davids alten PKW gemietet. Nach einer traumlosen Nacht und einem opulenten Frühstück auf unserer Veranda fahren wir zum Vulkanobservatorium. Es wurde 1995, nur wenige Wochen nach den ersten Gasausbrüchen, in einem alten, weißen Steingebäude, dem Haus eines ehemaligen Plantagenbesitzers, im sicheren Norden der Insel eingerichtet. Der Vulkan liegt ein paar Kilometer Luftlinie vom Observatorium entfernt hinter einer Bergkette und ist daher nicht zu sehen. Doch die Wissenschaftler haben ihn mithilfe von Livekameras und Messgeräten, die laufend Daten zum Observatorium funken, sozusagen ständig im Blick.

Wir treffen uns mit Glenn Thompson. Glenn ist Erdbebenexperte und immer in Alarmbereitschaft. »Den ganzen Tag tust du nichts, als nachzuschauen, ob die Geräte laufen«, sagt er, »und plötzlich in der Nacht, wenn du gerade eingeschlafen bist, geht der Piepser.« Zusammen mit drei Kollegen, die wie er aus England hierher gekommen sind, überwacht er schon seit ein paar Jahren im Auftrag der britischen Regierung den Soufrière-Hills-Vulkan, um die Bevölkerung rechtzeitig zu warnen, falls es Anzeichen für neue große Ausbrüche geben sollte. Sein Arbeitszimmer ist voll mit Apparaten, die jede Regung des Feuerbergs registrieren. Am Gürtel trägt er, wie die Ärzte in Krankenhäusern, einen kleinen Funkempfänger, der Alarm schlägt, sobald die Messwerte auf den Instrumenten bestimmte Grenzen überschreiten.

Wir sitzen noch keine fünf Minuten in seinem Zimmer, als es piepst – und zugleich ertönt ein schrilles Pfeifen. Glenn horcht auf. »Das ist das Signal, das Erdbeben unter dem Vulkan hörbar macht, sobald sie eine kritische Stärke erreichen«, erklärt er kurz. Dann konzentriert er sich ganz auf die weißen Trommelrollen der Seismografen. Diese Apparate, mit denen Erdbeben aufgezeichnet werden, registrieren jede Erschütterung auf der Insel. Jetzt schlagen sie weit aus. Ihre dünnen Metallzeiger, die eben noch eine fast waagrechte Linie zeichneten, huschen hektisch hin und her und hinterlassen dabei kräftige Spuren auf dem Papier über den Drehtrommeln. »Wahrscheinlich ist wieder eine Glutlawine ins Tal des Tar River niedergegangen«, vermutet Glenn, also kein kleiner Steinschlag, wie wir sie vom Schiff aus gesehen haben, sondern ein gewaltiger Strom aus heißen Steinen, glühendem Staub und ätzendem Gas. Die Wissenschaftler bezeichnen sie als *pyroclastic flows* oder kurz PF. Im Tar River Valley, einer einst üppigen grünen Schlucht, können sie jedoch keinen Schaden mehr anrichten, sagt Glenn. Dort ist bereits alles vernichtet. Das Tal ist größtenteils verschüttet und gleicht einem Trümmerfeld.

Bernhard und ich warten gespannt, was passiert. Glenn blickt auf den Monitor, der das Bild der Livekamera am Vulkan zeigt, um seine Vermutung zu überprüfen. Doch es ist keine Hilfe, denn an vier von fünf Tagen verhüllen dichte Wolken die obere Hälfte des Feuerbergs. »So ist das leider in den Tropen«, seufzt Glenn. Trotzdem bestätigt sich einige Minuten später seine Annahme. Auf dem Bildschirm erscheint plötzlich eine graubraune Masse über dem milchig weißen Wolkenvorhang – der Staub des Glutstroms, den das Gas in die Höhe treibt.

Glenns Kollege Peter Dunkley kommt herein. Glenn informiert ihn kurz, und Peter prüft sofort die Windrichtung. »Nordwest – die Wolke zieht ab übers Meer«, sagt er erleichtert. »Also kein Staub- und Ascheregen über bewohnten Gebieten.« Trotzdem will er über den Rundfunksender der Insel eine Meldung durchgeben.

Da die Vulkanologen jetzt beschäftigt sind, verabreden wir ein weiteres Treffen und fahren zurück in unsere exotische Unterkunft. Mittlerweile ist es sehr warm geworden, und der kühle Luftzug, der durch die schattige Veranda weht, macht die Temperatur erträglich.

David kommt aus dem Garten herauf und setzt sich zu uns. Von ihm erfahren wir, dass derzeit nur noch 4500 Menschen auf Montserrat leben. Vor fünf Jahren waren es dreimal so viele. Doch dann erwachte der Vulkan. Mitten im Tropenwald in den Hügeln im

Süden sei er kontinuierlich angewachsen, etwa dort, wo lediglich ein paar dampfende Schwefelquellen darauf hingedeutet hatten, dass Montserrat, wie fast alle karibischen Inseln, vulkanischen Ursprungs ist.

Nachdem David in Fahrt gekommen ist, hört er so schnell nicht wieder auf. Als Chronist des Ausbruchs kennt er alle Einzelheiten. Er hat sich oft sehr nah an die Ausbruchstelle herangewagt, was die Vulkanologen vom Observatorium gar nicht so gern sahen. Doch David war, wie er sagt, ganz gebannt von der Gewalt und der Kraft, die in dem Vulkan stecken. Außerdem sei es wichtig für die Menschen, die hier leben, genau zu sehen und zu verstehen, was sich auf ihrer Insel abspielt.

David kennt auch viele wissenschaftliche Details. Der neue Feuerberg von Montserrat speit keine glutflüssige, glühende Gesteinsschmelze, sondern schiebt ganz langsam heiße Brocken aus schwarzer, bereits auskristallisierter Lava aus seinem Schlund. Auf diese Weise ist allmählich ein neuer Hügel herangewachsen, der im Innern mindestens 850 Grad heiß ist. Das lässt sich aus der Ferne anhand der Wärmeabstrahlung messen.

Wissenschaftler bezeichnen einen solchen Kegel als vulkanischen Dom. Je schneller und höher so ein Dom wächst, desto instabiler wird er. Sein Gestein wird durch den Druck und durch die Spannung beim Hochschieben aus dem Erdinneren mürbe. Immer wieder brechen Stücke ab. Glühende Felsen donnern dann den neuen Berg hinunter. Sie zerspringen dabei in tausend Teile, wobei das Gas, das in den feinen Poren steckt, frei wird. Es treibt den heißen Staub in die Höhe. So baut sich eine blumenkohlartige, graubraune Wolke auf. Manchmal, so berichtet der Missionar mit der ihm eigenen getragenen Stimme, kommt es zu einem regelrechten Kollaps. Dann brechen plötzlich große Mengen heißen Gesteins im Gipfelbereich ab. Die Lava, die noch im Schlot steckt, wird dadurch entlastet. Gase werden schlagartig frei. Es kommt zu Explosionen. Dann wälzen sich gleich mehrere Glutströme die Hänge hinunter; zugleich schießen Aschewolken in den Himmel.

Das passierte erstmals zwei Jahre nach Beginn des Ausbruchs im Juli 1995. Dabei wurde die Hauptstadt Plymouth vollständig vernichtet. Auch der Hafen und der Flughafen wurden zerstört. Die Einwohner im Umkreis des Vulkans wurden evakuiert. Dennoch kamen 23 Menschen ums Leben. Der Dom wuchs erneut drei Jahre lang, bis er im März 2000, also acht Monate vor unserer Reise, wieder kollabierte. Nachdem sich die Staub- und Aschewolken verzogen hatten, zeigte sich, dass dem jungen Vulkankegel oben 200 Meter fehlten.

David hat all diese Vorgänge auf Video aufgenommen. Die Filme seien schon mehrmals von dem kleinen Fernsehsender auf Montserrat ausgestrahlt worden, berichtet er stolz. Er hat auch Leute interviewt, die einen Glutstrom überlebt haben, und, wenn auch dezent, eine verkohlte Leiche gefilmt. Nun versucht er, das Filmmaterial an große Fernsehsender in den USA und anderswo auf der Welt zu verkaufen und damit neben seinem Missionarsjob und der Zimmervermietung ein wenig Geld dazuzuverdienen. Doch die Geschäfte gehen zäh.

David ist immer mit einem Ohr am Funkgerät in seinem Wohnhaus. Kein Funkspruch, in dem der Vulkan erwähnt wird, entgeht ihm. Denn er will, wenn größere Glutströme abgehen, sofort zur Stelle sein, um sie zu filmen und die Dokumentation fortzusetzen.

Nach dem letzten Domkollaps im März presst der Feuerberg weiterhin harte Lava aus seinem Schlot. »Der Gipfel des Doms liegt jetzt bei 1077 Metern, höher als jemals zuvor«, sagt David und empfiehlt uns, zum Garibaldi Hill zu fahren, einem Hügel am Rand des Sperrgebiets. »Von dort aus hat man einen guten Blick auf den Vulkan, auf die Wege der Glutströme und auf Plymouth – das heißt auf das, was davon noch übrig ist.«

Bernhard und ich folgen seinem Rat und steigen ins Auto. Kurvenreiche, schmale Straßen führen durch den tropischen Wald, durch kleine Siedlungen und Bananenpflanzungen. Viele Menschen, die vor dem Ausbruch im Süden der Insel gewohnt und ihre Häuser und Felder verloren haben, wurden inzwischen in neue Behausungen im sicheren Norden umgesiedelt. Geschäftsleute haben in frisch gezimmerten und farbig bemalten Holzhäuschen neue Läden eröffnet. Sie alle hoffen, dass sich der Vulkan wieder beruhigt und sie dann in ihre alten Häuser zurückkehren können.

Ich schalte das Autoradio ein. Auf dem Regionalsender ist eine Steelband zu hören. Blechtrommeln und Rasseln erklingen im Calypso-Rhythmus. Eine Stimme singt vom Vulkan, mit dem sich die Menschen auf der Insel arrangieren müssen. »Wir wollen mit dir leben«, sagt die Stimme zu dem Berg, der den Menschen so viel Kummer bereitet. Wir sollten dieses Lied noch oft hören. Es ist im Moment der Inselhit. Das ganze Leben auf Montserrat scheint durchdrungen vom Geschehen auf dem Feuerberg.

Der Garibaldi Hill ist nicht üppig grün, sondern mit trockenem Gras überwuchert. Er gehört zu den Regionen auf der Insel im Windschatten der hohen Berge, wo es nicht besonders viel regnet. Auf dem Hügel steht ein kleines Steingebäude. Daneben ragt eine Antenne in den Himmel. Vermutlich handelt es sich um eine der vielen Funkstationen des Observatoriums.

Vor uns liegt eine niedrige Hügelkette. Sie bildet die Grenze zwischen Sperrgebiet und sicherem Inselbereich. Dahinter ist Plymouth zu sehen.

Die Küstenstadt erstreckt sich ein Stück den Hang hinauf, der sich heute unter Wolken verliert. Der Gipfel des Chances Peak und der Dom des Soufrière-Hills-Vulkans, die man von hier aus sehen müsste, verbergen sich hinter dem weißen Bausch aus Wasserdampf.

Plymouth muss eine sehr schöne, gemütliche Stadt gewesen sein, mit vielen bunten Häusern und karibischem Flair. Dort gab es früher auch ein Tonstudio, das Air Studio, in dem prominente Musiker und Bands berühmte Songs produzierten. Paul McCartney und Stevie Wonder zum Beispiel nahmen dort das Lied »Ebony and Ivory« auf, das vom harmonischen Zusammenklang von schwarzem Ebenholz und weißem Elfenbein im Klavier handelt. Dieses Lied über den Frieden zwischen allen Menschen, egal welcher Hautfarbe, wurde einer der weltweit meistverkauften Hits der 80er-Jahre.

Von diesem beschaulichen Plymouth ist nichts mehr übrig. Es ist heute eine Geisterstadt. Durchs Fernglas kann ich an der Küste, wo das Stadtzentrum gelegen haben muss, einen Schuttstrom erkennen, aus dem die oberen Stockwerke von Häusern und der weiße Uhrenturm, das ehemalige Wahrzeichen der Stadt, ragen. Die meisten Dächer sind eingedrückt. Große Wassertanks liegen herum, als hätte ein Riese damit Fußball gespielt.

Ich muss an das Gespräch mit David denken. Nicht nur Glutströme hätten die Stadt vernichtet, erfuhren wir, sondern bei jedem starken Regenguss wälzten sich immer neue Schlammlawinen den Berg hinunter. Die Glutlawinen haben die Wälder, die früher den Regen abfingen, niedergewalzt und versengt. Deshalb kann das Wasser den Boden am Berghang leicht ausschwemmen und Steine, Sand und Staub, die sich aus den Glutströmen abgelagert haben, mit sich fortspülen.

Ich schwenke das Fernglas an den Rand der Stadt. Dort scheint auf den ersten Blick nicht viel passiert zu sein. Intakte Häuser stehen in grünen, ein wenig verwilderten Gärten an Straßen, auf denen jedoch keine Autos zu sehen sind. Die Fenster sehen aus wie schwarze Löcher. Stille liegt über der Landschaft. Grabesstille. Das sind die Bereiche, die zwar von einigen großen Glutwolken gestreift, aber nicht zerstört wurden und jetzt wieder ergrünen. Doch sie liegen direkt in der Falllinie möglicher Glutlawinen und wurden deshalb zum Sperrgebiet erklärt, die kein Mensch, auch kein Hauseigentümer, betreten darf.

Die nächsten fünf Tage auf Montserrat sind sonnig und warm. Weiße Bauschwolken zieren den blauen Himmel. Ich wünsche sie zum Teufel. Sie legen sich auf die höchsten Berggipfel und bewegen sich nicht mehr von dort weg. Vom Soufrière-Hills-Vulkan habe ich bislang immer nur die untere Hälfte gesehen und damit auch nur die untere Hälfte der Glutlawinen, die sich alle paar Stunden an seinem Gipfel lösen und in Richtung Tar Valley hinunterrauschen.

Unverdrossen fahren wir Tag für Tag quer über die Insel zum Jackboy Hill an der Ostküste. Von dort aus hat man den besten Blick ins Sperrgebiet und auf den neuen Vulkankegel mit dem dampfenden Dom am Gipfel.

Erst am sechsten Tag haben wir Glück. Die Luft ist klar. Nur wenige Wolken ziehen über den Himmel. Schon um sieben Uhr morgens treffen wir am Jackboy Hill ein. Auch hier stehen, wie am Garibaldi Hill, ein Steinhaus und eine Funkantenne des Observatoriums. Außerdem dreht sich ein Windmesser, und eine Livekamera ist installiert.

Heute ist der Gipfel frei. Drei mächtige Zacken ragen empor. Das müssen Felstürme aus der heißen, bereits erhärteten Lava sein, die der Vulkan kontinuierlich aus seinem Schlot schiebt. Da – eine Lawine hat sich gelöst. Steine springen die Flanke des Kegels hinunter. Staub wirbelt auf. Doch schon im oberen Drittel kommt die Lawine zum Stehen. Es war nur ein kleinerer *rock fall*, ein Felssturz, und keine Glutlawine.

Bernhard schraubt die Kamera aufs Stativ. Er will bereit sein, wenn die nächste Glutlawine ins Rollen kommt.

Es dauert nicht lange, da nähert sich ein Auto des Observatoriums. Es ist Tappi, ein einheimischer Mitarbeiter des englischen Vulkano-logen-Teams. Er packt ein Vermessungsgerät aus. Die Wissenschaftler nutzen jeden freien Blick auf den Gipfel, um die Veränderungen zu dokumentieren.

Weil das Wetter heute so schön ist, hat Tappi seine Familie mitgebracht, seine Frau Ariane und die beiden kleinen Kinder. Alle schauen zuerst auf die Silhouette des Feuerbergs, denn so klar ist er nicht oft zu sehen.

Während Tappi sich auf seine Arbeit konzentriert, komme ich mit Ariane ins Gespräch. Die große, dunkelhäutige Frau, die ihr schwarzes Haar kunstvoll in Zöpfen am Kopf entlanggeflochten hat, ist auf Montserrat geboren und hat die Insel noch nie verlassen. Sie lebte in Plymouth und war zum ersten Mal schwanger, als der Vulkan 1997 die Hauptstadt zerstörte. »Wir wurden insgesamt viermal evakuiert«, erzählt sie. »Zuerst waren wir in einer Kirche untergebracht, später dann in einem Zeltlager noch ein Stück weiter vom Vulkan entfernt.« Einmal sei so viel Asche vom Himmel gefallen, dass die Zelte über den Menschen zusammenbrachen. »Es war furchtbar«, sagt Ariane. »Die Jungen haben den Alten geholfen, sich in Sicherheit zu bringen. Ich war hochschwanger und habe das Zeltdach über mir hochgestemmt, solange es ging, damit andere, die noch weniger Kraft hatten als ich, aus dem Chaos rauskamen.« Dann seien Soldaten eingesetzt worden, um zu helfen. »In all dem Durcheinander wurden Kinder von ihren Müttern getrennt, es war ein Suchen und Schreien, und es dauerte Tage, bis sich die Aufregung gelegt hatte.« Ihren ersten Sohn brachte Ariane in einer Schule zur Welt, nur durch ein aufgespanntes Leinentuch von ihren kranken Bettnachbarn getrennt. Draußen grollte der Vulkan. Bei der Erinnerung daran schüttelt sie den Kopf. Doch sie hat alles gut überstanden. Wegen des Feuerbergs würde sie die Insel nie verlassen, sagt sie. Sie möchte nirgendwo anders leben, wenn es nicht unbedingt sein muss. Jetzt wohnt Ariane mit ihrer Familie in der Neubausiedlung »Look-out« im sicheren Teil der Insel.

Ariane deutet auf den Vulkan. Ein größerer Felssturz hat sich gelöst. Er scheint sich zu einer Glutlawine zu entwickeln. Immer mehr Fels bricht in der Gipfelregion ab und stürzt zu Tal. Unmengen Staub wirbeln empor. Obwohl die Lawine mehr als 100 Stundenkilometer schnell sein dürfte, wirkt es aus der Entfernung, als würde sie sich in Zeitlupe lautlos den Hang hinunterbewegen. Sie erreicht den Fuß des Vulkans, nicht aber das Meer. Erst nach zehn Minuten hat sich der Staub gelegt hat, und der Gipfel ist wieder zu sehen.

Noch ein Auto fährt den Jackboy Hill herauf. Es ist Rick Herd vom Observatorium. Er hilft Tappi und macht ein paar Fotos vom Vulkan. »Soweit wir das abschätzen können, sind die *spines*, die Felstürme da oben, bis zu 70 Meter hoch«, sagt er. »Es dürften die größten sein, die wir bislang hier erlebt haben.«

Rick muss heute zum ehemaligen Inselflughafen im Sperrgebiet, um dort Messungen zu machen, und fragt, ob wir mitkommen wollen. Es werde etwa einen halben Tag dauern. Natürlich nutzen wir die Gelegenheit. Über Funk holt Rick noch die Genehmigung vom Observatorium ein. Dann steigen wir zu ihm in den Landrover und fahren los, den Jackboy Hill hinunter, diesmal aber nicht nach Norden, sondern nach Süden.

Nach etwa zwei Minuten kommen wir an eine rot-weiß gestreifte Schranke: »Gefahr – Sperrgebiet. Kein Zutritt für Unbefugte«. Rick holt einen Schlüssel aus dem Handschuhfach, öffnet den Schlagbaum und schließt hinter uns wieder ab. Es geht noch ein ganzes Stück auf der verlassenen Teerstraße den Hügel hinunter bis ans Meer.

Am Fuß des Jackboy Hill liegen üppig grüne Wiesen, ehemaliges Weideland. Langsam beginnen sie zu verwildern. Sträucher und

Bäume machen sich breit. Wir treffen auf eine Herde wilder Esel. Die Jungtiere springen übermütig herum, als sie das Auto kommen sehen. Dann geht es an den Ruinen einer alten Zuckerfabrik vorbei, deren Kamin hoch in den Himmel ragt. 100 Meter weiter kommen die Überreste des Flughafens in Sicht.

Seit fünf Jahren waren keine Menschen mehr hier. Nur die Wissenschaftler, die zu ihren Messstellen fahren, oder ein paar Einheimische, die trotz des Verbots manchmal versuchen, zu ihren Häusern vorzudringen, um nach dem Rechten zu sehen.

Das hatte uns am Abend zuvor eine Restaurantbesitzerin erzählt, die 1997 aus ihrem Haus nahe der Küste evakuiert worden ist. Das Gebäude samt Garten sei, weil es etwas erhöht liegt, zwar von den großen Glutlawinen verschont geblieben, aber es ist von Schutt umgeben. Wochen nach den schweren Eruptionen habe sie sich mit zwei Freunden trotz der Gefahr und des Verbotes einmal nachts hingewagt. »Ich war erschüttert. Die Fensterscheiben waren zerborsten, und überall auf den Möbeln lag zentimeterdick der feine, helle Staub.« Dann passierte etwas, womit sie überhaupt nicht gerechnet hatte. Ihre Katze, die sie schon verloren geglaubt hatte, kam plötzlich auf sie zu.

Sie war stark abgemagert und hatte ein räudiges Fell. »Ich habe geweint, vor lauter Freude, dass sie noch lebt«, berichtete die Frau.

Als sie auf dem Rückweg in der Dunkelheit den Schutt des Glutstroms im Licht der Taschenlampe überquerte, geriet sie mit einem Fuß in ein Staubloch zwischen zwei Felsblöcken und sank bis zum Oberschenkel ein. »Es war noch unglaublich heiß an den Füßen«, erinnerte sich die Restaurantbesitzerin. Um ihre Beine strich die alte Katze, wieder gut gefüttert, und schnurrte zufrieden.

Als ich Rick die Geschichte auf der Fahrt erzähle, meint er, das mit der Hitze könne er nur bestätigen. Die Frau habe großes Glück gehabt, denn das urspünglich glühend heiße Lawinenmaterial kühlt nur sehr langsam ab. Das Observatroium habe bei Messungen im bis zu zehn Meter dicken Schutt der Glutlawinen festgestellt, dass noch sieben Monate nach der Ablagerung zwei Meter unter der Oberfläche eine Temperatur von 350 Grad herrschen kann.

Rick fährt auf die Start-und Landebahn, die mit etwa 200 Meter Abstand parallel zur Küste verläuft. Zur Hälfte ist sie noch intakt. Die andere Hälfte wurde von einer Glutlawine verschüttet.

Rick parkt den Wagen so, dass wir jederzeit schnell hineinspringen und flüchten können, denn wir stehen hier direkt in einer Lawinenbahn. »Derzeit gehen zwar fast alle PFs ins Tar River Valley etwa zwei Kilometer weiter südlich, aber man weiß ja nie«, sagt er und greift zum Funkgerät, um seinen Kollegen im Observatorium unsere Position durchzugeben. Dann erkundigt er sich nach der Erdbebenaktivität im Berg: »Was sagen denn die Trommeln?« Er meint die Drehtrommeln, auf denen die Nadeln der Seismografen im Observatorium ihre Linien ziehen. Denn kleine Erschütterungen erzeugen oft ein charakteristisches Signal, das einen bevorstehenden Glutstrom ankündigt. Im Moment gibt es dafür jedoch keine Anzeichen.

Also packt Rick das Vermessungsgerät aus. Bernhard bringt seine Kamera in Stellung, und ich habe viel Zeit, um mir die Umgebung genauer anzusehen. »Geh aber nicht zu weit weg«, mahnt Rick, »uns bleiben nur zwei bis drei Minuten zur Flucht, wenn sich da oben ein größerer PF lösen sollte.«

Die Sonne sticht. Ich ziehe meinen Hut weiter in die Stirn.

Wir sind nun viel näher an dem graubraunen, über 1000 Meter hohen Schuttkegel als zuvor am Jackboy Hill. Von hier aus sind auch die hellen Gaswolken gut zu sehen, die ständig aus dem Dom quellen. Alle paar Minuten lösen sich ein paar Felsbrocken am Gipfel und rollen ein Stück die Vulkanflanke hinunter.

Die Bahn der Glutlawinen, an deren Ende ich stehe, ist übersät mit riesigen Felsblöcken. Auch völlig verkohlte Holzstücke liegen herum. Diese Schuttmassen haben weiter oben am Berg einige Häuser unter sich begraben, bevor sie hier an der Küste ans Flughafengebäude schlugen. Der Tower steht zwar noch, aber das oberste Stockwerk wurde weggerissen. Auf dem lang gestreckten Gebäude fehlt das Dach. Türen und Fenster sind herausgebrochen.

Plötzlich ist ein dumpfes Grollen zu hören. Ich blicke auf den Gipfel des Soufrière-Hills-Vulkan. Ein riesiger Brocken Lava bricht vom Fuß eines der mächtigen Felstürme, zerspringt in unzählige Bruchstücke, die so zu Tal poltern, dass wir sie bis hierher hören. »Das könnte was werden«, ruft Rick. Da die Lawine Kurs auf das Tar Valley nimmt, haben wir an unserem Standort zunächst nichts zu befürchten. Doch mir schlägt das Herz bis zum Hals. Ein englischer Mediziner namens Peter Baxter hat Glutlawinenopfer untersucht und beschrieben, wie sie sterben. Da ist zunächst die Hitze. Kein Mensch kann Temperaturen über 200 Grad aushalten. Der Körper verkohlt in kürzester Zeit. Außerdem wird durch den Druck glühender Staub in die Lungen gepresst und verbrennt die Lungenbläschen, was sofort zum Tod führt.

Vor meinen Augen entwickelt sich tatsächlich ein PF. Die Gase, die beim Zerplatzen der Felsblöcke frei werden, treiben den Staub immer höher in die Luft. Die ganze Flanke des Vulkans ist jetzt in eine graubraune Wolke gehüllt, die zu Tal rast und an ihrer Front wie ein riesiger Bulldozer Steine und Felsblöcke aufwirbelt. Erst kurz vor der Küste kommt sie zum Stehen, dehnt sich aber immer noch weiter nach oben aus. Immer neue Staubwölkchen quellen aus der großen Wolke empor und breiten sich aus.

Gleichzeitig knackt das Funkgerät. Ricks Kollegen im Observatorium sind besorgt. Der Piepser hat Alarm geschlagen. Rick erläutert die Lage, gibt durch, wann genau der Glutstrom losgebrochen ist, und beschreibt die Wolke. »Bei uns ist alles klar«, meint er und konzentriert sich wieder auf seine Arbeit.

Als Vulkanologe hat er Erfahrung mit Glutlawinen. Eine hätte ihn einmal um ein Haar erwischt. Auf der Rückfahrt zum Jackboy Hill erzählt er uns davon. Es geschah, als er hoch oben am Dom des Vulkans ein Gerät zur Messung von Bodenbewegungen installierte. Ein Hubschrauber hatte ihn auf einem kleinen Felsplateau abgesetzt. Da ihm die Schwefeldämpfe das Atmen schwer machten, setzte er seine Gasmaske auf. Er wusste um die Gefahr und arbeitete daher, so schnell es ging. Doch nicht schnell genug. Nur noch wenige Handgriffe waren zu tun, als ein PF im Nachbartal den Berg hinabraste. Die Wolke schwappte über den Talrand und erfasste ihn. »Plötzlich wurde es stockdunkel um mich herum. Ich hatte keine Orientierung mehr, ich konnte die Hand nicht mehr vor Augen sehen«, erzählt Rick. »Aber besonders heiß wurde es nicht.« Offenbar war er nur am Rand in den PF geraten. Am schlimmsten sei die Ungewissheit gewesen, ob noch etwas nachkommt. Er versuchte Ruhe zu bewahren. Nach endlos erscheinenden Sekunden lichtete sich der Staub ein wenig. »Ich sah aus, als hätte mir jemand einen Sack Mehl übergestülpt.« Erst zwei Stunden später war die Luft wieder so klar, dass der Hubschrauber landen und ihn abholen konnte.

Als wir am nächsten Tag zum Jackboy Hill fahren, hängen bereits wieder Wolken am Gipfel des Feuerbergs. Wenn sie sich ein wenig lichten, ist manchmal für kurze Zeit der Dom zu sehen. Seine Silhouette hat sich verändert. Nur noch ein Felszahn ragt in den Himmel. Die anderen Lavatürme sind verschwunden, vermutlich im Lauf der Nacht eingestürzt.

Am Abend vor unserer Abreise gehen wir noch einmal in das Restaurant, dessen Besitzerin sich ins Sperrgebiet gewagt und dort ihre Katze gefunden hatte. Sie hofft so sehr, dass der Vulkan sich bald beruhigt und sie wieder in ihr altes Haus über dem Meer zurückkann. So wie sie denken viele Einwohner auf Montserrat und bestimmt auch viele, die die Insel wegen des Vulkanausbruchs verlassen haben und endlich wieder zurückkehren wollen.

Doch vier Jahre später ist der Vulkan immer noch aktiv. Das Sperrgebiet wurde zwar etwas verkleinert, aber Plymouth und andere Ortschaften sind nach wie vor unzugänglich, obwohl der Vulkan inzwischen weniger gefährlich ist. Im Juli 2003 ist wieder einmal der Dom kollabiert. Es muss dramatisch gewesen sein. Eine Glutlawine nach der anderen wälzte sich das Tar River Valley hinunter bis ins Meer. Dadurch wurde eine Flutwelle in Gang gesetzt, die bis zur Nachbarinsel Guadeloupe 80 Kilometer weiter südöstlich rollte. 15 Zentimeter hoch lag die Asche, die aus den Eruptionswolken fiel, im Norden von Montserrat. Nur ein kläglicher Rest des vorher etwa 1100 Meter hohen Vulkankegels blieb übrig. Der Feuerberg rumort weiter. Aus dem Loch, das er bei dem großen Kollaps in seine Flanke gesprengt hat, schießen Gaswolken hervor. Manchmal spuckt er auch Vulkanasche aus. Erst im März 2004 ist ein Teil des alten Domrestes zusammengestürzt, und deshalb, so meinen die Leute vom Observatorium, sei der Ausbruch noch nicht beendet.

Glutlawinen machen auch die Vulkane Indonesiens so gefährlich. Nirgendwo auf der Welt wohnen so viele Menschen so nah an aktiven Vulkanen wie in dem Inselreich im Südosten Asiens, das sich von Sumatra bis Australien zwischen Indischem und Pazifischem Ozean erstreckt. 5000 Kilometer lang ist der Bogen, auf dem sich ein Vulkan an den anderen reiht – insgesamt etwa 300 Feuerberge, von denen 129 aktiv sind, mehr als in jedem anderen Land der Erde. Drei davon haben mich besonders beeindruckt: der Krakatau in der Sundastraße zwischen den Inseln Sumatra und Java, der Merapi auf Java und vor allem der unberechenbare Gunung Agung auf der Insel Bali.

9 Killervulkane auf Bali und Java

Schon seit 14 Tagen liegt der Leichnam einbalsamiert im Haus aufgebahrt. So lange hat es gedauert, bis die Zeremonie vorbereitet und alle Verwandten verständigt waren. Heute soll der Tote verbrannt werden.

Agus, unser Fahrer, will unbedingt dabei sein, obwohl wir eigentlich ausgemacht haben, dass er uns nach Kintamani bringt. Von diesem Bergstädtchen im Herzen der indonesischen Insel Bali aus soll man einen spektakulären Blick auf die aktiven Vulkane haben, auf den Gunung Agung, den mit 3142 Metern höchsten und zugleich heiligen Berg der Balinesen, und auf den benachbarten Gunung Batur, der mit 1717 Metern der zweithöchste und zweitheiligste Berg auf der Insel ist. Doch der Verstorbene war Agus' Nachbar und in früheren Jahren sein Lehrer. Deshalb ist Agus diese Verbrennung sehr wichtig.

»Ihr könnt ruhig mitkommen, wenn ihr wollt«, meint der junge Balinese. Ich zögere. Natürlich würde ich gern eine balinesische Zeremonie miterleben, aber was wird die Familie des Toten dazu sagen? Das sei kein Problem, behauptet Agus. »Ich werde euch vorstellen, dann geht das schon in Ordnung.« Also fahren wir mit dem Kleinbus, mit dem er früher Coca-Cola bis in die kleinsten Dörfer Balis geliefert hat und mit dem er heute Touristen transportiert, in sein Heimatdorf. Es liegt in den Hügeln am Fuß des Gunung Batur. Hunderte von Menschen sind vor dem Haus des Lehrers versammelt. Alle haben sich dunkle Sarongs um die Hüften gewickelt, die Frauen tragen dazu nachtblaue Spitzenblusen, die Männer einfache T-Shirts und das traditionelle Kopftuch. Die Stimmung ist überraschend heiter. Jeder spricht mit jedem, grüßt, lacht, winkt. Eine Leichenverbrennung ist nach hindu-balinesischem Glauben ein Freudenfest.

Agus lotst uns durch die Menschenmenge, an einem kleinen blumengeschmückten Tempel vorbei in den üppig grünen Garten des Hauses, wo sich die Verwandten um den aufgebahrten Leichnam drängen. Er steuert auf einen uralten Mann zu – er ist, wie wir später erfahren, ein Onkel des verstorbenen Lehrers – und flüstert ihm etwas ins Ohr. Der Mann mustert uns kurz, lächelt dann freundlich und nickt. Wir dürfen an der Zeremonie teilnehmen. Ich lächle zurück, neige kurz den Kopf, um ihm auf diese Weise zu danken, was er mit einem Nicken wohlwollend zur Kenntnis nimmt.

Die Luft in dem von hohen Mauern begrenzten Garten ist stickig, süßlich und modrig. Der Balsam kann den Verwesungsgeruch des Toten kaum noch überdecken. Auch Agus rümpft die Nase.

Wir verlassen das kleine Anwesen und mischen uns unter die Menschen. Manchmal, erzählt Agus, dauert es Jahre, bis eine Familie das Geld für diese teure Zeremonie beisammen hat. »Dann wird der Tote zuerst begraben und später wieder aus der Erde geholt, denn nur das Feuer kann die Seele des Verstorbenen erlösen und sie für ein neues Leben vorbereiten.« Ob der Wiedergeborene sein neues Dasein dann als Tier oder wieder als Mensch oder gar als Gott verbringen und vielleicht sogar mit anderen Göttern auf dem großen Vulkan, dem Gunung Agung, wohnen werde, wisse niemand.

Da teilt sich die Menge. Aus dem Hoftor schreitet, gestützt von zwei Frauen, die Witwe, gefolgt von ihren Söhnen. Dahinter tragen zwölf Männer einen Schrein auf ihren Schultern. Er gleicht einer reich mit Brokatstoff und Goldpapier verzierten Pagode. Darin liegt, in weiße Tücher gehüllt, der einbalsamierte Tote. Schillernde Spitzenvorhänge flattern vom goldverbrämten Dach. Die Vorderseite schmücken zwei große Seidenschirme.

Plötzlich ertönen tiefe Gongschläge, begleitet von den blechernen Klängen schnell gegeneinander geschlagener Becken. Ein mobiles Gamelan-Orchester beginnt zu spielen und schließt sich dem Zug an. Jeweils zwei Männer tragen auf ihren Schultern dicke Bambusstangen, von denen die schweren metallenen Klangschalen hängen.

In meinem Kopf dröhnt es, und mein Magen vibriert bei den fremdartigen, durchdringenden Tönen, die für meine Ohren sehr wenig melodiös klingen. Den Balinesen scheint das laute Getöse der Instrumente nichts auszumachen. Dicht drängt sich die Menge hinter dem Orchester, saugt jeden, der am Straßenrand steht, auf und schleppt ihn mit. Träge bewegt sich der Zug zum Dorf hinaus. Agus ist vorne mit dabei. Bernhard und ich laufen hinterher. Die Prozession zieht durch die sattgrünen, sonnendurchfluteten Reisfelder bis zum Waldrand. Dort ist der Scheiterhaufen errichtet. Über den Baumwipfeln ist in der Ferne der Gunung Agung zu sehen. Sein Gipfel steckt in einer weißen Wolke.

Während einige Frauen und Männer eine Art Sprechgesang anstimmen, wird der Tote auf den aus Holz und Bambusstangen aufgeschichteten Haufen gelegt. Noch einmal ziehen die Verwandten an ihm vorbei. Dann wird die bisher sehr beschauliche Zeremonie hektisch. Mehrere Männer zerren heftig an einem Schlauch, der Benzin zu einem Flammenwerfer leitet. Damit versuchen sie, den Scheiterhaufen zu entzünden. Es funktioniert nicht auf Anhieb. Sie müssen mehrere Flammenstöße abgeben, bis der Leichnam Feuer fängt. Rasch ist das weiße Tuch verbrannt, die Haut des Toten verkohlt. Er droht vom Scheiterhaufen zu rutschen. Ein paar Männer schieben ihn mit Bambusstangen zurück in die Flammen.

Ich hatte mir eine balinesische Leichenverbrennung ein wenig würdevoller vorgestellt. Entsetzt und fasziniert zugleich schaue ich zu, wie sich die Menschen fast gleichgültig von dem brennenden

Toten abwenden und nach dem Essen greifen, das jetzt verteilt wird. Sie setzen sich ins Gras und speisen. Agus drängt zum Aufbruch. Er will nicht mehr abwarten, bis die Witwe in einigen Stunden ein wenig Asche und ein paar Knochenreste ihres Mannes in einen kleinen Schrein legen wird, den sie später, »an einem günstigen Tag, der von unseren Weisen ausgesucht wird«, wie Agus uns erklärt, auf einem Fluss oder im Meer den Wellen übergibt. Erst dann ist die Zeremonie wirklich zu Ende.

Nach unserer Rückkehr ins Dorf fahren wir zu Agus' Haus. Dort muss er sich, der Tradition entsprechend, mit Wasser bespritzen. Er vertauscht den Sarong gegen eine lange Hose. Als er wieder westlich gekleidet ist, segnet ihn seine Frau, klebt ihm ein paar Reiskörner auf die Stirn und steckt ihm ein rotes Blütenblatt hinters Ohr.

Eigentlich unterscheiden sich die hindu-balinesischen Glaubensriten gar nicht so sehr von den christlich-katholischen. Auch gläubige Christen benetzen sich mit geweihtem Wasser, wenn sie eine Kirche betreten oder verlassen. Und mancher, nicht unbedingt streng christliche Autofahrer hat einen Rosenkranz oder ein Medaillon des heiligen Christopherus im Auto hängen, in der Hoffnung, dass eine geheime Kraft davon ausgeht, die für seine Sicherheit im Straßenverkehr sorgt.

Agus stellt stattdessen einen kleinen, mit Blüten und zwei brennenden Räucherstäbchen gefüllten Korb aufs Armaturenbrett seines Kleinbusses, um uns auf dem Weg zum Vulkan vor Dämonen zu schützen.

Endlich beginnt unser Ausflug zu den Feuerbergen Balis. Die Fahrt geht durch Felder und Dörfer, vorbei an kleinen Bauernhöfen mit blumengeschmückten Haustempeln. Frauen tragen frische Waren vom Markt zu Bündeln zusammengeschnürt auf dem Kopf nach Hause. Fahrbare Garküchen und Maiskolbenbratereien bieten ihr

Essen feil. Hühner laufen über die zum Trocknen ausgebreiteten Reiskörner am Straßenrand und flattern panisch zur Seite, wenn einer der vielen Mopedfahrer, die hier unterwegs sind, auf sie zusteuert. Oft sitzen ganze Familien auf einem Zweirad. Der Mann drückt sich vorn gegen den Lenker, hinten auf dem Sozius sitzt die Frau im engen Sarong, beide Beine auf einer Seite, eingequetscht zwischen den Eltern ein oder zwei Kinder.

Reisterrassen strukturieren die weich geschwungenen Hänge in den Ausläufern der Feuerberge. Abertausende von Pflanzen stecken in der schlammigen, fruchtbaren Vulkanerde. Einige Felder sind bereits abgeerntet, andere werden gerade frisch bepflanzt. Bauern waten beim Pflügen hinter ihren Wasserbüffeln durch den knietiefen Morast. Da und dort schnattert eine Entenschar zwischen den Reishalmen. Die Tiere vertilgen das Ungeziefer und sorgen gleichzeitig für natürliche Düngung.

Etwa eine Stunde dauert die Fahrt nach Kintamani. Hier, in etwa 900 Meter Höhe, ist es angenehm kühl im Vergleich zur Küste, wo das Thermometer tagsüber auf mindestens 30 Grad klettert. Hier gibt es auch keine Reisfelder mehr. Mandarinenplantagen und Urwälder überziehen die Hänge. Im Ort säumen hohe, schlanke Gebetsfahnen an gebogenen Bambusstangen die Hauptstraße, die direkt zum Rand der Batur-Caldera führt.

Agus parkt am Straßenrand neben einer steinernen Aussichtsterrasse. Der Blick auf die Vulkane Balis ist grandios. Zu unseren Füßen fällt eine Felswand gut 100 Meter steil ab in eine kilometerweite Senke, in der sich der Batur-Vulkan erhebt. Lediglich ein feiner Gasschleier, der am Rand eines seiner Kraterlöcher aus dem schwarzen Boden strömt, zeugt von der Hitze im Untergrund. Ein halbmondförmiger See schmiegt sich um die Hügel an seinem Fuß.

Rechts von uns am Horizont überragt der 3142 Meter hohe Gunung Agung die Szenerie. Der höchste und gefährlichste Vulkan

Balis ist ein riesiger, dunkler Kegel mit zerfurchten Hängen, die nur unten grün sind. Um den gewaltigen Krater ist alles steinig und grau.

Die Ausbrüche des Gunung Agung sind hochexplosiv und verheerend. Die Balinesen haben deshalb großen Respekt vor diesem Feuerberg und betrachten ihn nicht nur als den Sitz ihrer Götter, sondern auch als Mittelpunkt des Universums.

1963 erfolgte die letzte große Eruption des Gunung Agung – nach mehr als 120 Jahren Ruhe. Es war einer der schlimmsten Ausbrüche des 20. Jahrhunderts weltweit. Die Katastrophe ereignete sich genau an dem Tag, an dem sich tausende von Menschen im großen Haupttempel Balis, dem Pura Besakih an der Südflanke des Vulkans, zu einem der wichtigsten religiösen Feste eingefunden hatten, einer Zeremonie, die nur alle 100 Jahre stattfindet.

Plötzlich wälzten sich mehrere hundert Grad heiße Glutwolken die Vulkanflanken hinab. Heiße Asche, Staub und Steine begruben ganze Dörfer unter sich. Nach offiziellen Angaben kamen 1200 Menschen ums Leben. Die inoffizielle Zahl der Todesopfer lag bei 2500. Etwa 90 000 Menschen wurden obdachlos. Ein Fünftel der Insel wurde vernichtet. Doch die Tempelanlage von Pura Besakih mit ihren Bauwerken, zumeist mehrstöckigen schlanken, hoch aufragenden Pagoden, wurde verschont. »Viele Balinesen sind überzeugt, dass das ein Fingerzeig der Götter war«, sagt Agus. Seine Landsleute glauben, die Götter hätten den Vulkan vermutlich aus Rache aktiviert, weil die Priester die Zeremonie nicht mit der nötigen Sorgfalt vorbereitet hätten.

Etwa ein Jahr lang dauerte die Ausbruchsphase, die so grauenvoll begann. Neben Glutlawinen und Aschewolken wuschen damals schwere Regengüsse den lockeren Auswurf des Vulkans von den Flanken und lösten damit verheerende Schlammströme aus. Diese ergossen sich über Felder und Wälder und rissen Felsen, sogar ganze Häuser mit sich fort.

1979 wurde die große, wichtige Zeremonie nachgeholt. Der Gunung Agung blieb ruhig. Heute deutet nichts mehr auf die Katastrophe von 1963 hin. Asche und Schlamm haben sich verfestigt, sind angewittert und zum größten Teil von Vegetation überwuchert.

Zwei Wochen nach der Fahrt zu den Feuerbergen Balis sitze ich auf der lehmgestampften Terrasse vor dem Observatorium von Babadan auf einem Ausläufer des Merapi, des bekanntesten und gefährlichsten Vulkans auf der Nachbarinsel von Bali, auf Java. Es ist eine sternenklare Samstagnacht. Viele Menschen in der nahe gelegenen Millionenstadt Yogjakarta haben frei. Außer mir, Bernhard und den beiden Angestellten des Observatoriums hocken deshalb noch ein paar Familien aus der Stadt hier auf den niedrigen Steinmauern. Wie wir wollen sie das Feuer des Merapi sehen. Die Sicht auf den etwa vier Kilometer entfernten Gipfel des 2968 Meter hohen Vulkans ist ausgezeichnet.

Wie auf dem Soufrière-Hills-Vulkan auf der Karibikinsel Montserrat schiebt sich auch aus dem Schlot des Merapi glühend heißes, jedoch bereits festes Lavagestein und bildet auf dem Gipfel eine glühend heiße Felskuppe, einen Dom, wie die Vulkanologen dazu sagen. Etwa jede halbe Stunde brechen davon einige Kubikmeter ab. Die glühenden Blöcke stürzen dann in Lawinen den Vulkan hinunter – vor allem nachts ein spektakuläres Schauspiel.

Die Javaner schreien und klatschen jedes Mal in die Hände, wenn die glühenden Brocken den Abhang hinunterrollen und dabei in tausend kleinere Stücke zerspringen, die wie Funken in die Luft stieben und die Vulkanflanke in hellen Feuerschein tauchen. Die ausgelassene Stimmung ist ansteckend, und auch ich rufe laut »Ohhh« und »Aahhh«, wenn sich wieder ein Stück vom Gipfel löst.

Neben mir sitzt ein junger Mann aus dem Dorf, das nur wenige hundert Meter von Babadan entfernt liegt. Er erzählt mir, dass er sehr oft hierher kommt, um dem Merapi zuzuschauen. Und jedes Mal beschwört er den Berg, er möge es bei den kleinen Glutlawinen belassen und nicht, wie 1994, große Glutströme ausstoßen. Damals wurde, ein Stück weiter westlich um den Berg herum, das Dorf Turgo zerstört. Eine ganze Hochzeitsgesellschaft sei damals von der glühenden Staublawine überrascht worden, erzählt der junge Mann. 66 Menschen kamen darin um. Die Leute, die auf den Feldern arbeiteten und in den Glutstrom gerieten, erlitten schwere Brandverletzungen. Zum Glück waren viele Kinder in der Schule mehrere Kilometer hangabwärts. Sie blieben verschont.

Trotz der Gefahr würde er nicht von hier weggehen wollen, meint der junge Mann, denn hier habe seine Familie ein Stück Land, auf dem sie Gemüse anbauen. Sie könnten sich hier viel besser ernähren als in der Stadt, wo alles furchtbar teuer sei.

Dann fragt er mich, ob ich auch schon andere Vulkane gesehen hätte, und ich erzähle ihm vom Gunung Agung auf Bali und vom Krakatau, den Bernhard und ich auf einer früheren Indonesienreise im Juni 1993 besucht haben.

Der Krakatau-Archipel liegt etwa 500 Kilometer westlich des Merapi-Vulkans, in der Sundastraße zwischen den großen Inseln Sumatra und Java. Bernhard und ich tuckterten damals mit einem Holzboot, das mit einem starken Dieselmotor ausgestattet war, von der javanischen Küste aus in vier Stunden dorthin. Vor allem der leistungsfähige Motor war uns wichtig, denn die Sundastraße, die das Südchinesische Meer mit dem Indischen Ozean verbindet, gehört zu den meistbefahrenen Schifffahrtswegen der Welt. Wir hatten gehört, dass dort schon so manches Boot von Krakatau-Besuchern mit Motorschaden liegen geblieben sei, manövrierunfähig und immer in Gefahr, von einem Containerschiff oder einem Öltanker gerammt zu werden und zu sinken.

Unser Kapitän hieß Mister Ranu. Er trug ein Militärhemd in Tarnfarben, das sich über seinem dicken Bauch spannte, und hatte vier Schiffsjungen unter seinem Kommando. Er machte den Eindruck, als könnte ihn nichts erschüttern. Doch als wir den Krakatau erreichten und Mister Ranu die ersten Explosionen hörte und die mehrere hundert Meter hohen Aschewolken sah, die der Krakatau damals in den Himmel spie, wurde ihm mulmig.

Auch mir selbst fuhr der Schreck in die Glieder, als ich die Eruptionen sah. Mit einer solchen Vehemenz der Ausbrüche hatte ich nicht gerechnet. Deshalb war ich froh, als Mister Ranu das Tempo drosselte. Wir wollten abwarten und die Feuer speiende Insel von weitem beobachten, bevor wir uns näher heranwagten.

Das graue Eiland ist von drei weiteren Inseln umgeben. Eine davon – sie heißt Rakata – ist das, was vom alten Krakatau-Vulkan übrig geblieben ist, der noch vor gut 100 Jahren an dieser Stelle aus dem Meer ragte. Er muss ein Koloss gewesen sein, neun Kilometer lang und fünf Kilometer breit, vermutlich mehr als 1000 Meter hoch und mit mehreren Kratern auf seinem Rücken. Dieser alte Krakatau hatte sich 1883 bei einer der schlimmsten Vulkankatastrophen aller Zeiten innerhalb von zwei Tagen selbst zerstört. Die Explosionen sollen bis nach Australien, nach Ceylon und nach Manila auf den Philippinen zu hören gewesen sein. Die Luftdruckwelle war noch im 6000 Kilometer entfernten Tokio zu messen. Die Flutwellen, die der Ausbruch auslöste, überrollten die Küsten Javas und Sumatras und töteten 36.000 Menschen. Die Last der Asche und der Bimssteine, die der Vulkan ausgeschleudert hatte, brachte Schiffe zum Kentern. Bis auf die Insel Rakata blieb nichts von dem ehemaligen Eiland übrig.

Doch die Erde kam in diesem Gebiet nicht zur Ruhe. Bereits 50 Jahre nach der Katastrophe, im Jahr 1927, sahen Fischer im Meer Gasblasen aufsteigen, ein Zeichen für Eruptionen auf dem Meeresgrund. Am 12. August 1930 durchstießen Ascheeruptionen die Meeresoberfläche, und eine neue Insel begann sich zu bilden – Anak Krakatau, der Feuer speiende Sohn des alten Krakatau. Als wir ihn 1993 mit Mister Ranus Boot ansteuerten, hatte er bereits einen Durchmesser von etwa zwei Kilometern, sein Krater war 280 Meter hoch.

Vorsichtig näherte sich unser kleines Schiff diesem Ungetüm. Alle zehn Minuten paffte der Anak Krakatau unter dumpfem Grollen kleine graue Wolken in die Luft. Seine dunklen Konturen zeichneten sich scharf vor dem orangeroten Abendhimmel ab. Wir ankerten etwa zwei Kilometer von Anak Krakatau entfernt vor Rakata in einer geschützten Bucht, umgeben von steilen Felswänden.

Die Schiffsjungen angelten Fische, brieten sie in der Pfanne und boten auch uns welche an. Sie schmeckten köstlich. Allmählich wurde es dunkel. Zikadengezirp und die Schreie unbekannter Tiere drangen aus dem dichten Wald zu unserem Boot herüber. Mister Ranu behielt unverdrossen den Vulkan im Auge.

Plötzlich erhellte ein Feuerschein die schwüle Tropennacht. Rot glühende Lavabrocken schossen aus dem Schlot des Anak Krakatau. Eine Aschewolke quoll diesmal mehrere hundert Meter in den Himmel. Blitze durchzuckten das gigantische Gebilde aus glühendem Staub und Steinen.

Das Feuerwerk lief zunächst lautlos ab, erst nach einigen Sekunden erreichte uns das Rumpeln und Knallen dieser besonders heftigen Eruption. Der Widerhall von den Felswänden der Bucht ließ das Boot erzittern. Glühende Lavabrocken prasselten nicht nur auf den Krater, sondern auf die ganze Vulkaninsel nieder und verglommen. Einige klatschten sogar ins Wasser.

Alle zwei Stunden wiederholte sich dieses Schauspiel. An Schlaf war nicht zu denken. In den frühen Morgenstunden drehte auch noch der Wind und trieb den Auswurf des Vulkans in unsere Richtung. Die kleinen Lavakörnchen, die auf uns herabregneten, waren noch warm. Sie setzten sich auf der feuchten Haut fest. Mit der Zeit spürten wir sie auch in den Ohren und zwischen den Zähnen. Während Bernhard und ich ebenso wie die Schiffsjungen die nächste größere Salve des Anak Krakatau kaum erwarten konnten, hätte Mister Ranu diesen Ort des Schreckens am liebsten möglichst schnell verlassen. Doch noch bei Dunkelheit die Sundastraße zu queren, wäre viel zu gefährlich gewesen. Also musste sich unser Kapitän gedulden, bis es dämmerte. Bis zum Morgen hatte er sich beruhigt und fand sogar ein wenig Gefallen an diesem Abenteuer.

Trotzdem haben wir Anak Krakatau bei Tagesanbruch nicht betreten, wie wir es ursprünglich geplant hatten. Zu groß war die Gefahr, von einem der Trümmer, die der junge Vulkan völlig unvermittelt ausspuckte, getroffen zu werden. Wir begnügten uns damit, die Insel in gebührendem Abstand zu umrunden und dann nach Java zurückzufahren.

Damals im Jahr 1993 war der Anak Krakatau besonders aktiv. In den zwei Monaten vor unserem Besuch war sein Kegel nach Auskunft des Indonesischen Vulkanischen Dienstes durch die Auswürfe von 200 auf 280 Meter angewachsen. Bis 1997 setzten sich die heftigen Eruptionen fort, sodass der Krakatau noch einmal 20 Meter an Höhe gewann.

Seither speit er nur noch gelegentlich Aschewolken, bläst allerdings kontinuierlich ätzende Schwefeldämpfe in den Himmel.

Viele Vulkane, die wie die Feuerberge Indonesiens in Gebieten mit hohen Niederschlägen liegen, bergen einen Säuresee in ihrem Krater, weil die aggressiven Schwefeldämpfe das Gestein zu feinem Ton zersetzen. Dieser Ton dichtet den Kraterboden ab, sodass sich Regenwasser in der Mulde sammeln kann. Die ätzenden Gase quellen unter Wasser weiterhin aus, reagieren mit dem Wasser und verwandeln es in Säure. Wenn solche Feuerberge ausbrechen, ergießen sich heiße, ätzende Schlammströme über ihre Flanken. Wie flüssiger Beton fließt das Gemisch aus saurem Wasser, Vulkanasche und Steinen in Rinnen den Berg hinab. Es kann Felsblöcke, Bäume und Häuser mitreißen und ganze Landstriche verwüsten.

Besonders spektakuläre Kraterseen gibt es auf der Landbrücke zwischen Nord- und Südamerika, vor allem in Costa Rica. Giftgrün ist die ätzende Brühe im Schlot des 3432 Meter hohen Irazù, des höchsten Feuerbergs des Landes. Türkisblau schimmert die im weiten Krater des Poàs nahe der Hauptstadt San José. Der Säuresee im tiefen Schlund des Rincón-de-la-Vieja ganz im Nordosten von Costa Rica hingegen ist mal grau mal blau, je nach Menge der Schwefeldämfe, die unter Wasser in den See strömen. Zusammen mit den Vulkanologen, die diese Feuerberge überwachen, haben wir diese farbigen Seen im Juni 2004 aufgesucht.

10 Die Säureseen von Costa Rica

Es regnet. Schwere Tropfen trommeln auf das Wellblechdach von Las Bromelias, einer einfachen Lodge am Fuß des Vulkan Rincón-de-la-Vieja im Norden von Costa Rica. Wie spät wird es wohl sein? Ich bin gerade aufgewacht und völlig durchgeschwitzt. Die Luft in dem engen, stockdunklen Schlafraum ist heiß und stickig. Um fünf Uhr muss ich raus. Um halb sechs soll es losgehen, hinauf zum Krater des Vulkans. Bernhard neben mir schläft noch.

Die Holzläden des unverglasten Fensters sind fest geschlossen, um die Mücken fern zu halten. Nur durch das Fliegengitter vor den Öffnungen unter dem Dach ist zu erkennen, dass die Nacht noch nicht vorbei ist. Für viele Tiere im Dschungel hat der Tag jedoch schon begonnen. Brüllaffen draußen in den Baumkronen stoßen Furcht erregende Laute aus, als würden sie sich bekämpfen, ein paar Vögel krächzen, Blätter rascheln im Wind.

Gestern Abend sind wir angekommen – Eli, Bernhard und ich. Die Fahrt vom Vulkan Arenal hierher dauerte sieben Stunden. Vor allem die letzten fünf Kilometer vom Dorf über die schlammige Straße zur Lodge mitten im Regenwald hatte es in sich. Wir mussten mehrere glitschige, morsche Holzbrücken passieren, die sich über enge Täler spannen. In der Tiefe toste das Wasser.

Kurz vor Einbruch der Dunkelheit trafen wir ein. Doch die Lodge war verlassen. Glücklicherweise kennt Eli sich aus. Er übernachtet immer hier, wenn er zum Krater hochsteigt, um dort Messungen zu machen. Elicier Duarte ist Vulkanologe am Observatorium in der Hauptstadt San José. Kaum war er ausgestiegen, machte sich der große, kräftige Mann mit dichtem, schwarzem Schnurrbart und schwarzen Augen auf die Suche nach den Zimmerschlüsseln. In der nach allen Seiten hin offenen, überdachten Küche, die zwischen den Schlafräumen liegt, wurde er fündig. Der Schlüsselbund lag in einem Vorratsschrank, zwischen einer angebrochenen Reistüte und einer stark fre-quentierten Ameisenstraße.

Wir zündeten die Gaslampen an, packten die mitgebrachten Lebensmittel aus, steckten das, was wir nicht verspeisten, in verschließbare Behälter und verstauten sie in den Schränken. Erst spät abends kam der Verwalter der Lodge – Johnny, ein junger, beleibter, dunkelhäutiger Costa-Ricaner. Er führte ein Muli am Seil. Darauf saß Antonia mit ihrer Reisetasche, die neue Köchin der Lodge. Sie war gerade mit dem Bus aus Nicaragua eingetroffen.

Ich döse noch so lange, bis ich Antonia draußen am Herd hantieren höre. Dann stoße ich die Läden auf, um frische Nachtluft und das spärliche Küchenlicht in den Raum zu lassen. Nachdem ich mich am Wasserhahn hinter dem Haus gewaschen habe, helfe ich, das Frühstück herzurichten.

»Vorsicht!«, ruft Antonia, als ich Tassen und Teller auf dem Holztisch abstelle. Ich halte inne – und sehe im Dämmerlicht, direkt neben meiner Hand, eine große, schwarze Spinne. Es durchzuckt mich wie ein Blitz. Wenn mich etwas aus der Ruhe bringt, dann diese Tiere mit ihren acht Beinen, vor allem wenn sie, wie diese hier, das Ausmaß eines großen Handtellers haben. Antonia kommt mit einem Handtuch angelaufen und schlägt wild auf das eklige Kriechtier ein. Jetzt sind auch alle anderen wach.

In der Nacht zuvor hatten wir es bequemer gehabt. Wir schliefen in einer Cabaña, einem luxuriösen Holzhaus am Fuß des Arenal, des bekanntesten Vulkans von Costa Rica. Drei Tage hatten wir dort verbracht, weil wir die glühenden Lavafontänen sehen wollten, die alle paar Stunden aus seinem Krater schießen. Doch vergebens. Während der ganzen Zeit verdeckten Wolken die Sicht. Wir konnten nur das Donnern und Fauchen der Eruptionen hören. In einer Nacht riss uns ein Erdbeben aus dem Schlaf. Mehrere Sekunden lang erzitterten unsere Betten, als würden sie gewaltsam hin und her gerückt. Die Vorhänge schwankten, die Deckenlampe schaukelte. Das komme am Arenal öfter vor, erklärte uns Eli am nächsten Morgen. Meistens hätten die Beben jedoch nichts mit dem Vulkan zu tun, sondern mit der Bewegung der großen tektonischen Platten, die unter Costa Rica zusammenstoßen. Vom Pazifik her schiebt sich die Cocosplatte mit einer Geschwindigkeit von etwa neun Zentimetern im Jahr unter die karibische Platte. Dabei wird Costa Rica in die Höhe gedrückt, und deshalb gibt es hier auch Vulkane wie den Arenal. Da er sich nicht zeigen wollte und der Wetterbericht auch weiterhin Regen verhieß, zogen wir weiter zum Rincón-de-la-Vieja.

Es regnet immer noch. Trotzdem brechen wir nach dem Frühstück auf. Ich bin nicht begeistert, bei diesem Wetter drei bis vier Stunden lang auf den Rincón hinaufzusteigen. Doch Eli drängt. Er will Wasserproben aus dem Säuresee im Krater holen. Also schultern wir die Rucksäcke, die wir in Plastiksäcke verpackt haben, und ziehen los.

Der Weg führt zunächst durch den Regenwald. Bis zu 30 Meter hoch ragen die Bäume in den dämmrigen, grauen Morgenhimmel. Auf ihren Ästen wachsen Schmarotzerpflanzen dicht an dicht. Auf dem Boden verrotten Unmengen brauner Blätter. Die Luft ist feucht und modrig. Die Brüllaffen haben sich inzwischen wieder beruhigt. Jetzt zirpen die Zikaden. Das schrille Geräusch ertönt in Wellen, mal stärker, mal weniger stark durch den Wald. Die Frequenz ist nur schwer zu ertragen. Mein Kopf beginnt zu dröhnen.

Nach eineinhalb Stunden erreichen wir den Rand des Dschungels. Grasland breitet sich aus. Hier endet der Weg. Einen Pfad hinauf zum Kraterrand gibt es nicht. Den weiteren Aufstieg müssen wir uns selbst suchen. Wir steigen im nassen Gras ein Stück bergauf und halten kurz an. Eli schneidet eine frische Mango in Spalten und verteilt sie. »Von hier aus müssten wir schon den Krater sehen können«, sagt er. Doch er hat sich getäuscht. Zwar regnet es nicht mehr und die Wolken haben sich ein wenig gehoben, aber nicht weit genug, um den Gipfel des 1800 Meter hohen Rincón freizugeben.

Rincón-de-la-Vieja – das bedeutet »Schlupfwinkel der alten Frau«. Und natürlich liegt dieser Bezeichnung eine Legende zu Grunde. Im Säuresee soll sich eine alte Hexe verborgen halten. Weil sie den Menschen, unter denen sie einst lebte, mit ihren Tigerzähnen und ihren feurigen Augen Angst eingejagt hatte, wurde sie von einem Medizinmann verflucht. Daraufhin verschwand sie in dem Krater, den wir besteigen wollen.

Der Rincón-de-la-Vieja ist gefürchtet wegen der heißen Schlammströme, die bei den Ausbrüchen zu Tal schießen. Sie haben tiefe Canyons aus seiner Nordflanke gewaschen. Auch beim letzten Ausbruch im Jahr 1998, bei dem Dampf- und Aschewolken explosionsartig aus dem Säuresee schossen, schwappte ein ätzender, mit glühenden Gesteinstrümmern beladener Schlammstrom aus dem Krater. Er ergoss sich 18 Kilometer weit in die Ebene hinaus und zerstörte Plantagen, Brücken und Straßen.

Langsam steigen wir in einem der Canyons nach oben. Der Fels ist steil und glitschig. Die Landschaft wird immer kahler. Rund um den Krater besteht sie nur noch aus nacktem Fels.

Je höher wir kommen, desto dichter werden die Wolken. Nass von Regen und Schweiß erreichen wir den Kraterrand. Dort weht ein starker, kalter Wind. Ich ziehe mir trockene Sachen an und drücke mich in eine Felsnische, während Bernhard und Eli ein Stück am Kraterrand entlangklettern, um von einer geeigneten Stelle aus eine Wasserprobe aus dem Säuresee zu fischen. Eli hat dafür eine spezielle Angel mitgebracht, an deren Haken eine Flasche hängt.

Der Kraterrand gleicht einem Grat. Dort, wo ich sitze, ist er nur zwei bis drei Meter breit. Ein paar Meter weiter wird er noch schmaler und verliert sich dann im Wolkennebel. Auf einer Seite fällt die steile Flanke, die wir heraufgestiegen sind, zum Regenwald hinab, auf der anderen verliert sich eine senkrechte Felswand in der weißen, wolkenverhangenen Tiefe des Kraters. Ich starre minutenlang in diesen Nebel hinein, denn dort muss, etwa hundert Meter unter uns, der Säuresee liegen. Man hört sein Wasser plätschern, und es riecht nach Schwefelgas.

Sollten wir, nach der Enttäuschung am Arenal, nun auch vergeblich auf den Rincón geklettert sein? Ich versuche mit meinen Blicken die Nebel im Kraterloch zu beschwören. Ist da nicht ein Stück Wasseroberfläche zu erkennen? Oder bilde ich mir das nur ein? Plötzlich fährt eine heftige Windbö in den Krater hinein. Sie hat auch mich erfasst, sodass ich mich am Fels festhalte, um nicht in die Tiefe zu rutschen. Der Nebel lichtet sich. Ein Stück See wird sichtbar – zuerst schemenhaft und dann ganz klar. Allmählich zieht sich der weiße Schleier aus dem Kraterloch zurück. Sogar ein Fleckchen blauer Himmel erscheint zwischen den Wolken.

Der See tief unter mir ist milchig grau. Er hat etwa 250 Meter Durchmesser und ist 25 Meter tief, sagt Eli. Weiße Gaswolken quellen aus Löchern in der Kraterwand, am dichtesten sind sie ganz unten direkt am See. Knallgelbe Schwefelkrusten säumen diese Öffnungen, und gelbe Schlieren ziehen sich über die Wasseroberfläche. Eli hat mit seiner Angel schon mehrmals ein Thermometer hinuntergelassen. Die Wassertemperatur beträgt konstant knapp 90 Grad.

Der Wind treibt immer wieder Wolkenfetzen in das riesige Loch hinein und wieder heraus. Ich wende den Blick kurz ab, um meine Kamera aus dem Rucksack zu holen. Als ich mich keine Minute später wieder dem Krater zuwende, ist der See nicht mehr zu sehen.

Pech gehabt. Ich fluche. Doch Eli tröstet mich. »Die Chancen, bei einer Tour auf den Rincón den Säuresee zu sehen, betragen etwa 25 Prozent, mehr nicht«, meint er. »Und meistens ist der Krater auch nur wenige Minuten wolkenfrei.«

Mehr Glück mit dem Wetter haben wir ein paar Tage später 150 Kilometer weiter südöstlich am Vulkan Poás. Obwohl eine geschlossene Wolkenschicht den Himmel verdeckt, ist die Silhouette des 2708 Meter hohen Vulkans schon von San José aus klar zu sehen. Die Straße, die sich auf den breiten Bergrücken hinaufschlängelt, ist sehr schmal und kurvenreich. Wir durchqueren einige Dörfer, fahren an Blumenfeldern vorbei und an den Kaffeepflanzungen, für die der Vulkan berühmt ist. Nur ein kleiner Teil der Ernte, erfahren wir später bei der Besichtigung einer Plantage, wird nach Europa exportiert. Der weitaus größere Teil geht in die USA.

Der Poás ist ein Drive-on-Vulkan. Wir stellen das Auto auf dem großen Parkplatz am Gipfel ab. Von dort sind es nur ein paar Schritte bis zur Aussichtsterrasse am Kraterrand. Mit einem Durchmesser von 1300 Metern und einer Tiefe von 300 Metern ist der Krater des Poás viel größer als der des Rincón-de-la-Vieja. Der Säuresee macht nur einen Teil der archaischen kahlen Landschaft in dem riesigen Kessel aus. Er gehört zu den sauersten Kraterseen der Welt. Sein ätzendes Wasser ist intensiv türkisblau.

Wir müssen nicht, wie die anderen Besucher, an der Balustrade stehen bleiben und uns mit dem Blick aus der Ferne begnügen, sondern dürfen mit Eli und seinem Kollegen Eric in den Krater absteigen.

Doch wir bezahlen das Privileg mit viel Schweiß, denn es gibt nur einen sehr schlechten Trampelpfad, der an der 300 Meter hohen, an manchen Stellen fast senkrechten Kraterwand nach unten führt. Doch nicht der steile Abhang ist das Problem, sondern das brüchige und glitschige Gestein.

Die Kraterwand besteht aus teils noch festem, teils jedoch völlig zermürbtem Lavafels. Heiße ätzende Schwefelgase, so genannte Fumarolen, die hier noch vor einiger Zeit ausströmten, mittlerweile aber versiegt sind, haben das ursprünglich harte Gestein großenteils zu feinem gelben und rostroten Lehm zersetzt.

Wir steigen von Felsvorsprung zu Felsvorsprung nach unten. Bernhard und Eli haben den Kraterboden schon fast erreicht. Eric und ich stecken jedoch etwa 100 Meter höher fest. Ich komme nicht mehr weiter. Ich habe einen Fuß auf scheinbar stabilen Fels gesetzt, doch der zerbröckelt unter meinem Stiefel. Ich beginne zu rutschen, mache schnell einen schnellen Schritt auf die nächstliegenden Lavabrocken und hoffe, dass sie halten. Sie sind stabil. Doch der nächste, Halt bietende Felsvorsprung ist zu weit entfernt. Und zurück geht auch nichts mehr. Ich hänge fest. Ich kann mich mit dem Rucksack auf dem Rücken nicht umdrehen, ohne abzurutschen und dann möglicherweise die nächsten zehn Meter hinunterzufallen.

Ich spüre, wie mein Herz zu pochen anfängt. Normalerweise macht mir Höhe nichts aus. Doch jetzt, nicht durch ein Seil gesichert, wird mir beim Blick nach oben und nach unten ganz mulmig. Für einen kurzen Moment verschwimmt die Wand vor meinen Augen. Ich atme ein paar Mal tief durch. Da kommt von oben eine Hand und greift nach der obersten Schlaufe an meinem Rucksack. Es ist Eric. Er kniet etwa einen Meter über mir auf einem Felsvorsprung. »Gib mir das Ding hoch«, sagt er. Ich streife verkrampft die Riemen ab. Dann streckt mir Eric noch einmal die Hand hin. Ich klammere mich daran, hänge einen Augenblick lang in der Luft über dem Abgrund und ziehe mich dann mit der anderen Hand zur nächsten stabilen Felsnase. Eric lässt mir zwei Minuten Pause, dann geht es weiter abwärts.

Mit weichen Knien stolpere ich hinter Eric her auf den Säuresee zu. Wir passieren ein Stück Kraterwand, etwa 50 Meter hoch, das von riesigen Spalten durchzogen und vom Schwefel gelb gefärbt ist. Ätzende Gaswolken zischen aus allen Löchern. Meine Augen beginnen zu tränen, meine Kehle wird trocken, und ich habe einen eigenartigen Geschmack im Mund.

Ein Teil der Wand scheint erst vor kurzem abgerutscht zu sein. Riesige, offensichtlich frisch abgebrochene Felsblöcke liegen auf dem Schutthaufen an ihrem Fuß.

Eric zieht zwei Gasmasken aus seinem Rucksack. »Nur für alle Fälle«, meint er, »falls die Luft unerträglich werden sollte.« Doch noch steht der Wind günstig und trägt das Gas davon. Sollte er jedoch die Richtung wechseln, würde sich das Gas im Kraterkessel stauen. Dann kann es nicht nur unangenehm werden, sondern sogar gefährlich.

Eli ist durch die Gaswolken zu einer Spaltenöffnung hinaufgeklettert, um eine Probe von der Schwefelkruste abzukratzen. Er hat sich ein Tuch um Mund und Nase gebunden und springt jedes Mal, wenn sich die Gaswolke verdichtet, zur Seite.

Bernhard hat den See bereits erreicht und schraubt seine Kamera aufs Stativ. Erst jetzt fällt mir der lang gezogene Hügel auf, der etwa 20 Meter hoch am Seeufer aufragt. Er ist, wie die Felswand, von tiefen Furchen durchzogen und von großen, gelben Schwefelflecken bedeckt. Heiße Gaswolken schießen fauchend aus den Öffnungen. Sie hüllen einzelne Felsrippen, die sich wie schlanke Türme aus dem steil zum Wasser abfallenden Hang erheben, in feine, weiße Schleier. Das Ganze sieht aus wie ein in Nebel getauchtes, verwunschenes Märchenschloss.

Eli ist inzwischen wieder zu uns gestoßen. Er erzählt, wie er einmal mit einem Kollegen in einem Gummiboot über den Säuresee geschippert ist, um dessen Tiefe auszuloten und Wasserproben zu nehmen. »Wir haben sicherheitshalber noch ein Holzfloß unter das

Boot geschoben«, sagt er, »für den Fall, dass der Gummi der Säure nicht standhält.« Der See hat nämlich einen pH-Wert von weniger als 1. Saurer kann eine Flüssigkeit kaum sein. Bei diesem waghalsigen Unternehmen stellte sich heraus, dass der See 41 Meter tief und sein Wasser in der Mitte 30 bis 40 Grad warm ist.

Wir müssen uns beeilen, denn der Gasgeruch wird stärker. Offenbar hat der Wind gedreht. Meine Beine haben sich inzwischen ein wenig erholt, und ich kann wieder gut mit den anderen Schritt halten. Die Kraterwand hinaufzuklettern ist viel weniger anstrengend als der Abstieg. Als wir die Aussichtsterrasse erreichen, fallen die ersten Tropfen vom Himmel. Von der Landschaft um den Säuresee ist nichts mehr zu sehen. Der Kessel wird von Gas- und Nebelschleiern verhüllt.

»Welcher von Costa Ricas Vulkanen ist am gefährlichsten?«, will ich von Eli wissen, während wir nach San José zurückfahren. »Der Irazú«, sagt der Vulkanologe, ohne zu zögern, »denn seine Aschewolken können die Hauptstadt erreichen.« Außerdem könnte beim nächsten Ausbruch ein Teil der Kraterwand einbrechen.

Wir besuchen den Vulkan ein paar Tage später. Man kann, ebenso wie am Poás, bequem auf einer Teerstraße bis fast auf den Gipfel hinauffahren. Durch dichten Nebel schleichen wir bergan. Von der Landschaft links und rechts der Straße ist kaum etwas zu sehen. Oben lichtet sich jedoch die weiße Suppe, und die Sonne strahlt vom blauen Himmel. Der Gipfel des Vulkans mit seinem giftigen Säuresee überragt das Wolkenmeer. Man fühlt sich wie auf einer Insel.

Vom Parkplatz aus sind es auf einem flachen Weg nur noch wenige Hundert Meter bis zum Kraterrand. Eli, der uns wieder begleitet und die Zeit für Messungen nutzt, führt uns ein ganzes Stück hinter die Absperrungen für Touristen an die Stelle, die abzubrechen droht. Das Gestein hier ist von einigen Spalten durchzogen, die dem Laien gar nicht auffallen, die Eli und seine Kollegen jedoch jedesmal genau untersuchen, wenn sie hierher kommen. »Wenn dieser Teil der Kraterwand einmal einstürzen sollte«, sagt er, »wäre ein gewaltiger Bergsturz die Folge.« Mehrere Millionen Tonnen Gestein würden abrutschen, und der giftgrüne Säuresee könnte ausfließen. Städte, Dörfer und Ackerland liegen zwar weit genug entfernt, um keinen Schaden zu nehmen, doch ein Großteil des ursprünglichen Nebelwaldes im Nationalpark um den Irazú würde verwüstet.

Der Vulkan ist vor etwa 40 Jahren zum letzten Mal ausgebrochen. Die Eruption begann 1963, genau zu der Zeit, als John F. Kennedy Costa Rica besuchte. Die Ausbruchsphase dauerte bis 1965. Immer wieder schossen mit Lavastaub und Steinen beladene Dampfwolken bis zu 500 Meter hoch in den Himmel. Die Asche, die noch kilometerweit vom Vulkan entfernt aus den grauen Eruptionswolken regnete, verfinsterte den Tag.

Wie sehr solche Ascheregen und auch Erdbeben, die einen Ausbruch oft begleiten, das alltägliche Leben der Menschen beeinträchtigen, habe ich in Sizilien erlebt, als dort im Oktober 2002 der Ätna ausbrach.

11 Beim Ausbruch 2002 am Ätna

»Achtung, Achtung! Alle Flüge nach Catania sind gestrichen. Der dortige Flughafen ist wegen des Ätna-Ausbruchs bis auf Weiteres geschlossen«, tönt es aus dem Lautsprecher auf dem Flughafen in Rom. So ein Pech. Jetzt sitzen Bernhard und ich fest. Dabei erwartet uns in Catania auf Sizilien ein Mietauto und am Ätna, einem der mächtigsten Vulkane Europas, eine Menge Arbeit. Ich gehe zum nächsten Schalter. Dort steht bereits eine Menschenschlange. Ungeduldig stelle ich mich hinten an. »Ich kann Ihre Tickets nach Palermo umbuchen«, sagt die Stewardess, als ich endlich an der Reihe bin. Doch die nächste Maschine ist schon voll. Erst im Flieger zwei Stunden später ist noch Platz.

Palermo liegt am anderen Ende von Sizilien, etwa 250 Kilometer von Catania und dem Ätna entfernt. Wenn man die Fahrt von dort quer über die Insel in das Städtchen Zafferana mitrechnet – wie immer haben wir uns bei Pina in der Pension eingemietet –, ist fast schon ein ganzer Tag von der geplanten Woche verloren. Ob wir in der restlichen Zeit alles schaffen, was wir uns vorgenommen haben? Ich soll für eine Zeitung, für eine Online- und eine Hörfunkredaktion über den Ätna-Ausbruch berichten, möglichst schnell und aktuell, und wir brauchen spektakuläre Feuerfotos für ein Buchprojekt.

Meine Aufregung legt sich in dem Moment, als wir in Palermo landen. Die Sonne scheint vom blassblauen Oktoberhimmel. Es ist angenehm warm. Unser Gepäck ist trotz des Routenwechsels mit uns eingetroffen. Die Autovermietung, bei der wir einen kleinen Fiat gebucht hatten, besitzt auch eine Niederlassung am Flughafen in Palermo, sodass wir problemlos umbuchen können.

Es herrscht nicht allzu viel Verkehr auf der Autobahn quer durch das ausgedörrte, kahle, bergige Binnenland Siziliens. Wir kommen schnell voran. Etwa auf halber Strecke liegt die alte Stadt Enna. Von dort aus sehen wir bereits die gewaltige Eruptionswolke des Ätna. Grau und bedrohlich steht sie über dem Horizont.

Nach einer weiteren Stunde Fahrt, immer auf den gut 3300 Meter hohen Vulkanrücken und seine Eruptionswolken zu, erreichen wir Catania. Je näher wir der Stadt kommen, desto finsterer wird es. Die Sonne ist hinter den gigantischen Aschewolken verschwunden, die den halben Himmel bedecken. Es ist, als würden wir in ein schweres Gewitter geraten. Dabei verursacht allein der Vulkan die Düsternis.

Wir umfahren die Stadt weiträumig. Die Autobahn ist mit schwarzen Sandhaufen eingefasst – der Asche, die der Berg in den letzten beiden Tagen ausgespien hat und die aus den Eruptionswolken herabrieselte. Kehrmaschinen haben sie zur Seite geschoben.

Am frühen Nachmittag erreichen wir die Abzweigung nach Zafferana, das auf der Ostflanke des Ätna liegt. Direkt über uns ist die Eruptionswolke besonders dunkel. Plötzlich ein Geräusch, als würden Regentropfen auf die Windschutzscheibe prasseln. Doch kein Wasser regnet herab, sondern feinste schwarze Sandkörner, frisch aus dem Bauch des mächtigen Vulkans, dessen Feuer speiende Krater noch etwa 15 Kilometer entfernt sind.

Schilder mit der Aufschrift »Attenzione – sabbia vulcanica«, Achtung – Vulkansand, stehen am Straßenrand. Die Abermillionen feinen, schwarzen Körnchen machen die steile, gewundene Straße hinauf in das malerische sizilianische Städtchen zur Schleuderstrecke. Wir müssen in den Kurven langsam fahren, damit die Hinterreifen nicht wegrutschen. Sand und Staub haben sich auch auf Gärten und Felder gelegt. Sie hüllen die Landschaft in einen schwarzen Trauerflor. Autos, Hausdächer – alles ist bedeckt. Kaum ein Mensch ist auf den Straßen zu sehen. Das liegt jedoch nicht nur am Ascheregen, sondern sicher auch an der Tageszeit. Jetzt ist noch Mittagspause in Zafferana.

Zu den wenigen, die keine Siesta halten, gehört Pina. Ihre Pension liegt ein Stück oberhalb des Ortes. Pina trägt ein Kopftuch, um ihre roten, lockigen Haare vor der immer noch vom Himmel rieselnden Asche zu schützen. Sie kehrt gerade ihren Hof, als wir auf den kleinen Parkplatz neben ihrem Haus einbiegen.

»Schlimm, schlimm, schlimm«, jammert sie mit ihrer rauchigen Stimme, während sie uns mit verzweifelter Miene entgegenkommt, um uns zu begrüßen. Seit Tagen gehe das nun schon so. Sie werde mit dem Kehren gar nicht mehr fertig. Dabei sei die Asche vor dem Hauseingang noch das geringste Problem. Dieter, ihr Mann, müsse den schwarzen Sand und Staub immer wieder vom Hausdach schieben. Das Dach sei zwar sehr stabil, aber wenn es regnet, verbäckt die Asche zu einer Art Zement, wird dabei sehr schwer und ist später kaum mehr wegzubekommen. Außerdem bläst der Wind sie ständig vom Dach auf die Balkone und den Garten. »Auch wenn der Ascheregen aufgehört hat, kommt das Zeug immer noch von oben. Man wird nie fertig. Und wer weiß, was der Ätna noch alles anstellt.«

Wir umarmen uns herzlich. Ich kann es Pina nachfühlen. Schon oft haben wir über ihre Ängste gesprochen. Der Berg ist ihr immer ein wenig unheimlich, auch in ruhigen Zeiten, in denen nur helle Gasschleier aus den vier Schlünden auf dem Gipfel aufsteigen. Sie würde Zafferana jedoch nie verlassen. Es sei denn, die ganze Familie käme mit. Aber das ist unwahrscheinlich, denn ihr Mann Dieter, ein Deutscher, der nach 40 Jahren in Sizilien von den Einheimischen nicht mehr zu unterscheiden ist, sieht im Ätna einen interessanten Nachbarn, über den es immer etwas zu erzählen gibt, der allerdings auch sehr lästig werden kann – so wie jetzt.

»Es ist aber nicht nur der Ascheregen«, sagt Pina. Zurzeit machen ihr vor allem die vielen Erdbeben Sorgen. Erst zwei Tage vor unserer

Ankunft wurde das historische Zentrum im Nachbarort Santa Venerina durch starke Erschütterungen zerstört und unbewohnbar gemacht. Viele Menschen mussten ihre Häuser verlassen und leben in einer provisorischen Zeltstadt. Auch in Zafferana mussten einige Balkone abgestützt werden, weil sie Risse bekommen haben und abzubrechen drohen.

»Komm, komm mit, auch bei uns was kaputt«, sagt sie in ihrem eigenwilligen Deutsch. Sie führt mich in ein Gästezimmer, das sie gerade frisch hat streichen lassen. Zwei Risse ziehen sich über Kreuz durch eine der pfirsichfarbenen Seitenwände – typische Bruchstrukturen an erdbebensicheren Gebäuden, die bei starken Erschütterungen zwar beschädigt werden, aber standhalten. »Schlimm, schlimm, schlimm«, sagt Pina immer wieder und schüttelt dabei den Kopf.

»Na, Pina, da haben wir doch schon viel Schlimmeres überstanden.« Die tiefe Stimme von Dieter ertönt draußen vor dem Fenster. Er kommt gerade nach Hause. Auch er begrüßt uns sehr herzlich – und erzählt uns zum wiederholten Mal die Geschichte von dem schweren Beben, das das neu erbaute Haus vor rund 35 Jahren durchschüttelte. Fast alle Wände waren rissig. Pina hätte am liebsten sofort alles verkauft und wäre weggezogen, möglichst weit weg von diesem Vulkan, am besten zurück nach Deutschland. »Aber das wäre doch Quatsch gewesen«, sagt Dieter auch diesmal. »Da hat sich die teure, schwere Stahlkonstruktion zum ersten Mal bewährt.« Für ihn sei das der beste Beweis dafür, dass in diesem Haus nichts passieren kann.

Pina ist skeptisch. Dennoch schläft sie, obwohl immer wieder kleinere Erdbeben spürbar sind, im Haus. Einige ihrer Freunde in Santa Venerina dagegen, vor allem diejenigen, die in alten Gebäuden wohnen, nächtigen aus Angst, die Mauern könnten über ihren Köpfen einstürzen, in Autos, Zelten oder Notunterkünften.

Auch mir geben die Risse in der pfirsichfarbenen Wand zu denken. In den wenigen Stunden seit unserer Ankunft auf Sizilien habe ich zwar noch kein Beben gespürt, aber man weiß ja nie.

Inzwischen hat der Ascheregen aufgehört. Wir holen unser Gepäck aus dem Auto. Jeder Schritt auf der mit schwarzer Vulkanasche bedeckten Straße knirscht. Die Schuhsohlen zermahlen die Körner zu feinstem Staub, ebenso wie die Reifen der Autos, die vorbeifahren. Dieser Staub kriecht überall hin, ins Haus, in die Schränke, in die Betten. Man spürt ihn zwischen den Zähnen, in der Nase und in den Ohren. Manchmal macht er das Atmen schwer.

Wir schleppen unsere Taschen in den zweiten Stock, in eines der Zimmer unter dem Dach. Vom Balkon aus hat man normalerweise einen wunderbaren Blick über die Dächer des Städtchens, auf die zwei barocken Kirchtürme und die große Piazza, auf Felder und Dörfer bis zum Meer. Jetzt ist die Landschaft mit schwarzer Asche bedeckt.

Dann gehen wir hinunter in den Gemeinschaftsraum. Dieter hat den Fernseher eingeschaltet. Der Lokalsender Antenna Sicilia informiert laufend über den Ausbruch. Mehr als einen Kilometer lang ist der Riss, der sich von Norden nach Süden über den Vulkan zieht, heißt es in den Nachrichten. In Linguaglossa im Norden wurde das Katastrophenzentrum eingerichtet. Oberhalb des Städtchens haben sich an diesem Riss 16 neue Kraterlöcher aufgetan. Aus einigen dieser Schlünde schießen unter ohrenbetäubenden Detonationen Lavafetzen. Aus anderen fließen Ströme von Lava. Sie vereinigen sich zu einem breiten Glutfluss, der Kurs auf Linguaglossa genommen hat. Das Hotel, die Restaurants und Souvenierläden des Bergsteigerzentrums Piano Provenzana oberhalb des Ortes sind bereits von dem Strom überrollt und völlig zerstört worden. Die Zufahrtsstraße ist abgeschnitten. Teile des Waldes stehen in Flammen.

Aus neun Löchern, die über den ganzen Berg hinweg eine Linie bilden, quillt Lava. Die großen Hauptkrater am Gipfel verströmen dichte, ätzende Gaswolken. Besonders gewaltig und Furcht erregend sind die Ascheauswürfe an der oberen Südflanke. Kilometerhoch katapultieren die Eruptionen die Asche in den Himmel. Es sieht aus, als stünde der ganze Berg in Flammen.

Bürgermeister, Zivilschutzbeauftragte und Wissenschaftler vom Nationalinstitut für Geophysik und Vulkanologie in Catania, die jede Regung des Vulkans genau im Auge haben, werden interviewt. Nein, es ist noch kein Ende des Ausbruchs abzusehen, sagen sie. Es könnte sogar noch schlimmer werden. Bisher bedrohe die Lava jedoch noch keine bewohnten Gebiete. Die Schulen blieben vorerst geschlossen, aber für Evakuierungen gebe es noch keinen Grund.

Mich hält es kaum noch im Haus. Ich will raus und sehen, was weiter oben am Ätna los ist. Doch die Straßen an den Hängen des Vulkans sind, wie wir aus dem Regionalfernsehen erfahren, ab 900 Meter Höhe gesperrt. Die Polizei hält alle Schaulustigen zurück. Um da durchzukommen, brauchen wir erst eine Genehmigung. Und die ist – das wissen wir vom Ausbruch im Jahr zuvor – nur schwer zu erhalten. Da weder Bernhard noch ich gut genug Italienisch sprechen, begleitet uns Dieter nach Linguaglossa ins Katastrophenzentrum.

Wir kommen gegen 17 Uhr dort an. Eine Menge Leute drängen sich vor dem Eingang. Jeder will einen Blick auf die Skizze werfen, die jede Viertelstunde an die Informationstafel vor dem Eingang geheftet wird. Sie zeigt den jeweils aktuellen Stand des Lavastroms, seine Geschwindigkeit und die Richtung. Alle wollen möglichst schnell und genau wissen, ob ihre Häuser, Gärten oder Felder ernsthaft von der Lava bedroht sind, obwohl sie, sollte es so weit kommen, nichts dagegen tun können.

Die Abteilung, die für unser Anliegen zuständig ist, sitzt im Rathaus. Wir legen unsere Presseausweise vor, dazu die Empfehlungsschreiben der diversen Auftraggeber. Man schickt uns vor die Türe. Wir sollen kurz warten.

Nach etwa einer Stunde kommt endlich ein Beamter aus dem Büro, um uns mitzuteilen, dass der Verantwortliche gerade nicht da sei. Wir sollten doch morgen früh wiederkommen. Das ist zu spät, sage ich. Ich möchte gern heute noch bis zur Front des Lavastroms in dem Waldstück oberhalb von Linguaglossa fahren.

»Sie können es ja mal mit dem Presseausweis allein versuchen«, sagt der Beamte. »Vielleicht lässt die Polizei sie durch.« Wir folgen seinem Rat und fahren Richtung Ätna zur Absperrung an der Straße außerhalb des Ortes. Auch dort drängen sich die Menschen. Wir kämpfen uns zur Schranke durch. Doch die Beamten in den schicken Uniformen bleiben hart. Nur mit ausdrücklicher Genehmigung dürften wir passieren. Also bleibt auch uns nur der Blick aus der Ferne.

Mittlerweile ist es dunkel geworden. Der Feuerschein der Eruptionen erleuchtet den Nachthimmel. Die ganze Bergkante scheint zu brennen. Auch die Explosionen sind zu hören. Wir könnten probieren, zu Fuß an den Wachen vorbeizukommen. Doch dann müssten wir einige Kilometer die Straße hinauflaufen und ständig damit rechnen, von einem der Feuerwehrleute oder Polizisten, die das Ausbruchsgebiet überwachen, zurückgeschickt zu werden. Also entscheiden wir uns schweren Herzens umzukehren.

Auf dem Rückweg zum Auto treffen wir auf eine Prozession. »Die schicken wieder mal den Stadtheiligen an die Front«, sagt Dieter. »Hier in Linguaglossa ist das Sant' Egidio.« Das muss die fast lebensgroße Statue unter dem weißgoldenen Baldachin sein, die, von Kerzen erleuchtet, vor dem Zug her getragen wird. Nahe der Schranke wird der heilige Egidio mit dem Gesicht zum Berg abgestellt. Die Menschen singen oder murmeln Gebete. Dann spricht der Priester ein paar Worte, die ich leider nicht verstehe.

Dieter erzählt leise, was es mit dem Heiligen auf sich hat. 1923 sei schon einmal ein Lavastrom des Ätna auf Linguaglossa zugeflossen. Auch damals habe man Sant' Egidio um Hilfe gebeten. Dort, wo die Bürger den Stock des Heiligen in den Boden rammten, sei die Lava stehen geblieben.

Pünktlich um neun Uhr am nächsten Morgen sind wir wieder in Linguaglossa im Rathaus, um unsere Genehmigungen abzuholen. Der Beamte schickt uns jedoch weiter ins Nachbargebäude zum C. O. M., dem Centro Operativo Misto, der Leitzentrale des Katastrophenzentrums. Dort bekommen wir endlich, was wir brauchen – unsere Erlaubnisscheine, zwei von Hand unterschriebene Formulare in einem Plastiketui, das man sich an einer Schnur um den Hals hängen kann. Jetzt müssten uns alle Wege offen stehen.

Wir informieren uns bei einem der Wissenschaftler, bei denen alle Details über die Eruption zusammenfließen, nochmals über die aktuelle Lage an den Ausbruchsstellen im Norden und im Süden. Der Lavastrom, der in Richtung Linguaglossa fließt, sei viel langsamer geworden, sagt er. Auch die Explosionen an den 16 Kraterlöchern oben beim zerstörten Bergsteigerzentrum seien viel weniger heftig. Doch der Tremor halte unvermindert an.

Unter Tremor verstehen die Vulkanologen fortwährende leichte, für den Menschen meist nicht spürbare Erdbeben. Sie werden als Zeichen dafür gewertet, dass – auch wenn der Ausbruch an der Erdoberfläche abzunehmen scheint – unter dem Vulkan nach wie vor Magma aufdringt und den Berg erzittern lässt. Im Süden speie der Ätna unvermindert große Mengen Asche aus. In zwei Stunden finde eine Pressekonferenz statt, fügt der Beamte noch hinzu. Dort könnten wir die neuesten Informationen bekommen.

Zwei Stunden später sind wir jedoch hoch oben im Wald auf der Nordflanke des Ätna – dort, wo der Lavastrom über die Teerstraße geflossen ist, die zum Bergsteigerzentrum Piano Provenzana führt. Die Sicherheitsbeamten unten an der Schranke ließen uns diesmal passieren, warnten uns jedoch vor Erdbebenschäden im Straßenbelag und vor Waldbränden, die wieder aufflackern könnten.

Die Erdbeben haben der Straße tatsächlich an manchen Stellen stark zugesetzt. Der Teer ist aufgebrochen, zentimeterbreite Spalten klaffen, größere Platten wurden hochgedrückt und ragen wie spitze Zähne in die Luft. Einige der kurzen Leitplanken an den Kurven wurden aus ihrer Verankerung gerissen und so abstrus verbogen, als hätte ein Riese dagegen getreten. Viele der niedrigen Steinmauern am Straßenrand sind eingefallen.

Wir parken unseren kleinen Fiat neben den Fahrzeugen der Forstpolizei ein Stück von der Stelle entfernt, wo der Lavastrom die Straße abschneidet.

Hier bekomme ich einen ersten Eindruck von den Lavamassen, die innerhalb der letzten Tage ausgeflossen sind. Etwa sechs Meter hoch ist die Wand aus dunklem, dampfendem Gestein, die die Straße versperrt. Aa-Lava nennen die Vulkanologen diesen rauen, scharfkantigen Typ von erstarrter Gesteinsschmelze. Er gleicht einem Haufen verbackener Schlacke. An seinem Rand ist der Glutfluss bereits zum Stillstand gekommen. Er strahlt eine Hitze ab wie ein Hochofen. Obwohl sie kaum zu ertragen ist, versuche ich noch näher heranzugehen. Innen glüht die Lava noch, und ich möchte den Feuerschein, der durch Risse und Spalten dringt, besser sehen.

Wir steigen einen bewaldeten Hügel hinauf, um den Glutfluss von einer höheren Warte aus zu überblicken. Die Bäume ringsum sind verkohlt. Der Waldboden raucht noch an manchen Stellen. Ein Löschhubschrauber fliegt über uns hinweg. Er hat ein Stück weiter oben gerade seinen Wassercontainer entleert, der jetzt unter ihm an einem Seil baumelt. Mehrere dieser großen Helikopter schwirren mit knatternden Rotoren durch die Luft. Sie versuchen nicht nur die Brandherde in den Wäldern rundum einzudämmen, sondern auch den Lavastrom an seiner Front mit Wasser zu kühlen, damit er erstarrt und sich selbst abbremst.

Dieses Bemühen erscheint uns wie der Kampf Davids gegen Goliath angesichts der Lavamassen, die wir vom Hügel aus sehen können. Der mächtige Glutfluss ist weit über 100 Meter breit. An den Rändern ist die Lava zum Stillstand gekommen. Weiter innen schiebt sich die glühende Masse im Schritttempo unaufhaltsam vorwärts. Die Schlackenstücke an ihrer Oberfläche klirren und knacken wie ein Haufen glühender Holzkohle. Die Luft flirrt vor Hitze.

Eigentlich wollten wir bis zur verschütteten Bergstation Piano Provenzana hochlaufen und vielleicht noch ein Stück weiter bis zu den 16 neuen Ausbruchstellen. Aber die vielen kleinen Brandherde zwischen den schwarzen Baumskeletten lassen uns vorsichtig werden. Jederzeit könnte das Feuer wieder auflodern. Wir hören ein paar Explosionen. Allzu weit kann es nicht sein bis zu den neuen Kraterlöchern. Doch wir entschließen uns umzukehren.

Etwa eine Dreiviertelstunde dauert die Fahrt von Linguaglossa an der Nordseite des Ätna zurück nach Zafferana an seiner Ostflanke. In Linguaglossa schien noch die Sonne, doch in Zafferana verdunkelt die Eruptionswolke den Himmel. Der Wind hat gedreht und bläst jetzt den schwarzen Auswurf des rumorenden Vulkans direkt über den Ort hinweg Richtung Meer. Wieder prasselt schwarzer Sand auf unsere Windschutzscheibe.

In Zafferana ist die Straßenbeleuchtung bereits mitten am Nachmittag eingeschaltet, so düster ist es. Die Menschen tragen Regenschirme, damit sich der Staub nicht in Haaren und Kleidung festsetzen kann. Manche haben sogar einen Mundschutz umgebunden, weil die vielen Autos die Körnchen zu feinstem Pulver zermahlen, das bei jedem Luftzug aufgewirbelt wird und, da es so leicht ist, eine Zeit lang in der Luft hängen bleibt. Vor allem alten Menschen und Kindern bereitet das Atmen Schwierigkeiten.

Eine Straßenkehrmaschine ist unterwegs. Ein Schneepflug schiebt die Haufen aus Vulkanasche, die die Menschen vor ihren Häusern aufgeschüttet haben, zu einem großen Berg zusammen.

Kurz vor unserer Ankunft in Pinas Pension klingelt mein Handy. Es ist Domenico, der junge Bergführer, den wir schon von früheren Aufenthalten am Ätna kennen und mit dem wir am Abend zuvor Kontakt aufgenommen hatten. »Wenn ihr zu dem neuen Asche spuckenden Krater hinaufsteigen wollt, ich hätte heute Nachmittag Zeit, euch zu begleiten«, sagt er.

Ich bin froh, dass Domenico mitkommt, denn er kennt den Berg in- und auswendig. Wir waren zwar auch schon oft am Gipfel zwischen den riesigen, dampfenden Kratern und finden uns dort oben, wo es keine Wege gibt, unter normalen Umständen gut zurecht. Gefährlich wird es allerdings bei einem Wetterumschwung, wenn sich der Vulkan plötzlich in Wolken hüllt. Dann verliert man in der dunklen Steinwüste leicht die Orientierung. Dazu kommt, dass die jüngsten Ausbrüche, die neuen Lavaströme und vor allem die stellenweise meterdicke Ascheschicht, die das Gelände bedeckt, die Landschaft im oberen Drittel des gewaltigen, 3300 Meter hohen Bergrückens völlig verändert und unwegsam gemacht haben.

Wir treffen Domenico um zwei Uhr nachmittags in einer Bar an der Sapienza, der Bergstation auf der Südseite in etwa 1900 Meter Höhe. Hier ist nichts mehr von der üppigen Vegetation am Fuß des Vulkans zu finden. Das Gelände ist kahl, ohne Baum und Strauch, nur niedriges Gras, Moos und Flechten bedecken den Boden. Von der Sapienza aus führte früher eine Kabinenseilbahn bis auf 2400 Meter hinauf, die im Sommer von Wanderern und im Winter von

Skifahrern benutzt wurde. Doch ebenso wie die Skilifte wurde sie beim Ausbruch im August 2001 zerstört. Die Lavaströme verwandelten die Berghänge in eine unpassierbare Steinhalde. Die Sapienza blieb verschont, nur die Zufahrtsstraße wurde von einem Lavastrom abgeschnitten, und ein Teil des Parkplatzes verschwand unter dem bizarren, scharfkantigen Fels. Beide sind mittlerweile wieder benutzbar.

Jener Ausbruch 2001 dauerte nur etwa drei Wochen. Er hörte so schnell auf, wie er begonnen hatte. Ob die jetzige Eruption auch nur wenige Tage dauert? »So, wie der Ätna jetzt rumort«, sagt Domenico, »hört er nicht so bald auf. Solange ich ihn jetzt kenne und auch solange mein Vater ihn kennt, hat er noch nie solche Aschewolken produziert.« Domenicos Vater ist seit einigen Jahrzehnten Bergführer am Ätna. Beide waren seit Beginn der Eruption vor wenigen Tagen fast die ganze Zeit über auf ihrem Vulkan, ganz oben bei den Ausbruchsstellen. Domenico hat jede Phase auf Video aufgenommen. Er will einen Film daraus machen. Vielleicht lässt sich damit ja etwas dazuverdienen.

Wir trinken einen Espresso und marschieren los. Der Wind steht günstig. Er treibt die Asche immer noch über die Ostflanke und über Zafferana hinweg aufs Meer hinaus. Hier über dem Süden hängen nur die grauen Schleier vom Rand der Eruptionswolke am Himmel.

Etwa zweieinhalb Stunden dauert der Aufstieg bis zum offenen Schlund auf 2500 Meter Höhe, aus dem der Ätna fauchend Unmengen feiner Asche und zerfetzte Lava gen Himmel katapultiert. Je höher wir kommen, desto mühsamer wird es. Zuerst müssen wir das bröckelige, raue Gestein der Lavaströme vom letztjährigen Ausbruch passieren. Ein Stück weiter oben hat die frisch ausgeworfene Asche alle Unebenheiten überdeckt. An steileren Stellen rutschen wir bei jedem Schritt bergauf wieder ein Stück zurück.

Langsam nähern wir uns dem Asche speienden Ungetüm. Vor etwa zehn Jahren am Krakatau hatten mich die Eruptionswolken, die der indonesische Vulkan unter ohrenbetäubenden Detonationen ausspuckte, noch schaudern lassen. Die Aschewolken, die der Ätna ausstößt, sind um ein Vielfaches größer. Trotzdem verspüre ich überhaupt keine Angst. Im Gegenteil. Ich bin fasziniert von dem Wummern im Berg und von den ungeheuren Mengen an Sand und Staub, die der neue Krater pausenlos alle paar Sekunden ausstößt.

Wir kommen dem grollenden Schlund, der einen Durchmesser von etwa 250 Metern haben dürfte, immer näher. In schnellem Rhythmus wird eine dunkle Salve nach der anderen in den Himmel katapultiert. Die Auswürfe speisen die gigantische Aschewolke laufend mit frischem Material. Die ersten 30 bis 40 Meter schießt der feine Staubstrom zusammen mit riesigen Gesteinsbrocken und rot glühenden Lavafetzen pfeilschnell senkrecht in die Höhe. Dann wird er langsamer. Die schweren Trümmer und die Lavabrocken, die der Vulkan ausstößt, fallen zurück, prasseln auf den etwa 80 Meter hohen Kegel und seine nähere Umgebung nieder. Sand und Staub jedoch verbleiben in der Luft, breiten sich dort aus, pflanzen sich in immer neuen, sich aufbauschenden Einzelwölkchen, die Blumenkohlröschen ähneln, nach oben fort und steigen unendlich hoch in den Himmel auf. Ich muss den Kopf weit in den Nacken legen, um sie zu verfolgen. An ihrem scheinbar höchsten Punkt schwenkt die Aschewolke nach Osten ab.

In der näheren Umgebung des Kegels stoßen wir auf zahlreiche Mulden in den frischen Ascheablagerungen. Das sind die Einschlagstrichter der herabfallenden Steintrümmer. Die Brocken selbst sind oft schon wieder von nachfallender Asche überdeckt. »Je stärker die Explosionen, desto größer die Reichweite dieser Bomben«, sagt Domenico. Entweder müssen wir unsere Helme aufsetzen oder uns ein Stück vom Krater entfernen.

Die Brocken, die aus diesem Schlund fliegen, sind teilweise so groß wie Fußbälle. Auch ein Helm könnte uns nicht davor bewahren, erschlagen zu werden. Im Moment sieht es zwar nicht so aus, als ob uns die fliegenden Trümmer hier erreichen. Dennoch ziehen wir uns ein Stück zurück und lassen uns etwa 200 Meter vom Krater entfernt nieder.

Die Dämmerung bricht herein – das beste Licht zum Fotografieren. Die emporgeschleuderten Lavafetzen beginnen erst jetzt, richtig zu glühen, und erfüllen den dunklen Staub mehrere hundert Meter hoch mit rotem Licht. Der Himmel dahinter ist bereits dunkel, aber noch nicht schwarz. Aus den großen Kratern ganz oben am Gipfel quellen gewaltige, teils weiße, teils von ätzenden Schwefelgasen gelbliche Dampfwolken. Ein grandioser Anblick. Die Explosionen, die noch vor ein paar Stunden von der Sapienza aus zu hören waren, sind einem anhaltenden dumpfen Grollen und Fauchen gewichen, als würde der Berg zur Nacht hin ein wenig ruhiger werden. Die abnehmenden Geräusche stehen in einem seltsamen Kontrast zu der Wucht, mit der der Vulkan immer noch seine Wolken ausstößt.

Während Bernhard fotografiert, setzt sich Domenico zu mir in den warmen Vulkansand. Wir blicken hinauf zum dampfenden Südostkrater, an dessen Fuß mitten in der kahlen, dunklen Steinwüste einsam ein heruntergekommenes Betongebäude steht: der Torre del Filosofo, der Philosophenturm, so benannt nach dem griechischen Gelehrten Empedokles, der sich, um mehr über das Feuer des Ätna herauszufinden, in seinen Krater gestürzt haben soll. Das Bauwerk wurde 1925 auf den Resten prähistorischer Mauern errichtet. Es diente zunächst als Bergunterkunft, später brachten die Vulkanologen ihre Messinstrumente dort unter. Seit 1971 ist der Torre del Filosofo eine halbe Ruine. Als wollte der Ätna ihn nicht auf seinem Rücken dulden, hat er ihn, zumindest teilweise, zerstört.

Jetzt soll der Torre del Filosofo zu einem schicken Bergrestaurant ausgebaut werden. Die Arbeiten waren gerade in vollem Gang, als der Vulkan vor wenigen Tagen erneut ausbrach. »Wer steckt denn so viel Geld in dieses Haus, obwohl man doch aus Erfahrung weiß, dass es bei Ausbrüchen immer wieder beschädigt wird und dass es während der Eruptionen viel zu gefährlich ist, sich da oben aufzuhalten?«, frage ich Domenico. Er zuckt mit den Schultern. Auch er findet das verrückt. Aber er weiß nicht genau, wer da so fanatisch ist. Vielleicht will er es auch nicht sagen.

Der Ätna scheint so manche Menschen verrückt zu machen. Einige seiner Opfer habe ich bei meinen Besuchen hier oben getroffen, die meisten im Winter vor vier Jahren. Damals hatte der Südostkrater alle paar Tage einen Paroxysmus. Das sind plötzliche, sehr heftige Explosionen, bei denen unter ohrenbetäubendem Getöse ein oder zwei Stunden lang Lavafetzen mindestens 200 Meter hoch in die Luft schießen und wieder herabstürzen. Danach herrscht ein paar Stunden oder auch Tage Ruhe, so als wäre nichts gewesen. Wir verbrachten damals zwei Wochen am Ätna, um einmal einen solchen Paroxysmus mitzuerleben und zu fotografieren. Sobald das Wetter es erlaubte und die Sicht gut war, hielten wir uns ganze Tage und halbe Nächte bei eisiger Kälte auf dem Gipfel des schneebedeckten Vulkans auf. Doch wir hatten kein Glück. Die Paroxysmen fanden immer dann statt, wenn entweder Wolken den Gipfel einhüllten oder wir uns nachts ein paar Stunden Schlaf in Zafferana gönnten. Wir konnten die Explosionen zwar hören, aber nicht einmal von weitem sehen. Ausgesprochen frustrierend das Ganze.

Damals traf ich einige Vulkanbesessene, die, was mich sehr ärgerte, alle mehr Glück hatten als wir. »Es war wie im Krieg«, schwärmte zum Beispiel ein älterer, großer, kräftiger Deutscher in olivgrünem Tarnanzug. »Bumm, bumm, überall schlugen die glühenden Bomben ein.« Dabei funkelten seine Augen, als wäre er nicht ganz bei Sinnen. Er hatte auf dem Ätna auch noch einen Freund gefunden, einen dicken Franzosen mit einem russischen Stahlhelm. Damit habe dieser sogar probiert, fliegende Brocken wegzuköpfen, erzählte der Militarist.

Ein junger Italiener verbrachte mehrere eisige und stürmische Nächte mit Schlafsack und Zelt am Torre del Filosofo, um einen Paroxysmus zu erleben. Auch er hatte Glück und schwärmte anschließend vom Ätna, in dem er ein weibliches Wesen sehe, wie er sagte, eine Erdmutter, in deren Schoß er sich unbändig wohl fühle. Ebenfalls mit Rucksack und Schlafsack ausgerüstet war eine ältere Frau. Sie trug ihr graues Haar, das ihr bis fast zu den Kniekehlen reichte, offen. Sie war zu einer Wanderung über den vereisten Ätna aufgebrochen, um sich selbst zu finden, und kam zufällig gerade am Südostkrater vorbei, als dieser nach Tagen der Ruhe eine Lavafontäne ausspie. Sie sah darin ein Zeichen, das ihr Klarheit für ihre Zukunft bringen sollte. Daraufhin ließ sie sich trotz der eisigen Kälte für ein paar Tage im Schutz des Torre del Filosofo nieder, um auf ein weiteres Zeichen des Berges zu warten.

»Man muss sich wirklich wundern«, sagt Domenico, »dass da oben nicht mehr passiert.« Aber schließlich könne man, um diese Menschen zu schützen, nicht den ganzen Berg einzäunen.

Mittlerweile ist es Nacht geworden. Die Explosionen haben wieder zugenommen. Abgesehen von dem Grollen und Wummern des Kraters knallt es manchmal so laut und plötzlich, dass ich erschrocken zusammenzucke. Jetzt in der Dunkelheit wird es mir doch unheimlich. Der Wind hat offenbar gedreht. Die Vulkanasche rieselt nun auf uns herab. Ich ziehe mir die Anorakkapuze über den Kopf. Wieder einmal haben wir Sand in den Ohren, in der Nase und, was ich als besonders unangenehm empfinde, in den Augen. Im Schein unserer Taschenlampen machen wir uns auf den Rückweg.

In den folgenden Tagen steigen wir noch mehrmals auf den Berg. Der Ascheauswurf bleibt zunächst unvermindert heftig. Die staubbeladenen, dunklen Wolken treiben je nach Windrichtung bis nach Griechenland oder bis nach Nordafrika. Der Lavafluss im Norden kommt jedoch zum Stillstand.

Der Flughafen in Catania bleibt noch geschlossen. Zu groß ist die Gefahr, dass der feine Staub in der Luft die Triebwerke beschädigt. Denn die Aschepartikel schmelzen bei den hohen Temperaturen in den modernen Flugzeugturbinen, bilden einen Belag auf den Triebwerkschaufeln und reduzieren so die Schubkraft. Das Flugzeug sinkt plötzlich oder kann im schlimmsten Fall sogar abstürzen.

Wir haben Glück. Pünktlich zum Tag unserer Rückreise spuckt der Vulkan zwar immer noch Asche aus, aber nicht mehr in solchen Mengen wie zu Beginn des Ausbruchs. Außerdem steht der Wind günstig. Die Kehrmaschinen schaffen es, die Start- und Landebahn vom schwarzen Sand zu befreien. Das Flugzeug, das uns nach Deutschland zurückbringt, kann in Catania abheben.

Die Menschen in der Umgebung des Ätna waren noch vier Monate lang immer wieder Ascheregen ausgesetzt. Erst im Februar 2003 hat sich der Berg beruhigt. Schon im Frühjahr war von der dunklen Decke aus Staub und Sand, die über der Landschaft gelegen hatte, kaum mehr etwas zu sehen. Die Asche war vom Wind verblasen oder vom Regenwasser in den Boden gespült worden, wo sie nun verwittert. Die Mineralien, die dabei frei werden, düngen die Erde.

Auch in Pinas Hof und Garten war die Asche verschwunden. Die Blumen schienen im Frühjahr nach dem Ausbruch besonders üppig und intensiv zu blühen. Nur im Haus, in den Ecken mancher Schränke, so schimpft Pina am Telefon, finde sie jedesmal wieder ein paar schwarze Körner. Dort hielten sich die letzten Spuren des jüngsten Ausbruchs besonders hartnäckig.

Viel schlimmer als am Ätna traf im Januar 2002 der Ausbruch des Nyiragongo die Menschen, die in der Umgebung von Goma im Osten der Demokratischen Republik Kongo, dem ehemaligen Zaire, an der Grenze zu Ruanda leben. Der Vulkan gehört zu den aktivsten Feuerbergen im afrikanischen Great Rift Valley. Seine Lavaströme flossen quer durch die Stadt und begruben fast ein Drittel aller Gebäude unter sich. Bis heute haben sich die Menschen nicht davon erholt.

12 Inferno am Nyamulagira im Kongo

Die schmale Straße windet sich über steile Bergkuppen durch eine üppig grüne Landschaft. Wie bei einem Flickenteppich reihen sich Bananenpflanzungen an Mais- und Gemüsefelder und kleine Waldstücke. Die Sonne scheint warm vom blauen Nachmittagshimmel. Farbenfroh gekleidete Frauen schreiten am Straßenrand entlang und tragen geschnürte Bündel oder Schüsseln voller Bananen auf den Köpfen. Feldarbeiter sind mit ihrer Harke in der Hand auf dem Weg nach Hause. Kinder winken uns zu.

Knapp drei Stunden sind wir schon mit dem Auto unterwegs, von Kigali, der Hauptstadt Ruandas, nach Giseny an der Grenze zum Kongo. Alles wirkt im Vorbeifahren so friedlich. Kaum zu glauben, dass hier vor zehn Jahren ein grausamer Völkermord verübt wurde und dass diese Idylle nur Fassade für den immer noch schwelenden Hass zwischen den Volksgruppen der Hutu und Tutsi ist.

Evariste, unser Fahrer, geht mit hohem Tempo in die Kurven. Um sechs Uhr schließt die Grenze. Gerade noch rechtzeitig erreichen wir den Schlagbaum. Die Passkontrolle befindet sich in einem lang gezogenen Betongebäude. Bernhard und ich hasten die brüchigen Stufen hinauf. Drei Leute sitzen in dem kahlen Raum, zwei Frauen und ein Mann. Sie schauen gelangweilt von ihren Tischen auf. Ohne unseren Gruß zu erwidern, greifen sie wie in Zeitlupe nach unseren Pässen, füllen Formulare aus, kassieren deftige Visumgebühren und knallen schließlich ihre Stempel in unsere Reisedokumente. Ohne eine Miene zu verziehen, geben sie uns die Papiere zurück. Ich werde nie verstehen, warum afrikanische Beamte oft eine so arrogante Gleichgültigkeit an den Tag legen.

In diesem Moment bin jedoch froh, dass sie sich nicht mehr für uns interessieren und dass wir problemlos in den Kongo einreisen können. Immerhin hätten sie auch ein Visum verlangen können, das schon in Deutschland beantragt und in der kongolesischen Hauptstadt Kinshasa abgestempelt worden ist. Doch in Deutschland wochenlang auf so ein Visum zu warten – dafür hatten wir keine Zeit. Der Ausbruch des Nyamulagira-Vulkans, der Grund für unsere Reise, wäre dann längst vorbei gewesen.

Draußen am Auto verabschiedet sich unser Fahrer. Ein anderer namens John – keine Ahnung, woher der plötzlich kommt – wartet schon. Wie es aussieht, darf Evariste nicht über die Grenze. Er versucht es uns zu erklären. Wir verstehen ihn aber kaum. Auch hier halten wir uns zurück und überlegen nicht lange, sondern steigen ein, um endlich ans Ziel zu kommen – nach Goma, ein paar Kilometer weiter.

Es ist der 8. Juni 2004. Wieder bin ich wegen der Vulkane in Afrika gelandet, diesmal in einem Gebiet, das seit vielen Jahren für schreckliche Schlagzeilen sorgt: Flüchtlingselend, Epidemien, Bürgerkrieg, Rebellenkämpfe. Vor zwei Jahren kam auch noch der verheerende Ausbruch des Nyiragongo dazu.

Im Moment schießt gerade ein Nachbar dieses Feuerbergs, der Nyamulagira, aus einer kilometerlangen Spalte Lava in spektakulären Fontänen bis zu 100 Meter hoch. Wir haben durch einen französischen Vulkanologen davon erfahren, der für die UN in Goma arbeitet und mithilft, ein Observatorium aufzubauen. Er hatte per E-Mail Bilder geschickt, die er vom Helikopter aus aufgenommen hatte.

Lavaausbrüche dieser Größenordnung bekommt man nur alle paar Jahre und nur bei ganz wenigen Vulkanen auf der Erde zu sehen. Der Nyamulagira ist einer davon. Da Bernhard gerade für ein internationales Magazin an einer Geschichte über aktive Feuerberge im Great Rift Valley arbeitete, zu denen auch der Nyiragongo und der Nyamulagira zählen, wollte er unbedingt dorthin – und zwar sofort, weil die Vulkane nur ein paar Tage, vielleicht ein paar Wochen lang Lava mit dieser Vehemenz ausspucken. Ich musste mich also schnell entscheiden.

Auf Grund der schlimmen Nachrichten zögerte ich sehr, in den Kongo zu reisen. Doch die Leute vom Observatorium in Goma versicherten uns, dass es zurzeit politisch ruhig sei, die Einreise über Ruanda unproblematisch und dass man uns bei der Organisation vor Ort unterstützen werde. Also beschloss ich, mitzufahren und die einmalige Gelegenheit zu nutzen, eine der schönsten und interessantesten Vulkangegenden Afrikas zu besuchen.

Die beiden aktiven Feuerberge liegen in den tropischen Wäldern des Virunga-Nationalparks, der sich von Ruanda aus ein Stück weit in den Kongo erstreckt. Bis vor etwa 20 Jahren hat es auf den Hängen des Nyiragongo und Nyamulagira noch Berggorillas und Waldelefanten gegeben. Mittlerweile jedoch sind diese Tiere infolge der Unruhen verschwunden. Von der sprichwörtlichen Schönheit dieser Gegend ist an der Grenze zunächst nicht viel zu sehen. Nur am Ufer des Kivusees, dessen Wasser in der Abendsonne golden glänzt, lässt sie sich erahnen. Ich kann gut nachvollziehen, dass sich die belgischen Kolonialherren, wie ich gelesen hatte, hier in 1460 Meter Höhe wie am Gardasee im Norden Italiens gefühlt haben. Yuccapalmen, Araukarien- und andere exotische Bäume sowie blühende Büsche wachsen bis zum Wasser, dazu ist das Klima hier mitten im tropischen Afrika nicht heiß und schwül, sondern angenehm warm und oft sogar kühl.

Doch in Goma sind die Straßen holprig und staubig. Das Zentrum wird immer noch beherrscht von dem riesigen Trümmerfeld, das die Lavaströme im Januar 2002 hinterlassen haben. Menschenmassen drängen sich an den Straßenrändern zwischen kleinen Verkaufsständen, die alles Mögliche feilbieten. Ich habe keine Ahnung, wohin die vielen Menschen wollen. Vermutlich von den Märkten oder von ihrer Arbeit nach Hause zu ihren Familien, die am Stadtrand leben. Mopeds knattern, Lastwagen hupen. Ein mit gelben Wasserkanistern beladener Holzkarren rumpelt vor uns durch die Schlaglöcher. Wir kommen nur im Schritttempo voran.

Dominiert wird die Szene vom Vulkan Nyiragongo, dessen mächtiger, 3462 Meter hoher Kegel sich im Dunst am Horizont abzeichnet. Aus seinem Krater, der mehr als einen Kilometer Durchmesser hat und 700 Meter tief ist, quillt eine gigantische Dampfwolke. Nachts, so erzählt unser neuer Fahrer John, färbt der Feuerschein die Wolke rot. Denn in dem riesigen Schlund des Kolosses brodelt seit einigen Monaten wieder ein Lavasee ähnlich dem am Erta-Ale-Vulkan in der äthiopischen Danakilwüste, nur viel, viel größer. Vom Kraterrand aus könne man, in den sehr seltenen Augenblicken, wenn der Dampf sich für Bruchteile von Sekunden lichtet, turmhohe Lavaeruptionen sehen.

Auch vor dem verheerenden Ausbruch im Januar 2002 hatte sich ein Lavasee im Krater des Nyiragongo gebildet. Irgendwie konnte die glühende Schmelze damals die nach Goma abfallende Flanke des Vulkans durchbrechen und ausfließen. Drei Ströme vernichteten unzählige Hektar Tropenwald, Ackerland und einen Teil der Stadt. Einer davon erreichte sogar den Kivusee. »Es wäre schlimm, wenn das jetzt wieder passieren würde«, seufzt John.

Leider können wir den Vulkan mit seinem nächtlichen Feuerschein von unserem Hotel aus nicht sehen. Die Stella Matutina Lodge ist ein sehr gepflegtes Haus. Es liegt direkt am Ufer des Kivusees in einem Stadtviertel, das beim letzten Mal von der Lava verschont geblieben ist. Das Hotel ist fast ausgebucht. Hier steigen viele Leute von internationalen Hilfsorganisationen ab, die in Goma stationiert sind. Eine hohe Mauer trennt das kleine Paradies mit seinem gepflegten Garten vom wirklichen Leben auf der staubigen Straße.

John bringt uns am nächsten Morgen zum Observatorium. Es liegt auf einem Hügel, von dem aus man an klaren Tagen einen wunderbaren Blick über die Stadt hinweg bis zum 30 Kilometer entfernten Nyiragongo-Vulkan hat. Nicht nur aus eigenem Interesse, sondern auch um John zu beruhigen, frage ich die Vulkanologen als Erstes nach den Aktivitäten dieses Feuerbergs. Bisher gebe es keine Anzeichen dafür, dass der Nyiragongo wieder ausbricht, sagen sie, auch wenn der Lavasee in seinem Krater kocht. Aber so genau wüssten sie das nicht. Sie könnten den Vulkan nämlich nicht optimal überwachen, weil sich wieder Rebellen in den Wäldern aufhalten. Das Gleiche gelte für den Nyamulagira, der hinter dem Nyiragongo liegt und von Goma aus deshalb nicht zu sehen ist. In manchen Waldgebieten sei es im Moment lebensgefährlich. Sie müssten sich daher auf die Daten verlassen, die die wenigen in der Umgebung der beiden Vulkane installierten Seismometer, die Erdbebenmessgeräte, zum Observatorium funken.

Uns ist der Nyiragongo weniger wichtig als der Nyamulagira. Wegen seiner Lavafontänen sind wir hier. Wir wollen irgendwie an die Eruptionen herankommen und erkundigen uns danach. »Anhand der Bebensignale nehmen wir an, dass der Ausbruch noch in vollem Gang ist«, meint einer der Vulkanologen. »Die Erde dort zittert gewaltig, weil offenbar immer noch Magma von unten aufdringt.« Auf die anhaltende Aktivität deuten auch die Gaswolken hin, die man an diesem Tag hinter dem Nyiragongo aufsteigen sieht, sagen die Wissenschaftler. Die dunkleren Wolken stammten von den Waldbränden, die die Lava dort verursacht hat. Dörfer und Felder seien nicht gefährdet, aber große Waldareale im Nationalpark stünden anscheinend in Flammen.

Bernhard und ich schauen uns an. Das verspricht sehr spannend zu werden. Aber wie kommen wir da hin? Im Moment gar nicht, sagen die Vulkanologen einstimmig. Eben wegen der Rebellen. Wir würden uns in Lebensgefahr begeben, betonen sie nochmals. Aus Sicherheitsgründen sei es auch gar nicht erlaubt, in diese Urwaldgebiete zu fahren.

Wir sind bitter enttäuscht. Natürlich mussten wir damit rechnen, dass sich die Lage innerhalb weniger Tage ändert – sowohl die politische Situation als auch die Aktivität des Nyamulagira. Aber nun sind wir schon mal hier, und der Vulkan brodelt zum Glück noch. Bernhard hakt noch mal nach. Gibt es denn wirklich gar keine Möglichkeit hinzukommen?

Die Vulkanologen denken nach. Doch, sagt dann einer, wir könnten fliegen, wenn unser Budget es erlaubt. Es gibt eine kleine Cessna am Flughafen in Goma. Sie gehört einem jungen Geschäftsmann namens Simba, der in diesen Tagen schon einmal zur Ausbruchstelle geflogen sei. Vielleicht habe er ja noch einmal Zeit und den Mut, die 50 Kilometer um den dicht bewaldeten Fuß des Nyiragongo herum bis zum Nyamulagira zu fliegen.

Nomen est omen. Das Kisuaheli-Wort »Simba« bedeutet Löwe. Simba ist ein junger, großer Kongolese, sehr selbstbewusst. Er kümmert sich zurzeit um die Geschäfte seines Vaters in Goma. Ich hätte gern gewusst, um welche Geschäfte es sich handelt, will aber nicht gleich beim ersten Treffen neugierig erscheinen. Viel wichtiger für uns ist, dass Simba auch Berufspilot ist und große Transportmaschinen fliegt. In seiner frisch renovierten Cessna ist gerade genug Platz für uns drei und die große Fototasche. Simba ist auch bereit, die Tür auszubauen, damit Bernhard besser fotografieren kann. »Und was ist mit den Rebellen?«, frage ich. Um die mache er sich keine Gedanken. Die haben viel zu viel Angst vor dem Vulkan, meint er, und werden sich bestimmt nicht in der Nähe der Lavafontänen aufhalten. Und auf das Flugzeug schießen werden sie auch nicht, denn damit würden sie nur ihre Verstecke im Dschungel preisgeben. Klingt alles logisch. Trotzdem werde ich meine Bedenken nicht ganz los.

Wir verabreden uns für den späten Nachmittag am Flughafen. Bis dahin haben wir noch eine Menge Zeit und machen mit John eine Stadtrundfahrt. Im Zentrum von Goma, an der von der Lava zerstörten Kathedrale, steigen wir aus.

Von dem modernen Bau stehen nur noch die beiden dreieckigen Außenmauern, auf deren höchstem Punkt noch das Kreuz sitzt, und ein paar Innenwände. Die Außenmauern, die wie der Bug eines Schiffes gegen den Lavastrom standen, haben den Schmelzfluss geteilt. Die Lava ist links und rechts um die Kirche herum und dann wieder zusammengeflossen, sodass der Altarraum erhalten blieb.

Das schräge Dach ist jedoch vollständig abgebrannt. Nur noch ein paar verrostete Wellbleche hängen von den Außenmauern herab. Die beiden dicken Holzbalken, die früher das Dach getragen haben, sind so stark verkohlt, dass ihre Oberflächen in der Sonne glänzen.

Ein schmaler Mauerbogen, gestützt von ein paar Betonsäulen, umspannt den Altarraum. Nach dem Ausbruch wurde er weiß gestrichen und mit Heiligen bemalt, die inmitten züngelnder Flammen stehen.

Rund um die Kirche liegt die Lavakruste noch genauso da, wie sie im Januar 2002 erkaltet ist. Sie muss extrem heiß und dünnflüssig gewesen sein, weil sie in großen, glatten Fladen und seilartig verzwirbelten Strängen erstarrt ist – typischen Formen für diese Art der Lava, die weltweit mit dem hawaiianischen Wort Pahoehoe-Lava bezeichnet wird. Dieses Lavagestein ist nicht scharfkantig und klotzig, sondern so ebenmäßig, dass man angeblich barfuß darauf laufen kann, ohne dass es wehtut.

Lava, so weit ich schauen kann. Ein paar alte Straßen unter dem Trümmerfeld wurden wieder freigelegt. Vereinzelt ragen noch Ruinen aus der schwarzen Kruste. Viele Menschen sind wieder zu den Grundstücken zurückgekehrt, auf denen einst ihre Häuser standen, und haben Holzhütten auf der Lava errichtet. In ihren neuen Behausungen gibt es jedoch weder Strom noch Wasser.

Zu den Rückkehrern gehört auch der Möbelschreiner Jospin Mihindo. Er wohnt zwar noch nicht wieder hier, aber er hat mit seinen Angestellten ein hohes Zelt aus Plastikplanen aufgestellt, genau an der Stelle, an der vorher seine Fabrik stand. Dort lässt er nun wieder voluminöse Polstermöbel mit plüschigen Überzügen schreinern, purpurrot, braun oder mit Leopardenmuster. Im Schatten unter dem Zeltdach wird gearbeitet. Die fertigen Möbel werden auf der Lavakruste ausgestellt. Platz ist genug da.

Viele Menschen in Goma haben trotz andauerndem Bürgerkrieg und Vulkanausbruch offenbar den Mut gefunden, sich wieder eine Existenz aufzubauen. Etwas abseits des Zentrums, in einem alten Stadthaus mit dicken, weißen Mauern, hat ein junger Mann ein Internetcafé eingerichtet. Die zehn Plätze sind mit erstaunlich schnellen Rechnern und sogar mit Flachbildschirmen ausgerüstet. Die einzige Schwachstelle ist das Stromnetz, das alle paar Stunden zusammenbricht. Dann geht ein Stöhnen durch den Raum, und die Leute beginnen zu schwitzen, weil auch die Ventilatoren stillstehen. Doch die meisten harren aus und warten geduldig, bis die Rechner wieder anspringen.

Rasch schicke ich dort noch meine E-Mails ab. Bernhard und John sitzen schon im Auto, denn in etwa einer Stunde treffen wir Simba am Flughafen. Zuvor fahren wir noch ins Hotel, um die Fotoausrüstung und unsere Anoraks zu holen, denn in 4000 Meter Höhe – so hoch müssen wir fliegen, um die Vulkane und den Ausbruch fotografieren zu können – ist es auch im tropischen Afrika kalt.

Dann geht es durch die staubigen Straßen, auf denen sich ungeheure Menschenmassen drängen, zum Flughafen. »Wie viele Einwohner hat Goma denn jetzt?«, frage ich John. Der zuckt mit den Schultern. Keine Ahnung. Er weiß nur, sagt er, dass es seit dem Völkermord in Ruanda, seit vor gut zehn Jahren die Flüchtlingsströme eintrafen, viel mehr geworden sind. Von den Flüchtlingen seien immer noch sehr viele hier. »Sie haben sich an den Rändern der Stadt niedergelassen, haben damals auch die Felder besetzt und geplündert.« Aber, so John, was sollten die Menschen auch machen? Sie brauchten etwas zu essen und einen Platz zum Schlafen.

Ich bin später in einem alten Zeitungsartikel über das Flüchtlingselend in Goma zufällig auf die Zahlen gestoßen. Goma hatte ursprünglich etwa 140.000 Einwohner. Mit dem Flüchtlingsströmen aus Ruanda kamen mehr als eine Million Menschen hinzu, das ist die Einwohnerzahl einer deutschen Großstadt. Heute, zehn Jahre danach, leben etwa 500.000 Menschen hier.

Beim Ausbruch des Nyiragongo im Januar 2002 fiel auch der Flughafen der Lava zum Opfer. Ein Teil der ehemaligen Start- und Landebahn liegt unter einer meterdicken schwarzen Kruste begraben. Es stehen noch zwei große Passagiermaschinen von afrikanischen Fluggesellschaften herum, die gelandet sind, kurz bevor die Schmelze kam, dann aber nicht mehr weiterfliegen konnten, weil die Startbahn nicht mehr ausreichte. Jetzt sitzen sie hier fest. Ihr Lack hat mittlerweile an Glanz verloren. Niemand weiß, ob sie jemals wieder abheben werden.

Inzwischen ist der Flughafen Stützpunkt von Militär- und UN-Hubschraubern. Auch ein paar abenteuerliche alte Maschinen landen hier jeden Morgen und Abend, darunter ein Doppeldecker, eine russische Antonow. »Die ist Baujahr 1937, für die ist das Rollfeld lang genug«, sagt Simba, der bereits in einer der großen Flugzeughallen auf uns wartet. Zwei seiner Angestellten haben die Cessna schon vorbereitet, in Startposition gezogen und aufgetankt. Auch eine Tür ist schon ausgebaut. Simba prüft routinemäßig nochmals Landeklappen und Heckruder. Dann steigen wir ein. Bernhard sitzt vorn neben dem Piloten an der offenen Tür, ich mit der Fototasche auf dem Sitz dahinter. Wir schnallen uns an. Simba startet den Motor. Das Flugzeug rollt aus dem Hangar und über einen holprigen, steinigen Weg quer über das Lavafeld auf die Startbahn.

Nur etwa 200 Meter neben der Startbahn liegt eine kaum überschaubare Hüttensiedlung. Kein Zaun und keine Mauer trennt sie vom Flugfeld. Frauen schleppen Wasserkanister quer über die Startbahn, zerlumpte Kinder sausen herum. Einige sind fast nackt, andere haben Säcke übergestülpt. Simba ruft ihnen mit strenger Miene etwas zu. Sofort ziehen sich die Kinder mit gesenkten Köpfen an den Rand des Rollfeldes zurück. »Die müssen lernen, dass es gefährlich ist, was sie hier tun«, sagt Simba verärgert. Seit dem Vulkanausbruch gebe es nicht einmal mehr die nötigsten Sicherheitsvorkehrungen.

Wir stehen jetzt in Startposition. Simba prüft zum letzten Mal den Motor und die Kontrollinstrumente. Dann heben wir ab. Ich ziehe meinen Anorak an, binde meine Haare zurück und stülpe mir die Kapuze über den Kopf. Im hinteren Teil des Flugzeugs fängt sich der meiste Wind, der durch die Türöffnung hereinbläst.

Wir fliegen zuerst auf den Nyiragongo zu. Seine Hänge sind bis fast hinauf zum Kraterrand mit dichtem, grünem Tropenwald bedeckt. Die weiße Dampfwolke, die aus der mächtigen Öffnung quillt, kann kaum aufsteigen. Der starke Wind, der hier oben weht, drückt sie zur Seite.

Die Böen erfassen auch unser Flugzeug. Wir werden ziemlich durchgeschüttelt, wie bei einer Fahrt über eine holprige Straße voller Schlaglöcher. Der Wind kommt jetzt von hinten. Mit 140 Knoten

– das sind knapp 260 Stundenkilometer, fast schon mehr, als das kleine Flugzeug verkraften kann, ohne Schaden zu nehmen – schießen wir seitlich am Nyiragongo vorbei. Rechts von uns tauchen jetzt die anderen Vulkane der Virunga-Kette auf, die auf der ruandischen Seite des Nationalparks liegen: der über 4500 Meter hohe Karisimbi, der höchste der insgesamt acht Feuerberge, und der 4400 Meter hohe Mikeno. Sie gelten als erloschen. Die weißen Wolken, die ihre Gipfel einhüllen, sind normale Wetterwolken. Auch diese beiden Vulkanriesen sind dicht bewaldet.

Nachdem wir den Gipfel des Nyiragongo hinter uns gelassen haben, taucht endlich unser Ziel auf: der Nyamulagira. Er wirkt genauso mächtig, nur etwas gedrungener als sein großer Bruder. Seine ebenfalls von Wald bedeckten Hänge sind weniger steil. Auch hat er auf dem Gipfel keinen tiefen, dampfenden Schlot, sondern – ähnlich wie die Vulkane Hawaiis – eine riesengroße Caldera, also eine flache Senke, gefüllt mit schwarzem, erkaltetem Lavagestein und mit einem kleinen Kraterloch in der Mitte.

Die Lava sprudelt jedoch nicht aus dem Gipfel des Vulkans, sondern ein Stück tiefer aus einem mehrere hundert Meter langen, frischen Riss in der Seite. Schmutzig graue und gelbliche Gaswolken steigen daraus empor. Das muss die Ausbruchstelle sein. Jetzt sind auch die glühenden Lavafontänen zu sehen und der mächtige Lavastrom, der sich dampfend bis zum Horizont durch den Wald zieht und eine Schneise der Verwüstung hinterlässt. Die ganze Luft ist gelblich grau von den Vulkangasen und dem Rauch der Waldbrände, die überall auflodern. Mir ist, als flögen wir auf die Hölle zu.

Simba drosselt die Geschwindigkeit ein wenig, um sich zu orientieren. Die Flugbedingungen sind hier extrem schwierig, vor allem wegen der Thermik. Die Hitze der Lavaströme treibt die Luft senkrecht nach oben. Die Waldbrände, die sie entfacht hat und die seit Tagen um den Ausbruch toben, erzeugen eigene Luftwirbel von hoher Geschwindigkeit. Dazu kommt der starke Wind, der hier auch sonst immer zwischen den Vulkanen bläst.

Simbas Gesicht ist angespannt. Ich würde ihn gern fragen, ob es Grund zur Besorgnis gibt, aber das ist nicht möglich, weil ich keinen Kopfhörer habe wie Bernhard und Simba, und der Motor dröhnt. Selbst wenn ich schreie, würden mich die beiden kaum verstehen. Also verlasse ich mich auf das Können des Piloten und konzentriere mich ganz auf das gewaltige Schauspiel unter mir.

Wir fliegen in ein Inferno, wie ich es noch nie erlebt habe. Die Rauchschwaden der Waldbrände mischen sich mit weißlichen Gaswolken und verwandeln die Luft bis hoch in die Atmosphäre hinauf in einen schmutzigen Nebel, der die Sonne verfinstert. Die Bergketten am Horizont, die sich an schönen Tagen klar abzeichnen, sind nur noch schemenhaft zu erkennen. Das nach faulen Eiern stinkende Schwefelgas dringt bis in unsere winzige Kabine. Wir fliegen jetzt etwa 200 Meter über Grund und kommen den Lavafontänen immer näher. Zum ersten Mal sehe ich glutflüssige Lava aus der Erde pulsieren. Ein Schwall nach dem anderen schießt aus zwei neuen Löchern in Fontänen bis hundert Meter hoch. Die meiste Lava fällt zurück in die gleißenden Öffnungen. Ein Teil jedoch klatscht daneben auf den Boden und baut sich auf diese Weise zu etwa 50 Meter hohen Schlackenkegeln rund um die Löcher auf. Die Größe lässt sich an den verkohlten Baumriesen rundum abschätzen.

Manchmal steigt eine gigantische feurige Blase aus Gesteinsschmelze aus den Kraterlöchern, bleibt für den Bruchteil einer Sekunde stehen, um dann in unzählige Lavafetzen zu zerplatzen. Ich meine trotz des Motorengeräuschs das Schmatzen der kochenden Schmelze unter mir zu hören. Am Fuß der Schlackenkegel nimmt der Lavastrom seinen Anfang. Wie Wasser, so dünnflüssig und schnell schießt der Glutstrom den flachen Hang hinunter.

Plötzlich geht ein Ruck durch das Flugzeug. Mir fällt fast die Kamera aus der Hand. Mein Herz klopft vor Schreck bis zum Hals. Ich brauche einige Sekunden, um zu kapieren, was los ist. Um Bernhard in eine gute Schussposition zu bringen, ist Simba ziemlich waghalsig auf die Flanke des Nyamulagira zugerast. Die Fallwinde, die dort herrschen, haben das Flugzeug erfasst und nach unten gedrückt. Um nicht abzustürzen, musste Simba abrupt abdrehen.

Jetzt fliegen wir eine Runde über alte Lavafelder, vorbei an verbranntem Wald und wieder zurück zur Ausbruchsstelle, zuerst am Lavastrom entlang und zu den Lavafontänen, dann wieder auf die Flanke des Nyamulagira zu, so weit es eben geht, bis wir erneut abrupt abdrehen müssen. So kreisen wir fünf- oder zehnmal. Oder ist das jetzt schon die fünfzehnte Runde?

Simba konzentriert sich ganz aufs Fliegen, Bernhard aufs Fotografieren – zumal das Abendlicht die Lava jetzt noch stärker glühen lässt. Und ich bin damit beschäftigt, ihm verschiedene Kameras und Objektive zu reichen, Rollfilme aus- und wieder einzupacken, dazwischen nach draußen zu schauen, um die Lavafontänen zu beobachten und bei alldem nichts fallen zu lassen, wenn der kleine Flieger mal wieder einen unvermuteten Sprung macht.

Jetzt muss es doch endlich genug sein, denke ich und schaue Richtung Horizont. War da nicht ein Blitz in der dunklen Wolke weit hinter der Ausbruchsstelle? Ich tippe Simba von hinten auf die Schulter und deute in die Richtung. Da – es blitzt noch einmal. Simba zieht nur kurz die Augenbrauen hoch, sagt dann etwas in das kleine Mikrofon vor seinem Mund, was leider nur Bernhard verstehen kann. Der nickt. Simba dreht ab. Bernhard beugt sich so weit wie möglich nach hinten. »Da kommt ein Gewitter«, brüllt er mir zu. »Wir müssen so schnell wie möglich hier weg.« Ist mir nur recht.

Doch kaum haben wir den Nyamulagira passiert, baut sich vor uns eine Wolke auf. Sie hängt so tief über dem Dschungel, dass wir nicht unten durch fliegen können. Oben drüber schaffen wir es auch nicht, dazu ist der Motor zu schwach. Hinter uns steht das Gewitter. Wir sind eingeschlossen. Ich versuche einen Blick auf Simbas Gesicht zu erhaschen. Er wirkt völlig ruhig. Mir dagegen stehen Schweißperlen auf der Stirn. Jetzt fängt es auch noch an zu regnen. Dicke Tropfen klatschen gegen die Frontscheibe und trüben die Sicht nach vorn. Der Wind treibt sie auch durch die Türöffnung in die Kabine. Bernhard ist im Nu patschnass. Doch auch er bewahrt stoische Ruhe.

Simba sieht keine andere Möglichkeit. Hinter uns das Gewitter, rechts der Nyamulagira, links in einigen hundert Metern Entfernung ein anderer Berg. Dazwischen hängt die Wolke. Landen können wir nicht. Unter uns ist undurchdringlicher Wald. Simba blickt konzentriert auf die Instrumente. Wie es aussieht, müssen wir da durch. Hoffentlich ist die Cessna für Blindflug ausgerüstet.

Rundum wird es neblig. Ich schließe meine Augen, als wir in die Wolke eintauchen. Hat jetzt mein letztes Stündlein geschlagen? Ich drücke mich tief in den Sitz und verschränke die Arme fest vor der Brust, als könnte mich das im Notfall schützen. Mein Kopf dröhnt. Ich zähle langsam bis zehn. Und noch einmal bis zehn. Dann mache ich die Augen vorsichtig wieder auf. Wir fliegen gerade wieder aus der Wolke heraus. Rechts neben mir taucht die Flanke des Nyiragongo auf.

Jetzt müssen wir noch die Schneise zwischen dem Nyiragongo und dem Karisimbi passieren. Sie ist zwar mehrere Kilometer breit, wirkt aber manchmal wie eine Düse. Beim Hinflug haben uns die starken Böen vor sich hergeschoben. Jetzt muss das Flugzeug dagegen ankämpfen. Der Wind hat in der letzten Stunde anscheinend zugenommen. Er bläst uns so stark entgegen, dass Simba die Höhe nicht mehr halten kann. Trotz voller Motorkraft kommen wir kaum voran. An den Instrumenten sehe ich, dass wir, statt vorwärts zu fliegen, sinken – sehr schnell sogar, etwa acht Meter pro Sekunde. Simbas Stirn legt sich in Falten. Doch er hält stur den Kurs.

»Solche Windverhältnisse haben wir öfter zwischen den Vulkanen«, sagt er eine halbe Stunde später, als wir glücklich gelandet sind. »Erfahrungsgemäß kommt man da schon wieder raus, wenn man genug Höhe hat. Aber diesmal bin sogar ich ein wenig nervös geworden.«

Man sieht ihm den Stress nicht an. Wie ein Hüne steht er da, nicht einen Schwitzfleck auf dem blauen Hemd unter der Lederjacke. Er klappt seinen Pilotensitz nach vorn, um mich aussteigen zu lassen.

Mir zittern die Knie erst richtig, als ich wieder auf festem Boden stehe. So etwas habe ich in den zehn Jahren, seit ich mit Bernhard Fotoflüge mache, noch nicht erlebt – und ich schwöre mir in diesem Moment, so etwas nicht noch einmal mitzumachen, zumindest nicht hier in Goma.

Doch in den nächsten Tagen sind alle Vorsätze vergessen. Noch viermal fliegen wir mit Simba zur Ausbruchsstelle am Nyamulagira, immer frühmorgens und am späten Nachmittag, damit Bernhard bei den schwierigen Licht- und Arbeitsbedingungen auch wirklich gute Bilder bekommt. Es ist jedes Mal wieder ein Abenteuer, in das Inferno einzutauchen, aber wenigstens wurden wir von keinem Gewitter und keiner Wolkenwand mehr überrascht. An die Rebellen, die uns in dieser Region gefährlich werden könnten, denke ich längst nicht mehr.

Schade, dass man nicht einfach in einen Jeep steigen und durch den Dschungel bis zur Ausbruchstelle fahren oder laufen kann. Auch wenn gerade keine Eruption stattfindet, wäre es sicherlich fantastisch, durch den Wald zur Caldera des Nyamulagira aufzusteigen. Nyiragongo und Nyamulagira könnten, wenn sie durch Straßen erschlossen würden, eine ähnliche – vielleicht sogar noch eindrucksvollere, weil ursprünglichere – Touristenattraktion abgeben wie die aktiven Feuerberge auf Hawaii. Außerdem wäre es ein gutes Geschäft.

Doch davon können die Menschen hier nur träumen. »Die politischen und wirtschaftlichen Bedingungen, die seit vielen Jahren bei uns herrschen, werden sich auch in absehbarer Zeit nicht ändern«, sagt Simba und zuckt resigniert mit den Schultern. Man müsse schon froh sein, wenn man irgendwie überlebt, sogar in den wohlhabenderen Kreisen der Gesellschaft, zu denen seine Familie gehört.

Am Tag unserer Abreise erfahren wir, wie schnell die scheinbar friedliche Stimmung in Goma ins Gegenteil umschlagen kann. Zwei junge Soldaten, höchstens 20 Jahre alt, bewachen das Hotel. Mit ihren Kalaschnikows an der Seite sitzen sie am Eingang. Ein dritter patroulliert im Garten. Er blickt immer wieder auf das samtene, blaue Wasser des Sees hinaus, als würde er von dort etwas erwarten.

Ich frage an der Rezeption nach. Etwa 50 Kilometer entfernt ist die Stadt Bukavu von den Rebellen zurückerobert worden, sagt der Hotelangestellte und versichert mir gleichzeitig, dass wir in Goma nichts zu befürchten hätten.

John, unser Fahrer, holt uns pünktlich ab, um uns nach Kigali zurückzubringen. Er hat sogar eine Tasche mit Proviant für die lange Fahrt dabei. Die endet für ihn jedoch schon an der Grenze. Bernhard und ich haben bereits unsere Ausreisestempel im Pass, als sich herausstellt, dass John nicht nach Ruanda einreisen darf. Sowohl für Kongolesen als auch für Ruander ist die Grenze geschlossen. Wie lange, weiß niemand genau.

Also fahren wir zurück in die Stadt zum Eigentümer des Jeeps, mit dem John uns die letzten Tage gefahren hat. Der könne uns bestimmt weiterhelfen, meint John. Überall treffen wir auf Militärlastwagen voller Soldaten, zumeist so junge Männer wie die beiden im Hotel. Einmal werden wir sogar aufgehalten. Der Mann in Uniform mit dem Gewehr über der Schulter fragt streng, wohin wir wollen. Er lässt sich unsere Pässe zeigen und entdeckt die Ausreisestempel. Jetzt ist er verwirrt. Wir versuchen zu erklären. Doch er versteht uns nicht. John ist ganz still. Wir haben Glück, der Soldat lässt uns passieren.

Der Eigentümer des Jeeps hat sein Büro in einem der alten Häuser von Goma, mit dicken, weißen Mauern und Schatten spendenden Arkaden zur Straßenseite hin. Ich befürchte schon die üblichen Probleme. Wahrscheinlich wird er sich winden, die bereits bezahlte Fahrt nach Kigali zu erstatten. Das wäre mir im Moment jedoch auch egal. Hauptsache, wir kommen hier irgendwie weg.

Doch ich habe mich geirrt. Vor uns steht ein korpulenter kongolesischer Geschäftsmann. Er handelt, ohne zu zögern. Zuerst zahlt er uns das Geld zurück. Dann bringt er uns selbst zur Grenze. Dort ruft er über Handy ein ruandisches Taxi, hilft uns beim Umladen des Gepäcks, notiert sich sogar noch Taxi- und Autonummer – »falls ihr Schwierigkeiten bekommt« –, gibt uns seine Handynummer und verschwindet wieder. Ich bin sprachlos. Auch das ist Afrika.

Erleichtert setze ich mich ins Taxi, und nur wenige Minuten später sind wir unterwegs nach Kigali.

Ich kann es kaum glauben, dass es erst eine Woche her ist, seit wir durch die grünen Hügel Ruandas gefahren sind. Wie gern würde ich hier zum Virunga-Nationalpark abbiegen, um im Urwald auf den erloschenen Vulkanen die letzten Berggorillas zu sehen. Das ist seit einigen Jahren wieder möglich. Aber wir müssen zurück. Auf uns wartet eine Menge Arbeit, die wir wegen des Ausbruchs des Nyamulagira einfach haben liegen lassen. Wohin uns das vulkanische Feuer der Erde wohl das nächste Mal treibt?

Aa-Lava Zu scharfkantigen Brocken und Schollen erstarrte Gesteinsschmelze. Der Begriff wurde von den Polynesiern auf Hawaii geprägt – nach dem Schmerzensruf beim Barfußlaufen über das klotzige Gestein (vgl. Lava).

Aufstrom siehe Plume

bench collaps Das Abreißen von einem Stück Küste, die aus jungen, instabilen Lavaschichten besteht, wie zum Beispiel auf der Hawaii-Insel Big Island. Wenn die mehrere Meter hohen Blöcke, die so groß wie ein Fußballfeld sein können, ins Meer rutschen, lösen sie gefährliche Flutwellen aus.

Caldera Vulkanischer Kraterkessel mit mehreren Hundert Metern oder gar Kilometern Durchmesser, der nach heftigen Ausbrüchen durch Einsturz der entleerten Magmakammer entsteht. In seinem Boden öffnen sich später oft neue Schlote, und frische Vulkankegel türmen sich auf.

Dom Kuppe aus extrem zäher, an der Oberfläche zu hartem Fels erstarrter Lava, die sich langsam aus einem Kraterloch herausschiebt und dabei meterhohe Felsnadeln bilden kann. Wenn ein Dom zusammenbricht, entstehen so genannte pyroklastische Ströme (vgl. pyroclastic flows).

Erdplatten Triviale Bezeichung für Lithosphärenplatten. Lithosphäre nennt man die harte Gesteinsschale der Erde. Sie umfasst die Erdkruste und den oberen Erdmantel und ist in mehrere Platten zerfallen, die sich nach der Theorie der Plattentektonik gegeneinander verschieben. An den Plattenrändern entstehen Vulkane und Erdbeben.

Escarpment Oft mehrere Hundert Meter hohe, lang gestreckte Steilstufen in der Landschaft, z. B. an den Rändern des Great Rift Valley, das sich von Äthiopien durch den Osten des afrikanischen Kontinents bis nach Mosambik zieht.

Fumarolen Ätzende, zwischen 200 und 800 Grad heiße Gase und Dämpfe, die aus Löchern und Spalten von Vulkanen dringen oder wie aus einer Düse herausschießen. Sie zersetzen das Gestein und färben je nach Mineralgehalt den Boden weiß, gelb, orange, braun oder rot, aber auch grünlich und bläulich.

Geophon Elektrisches Instrument, das in den Boden gesteckt wird und Schwingungen aufnehmen kann. Damit lassen sich Erdbeben erfassen.

Glutlawine, Glutstrom siehe pyroclastic flow

Hotspot Stelle, an der große Mengen Magma aus dem tieferen Erdinnern, dem Erdmantel, aufsteigen, die Erdkruste durchbrechen und durch Vulkanschlote an der Erdoberfläche ausfließen. Hawaii liegt über einem solchen Hotspot.

Lava Glühend heiße Gesteinsschmelze, die aus Vulkanen quillt. Auch die erkaltete Schmelze wird als Lava bezeichnet. Man unterscheidet Aa-Lava, die sehr zäh und langsam fließt und zu scharfkantigen Brocken und Schollen erstarrt, und Pahoehoe-Lava, die dünnflüssig ist und daher schnell fließt; sie erstarrt in glatten Fladen und Wülsten oder in seilartig verzwirbelten Strängen.

Maar Trichterförmige Vertiefung, die bei einer vulkanischen Gasexplosion aus der Erdkruste herausgesprengt wird, wenn Grundwasser mit heißem Magma zusammentrifft und dabei schlagartig verdampft.

Magma Glühend heiße Gesteinsschmelze im Innern der Erde, die durch Vulkanschlote zur Erdoberfläche empordringen kann. Sobald sie dort ausgetreten ist, wird sie Lava genannt.

Mantelplume siehe Plume

Mofette Kohlendioxidgas, das aus dem Boden rund um ehemals aktive Feuer-berge strömt. Es ist meistens kühl, kann aber auch bis zu 100 Grad heiß sein.

Obsidian Schwarzes, glasiges Gestein, das entsteht, wenn sehr dünnflüssige Lava erstarrt. Es hat messerscharfe Kanten, wurde früher zu Pfeilspitzen und Messern verarbeitet und gilt heute als Schmuckstein.

Pahoehoe-Lava siehe Lava

Paroxysmus Plötzliche, heftige Steigerung der Aktivität an einem Vulkankrater.

Plume Aus großen Erdtiefen aufdringender Strom von Magma. Ein Plume kann einen Durchmesser von mehreren 100 Kilometern haben. Er speist die Magmakammern von Vulkanen.

pyroclastic flow (PF) Wolke aus heißen vulkanischen Gasen, Asche und Gesteinstrümmern, die sich mit Geschwindigkeiten bis zu mehreren 100 Kilometern die Flanken eines Feuerberges hinunterwälzt. Pyroclastic flows, pyroklastische Ströme, werden auch als Glutwolken oder Glutströme bezeichnet.

Schmelze siehe Lava und Magma

Seismometer Gerät zur Messung von Bodenerschütterungen, mit dem man Erdbeben erkennen und lokalisieren kann.

skylight Öffnung in der Decke eines Lavatunnels, der sich bildet, wenn sich ein Fluss glühender Schmelze einkapselt. Durch die Öffnung ist die glühende fließende Lava zu sehen und die enorme Hitze zu spüren, die sie ausstrahlt.

Tremor Leichtes, vom Menschen nicht wahrnehmbares, kontinuierliches Zittern eines Vulkans kurz vor einem Ausbruch, das durch das Aufsteigen von Magma erzeugt wird.

REISEN · MENSCHEN · ABENTEUER

NATIONAL GEOGRAPHIC TASCHENBÜCHER
VON FREDERKING & THALER

FRAUEN UNTERWEGS

Michele Slung
Unter Kannibalen
Und andere Abenteuerberichte von Frauen
ISBN 3-89405-175-2

Von der Wienerin Ida Pfeiffer, die im 19. Jahrhundert die Welt umrundete, über die Fliegerin Amelia Earhart und die Primatenforscherin Biruté Galdikas spannt sich dieser Reigen – Biografien von 16 mutigen und abenteuerlustigen Frauen.

Carmen Rohrbach
Im Reich der Königin von Saba
Auf Karawanenwegen im Jemen
ISBN 3-89405-179-5

Nach Erfahrungen auf allen Kontinenten erfüllt sich die Abenteurerin Carmen Rohrbach den Traum ihrer Kindheit: Allein durch den geheimnisvollen Jemen. Mit viel Intuition und Hintergrundwissen schildert sie das Leben der Menschen, vor allem der Frauen.

Josie Dew
Tour de Nippon
Mit dem Fahrrad allein durch Japan
ISBN 3-89405-174-4

Josie Dew ist nicht unterzukriegen: Seit Jahren radelt die Engländerin durch die Welt und berichtet davon auf humorvolle Weise. Diesmal erkundet sie Japan – und ihre Schilderungen von Land und Leuten sind so spannend wie ihre Reiseerlebnisse.

So spannend wie die Welt.

NATIONAL GEOGRAPHIC
FREDERKING & THALER
www.frederking-thaler.de